i

为了人与书的相遇

出身

不平等的选拔与精英的自我复制

Lauren A. Rivera

Pedigree:
How Elite Students Get Elite Jobs

［美］劳伦·A.里韦拉 著　　江涛　李敏 译

广西师范大学出版社
·桂林·

PEDIGREE: How Elite Students Get Elite Jobs

by Lauren A. Rivera

Copyright © 2015 by Lauren A. Rivera

Simplified Chinese translation copyright © 2019

Beijing Imaginist Time Culture Co., Ltd.

封面图片作者:Chris McGrath/Getty Images/视觉中国

著作权合同登记图字：20-2021-223

图书在版编目(CIP)数据

出身：不平等的选拔与精英的自我复制 / (美) 劳伦·A. 里韦拉著；江涛, 李敏译.
— 桂林：广西师范大学出版社, 2019.6（2024.2重印）
ISBN 978-7-5598-1768-6

Ⅰ.①出… Ⅱ.①劳… ②江… ③李… Ⅲ.①管理社会学－研究 Ⅳ.①C936

中国版本图书馆CIP数据核字(2019)第091418号

广西师范大学出版社出版发行

广西桂林市五里店路 9 号　邮政编码：541004
网址：www.bbtpress.com

出　版　人：黄轩庄
全国新华书店经销
发行热线：010-64284815
山东韵杰文化科技有限公司　印刷

开本：880mm×1230mm　1/32
印张：16　字数：342千字
2019年6月第1版　2024年2月第8次印刷
定价：72.00元
如发现印装质量问题，影响阅读，请与出版社发行部门联系调换。

谨以此书献给我的母亲，向她致敬。

目 录

没有人是一座孤岛。

——约翰·多恩

第 1 章

进入精英阶层

> 对于一些人来讲，学到精英文化是用很大代价换来的成功；
> 对另一些人来讲，这只是一种继承。
>
> ——皮埃尔·布尔迪厄，《继承人》(*Les Héritiers*)

大多数美国人认为努力工作，而不是高贵的血统，是成功 1
的关键。教科书、报纸、小说中充斥着霍雷肖·阿尔杰（Horatio
Alger）*笔下的故事，即个人凭借强大的动力和坚韧最终跻身上
流社会。这些故事，无论聚焦于沃伦·巴菲特（Warren Buffett）

---

* 霍雷肖·阿尔杰（1832—1899），美国小说家，其作品多描写贫穷少年白手起
　家，通过自己的勤奋、勇气、毅力、诚实等品质最终跻身社会中产阶层。——
　译者注

的传奇经历，还是《风雨哈佛路》（*Homeless to Harvard*）式的个人奋斗，都表达了同一个意思：社会和经济地位是努力争取来的，不是从父母那儿继承来的。上层人士之所以处于上层，是得益于他们的智慧、不懈的努力和强韧的性格。下层人士之所以处于下层，是因为他们有不足之处。[1]

尽管很多人坚信努力工作会有经济回报，也相信无阶级社会的神话，但今天美国的经济比许多西方工业国家更不平等，社会流动性更低。[2] 事实恰恰和我们的民族信条相反，在我们国家，从收入微薄到变身大亨，或者从富裕阶层跌落至穷困潦倒的概率都很小。[3] 美国经济阶梯中的上层和底层黏性很强：收入位于全国前 1/5 或者后 1/5 的家庭，其子女往往和父辈处于同一个阶层。[4] 位于经济等级顶层的家庭，其子女基本上垄断了通往好中学、名牌大学、高收入工作的途径。[5]

这产生了一个明显又紧迫的问题：在这个入学依靠个人素养，招聘要求机会平等的时代，这种精英阶层的再生产是如何发生的？很多学科中的社会科学研究者仔细考察了国内外的历史经济变化、社会政策以及技术因素，分析它们如何导致财富和收入集中到最富裕的人手中。[6] 这些研究向我们揭示了经济不平等的主要原因，但未能解释经济特权（economic privilege）如何且为何能够不断地传给下一代。

2　　社会学家对社会分层——将人分化到不同社会位置，从而获得不同的物质和社会回报的过程——的研究兴趣一直是贫穷而不是富裕。然而，文化社会学家近期开始关注特权的承袭。[7]

他们聚焦于学校，阐释了富裕、受过良好教育的家长如何将优势传递给子女，从而让他们的孩子在正规教育中处于上风。[8] 不过，这些研究没有深入调查学生毕业后走上工作岗位时，精英再生产是如何发生的。我们知道，即使是同一所大学的毕业生，精英家庭的学生也更容易找到高收入的工作。[9] 但这种情况是怎样出现的，又为何会出现呢？

为了回答这一问题，我向掌管高收入工作的"守门人"——招聘者寻求答案。能否获得一份工作、进入某个收入阶层，最终取决于招聘者的决定。他们的聘用决定对应聘者个人的经济发展路径，以及更大层面上的社会不公平影响重大。[10] 在这本书中，我将研究美国收入最高的初级岗位——一流的投资银行、管理咨询公司、律师事务所——如何招聘人才。我的分析基于对以上三类公司员工的访谈，对它们招聘活动的观察，以及对一家代表性公司的招聘部门的深度参与式观察。我研究了招聘人员的幕后决策过程，看他们如何招聘、评估、选拔本科生和专业学院*的学生；并说明了他们的这些决策为何有助于解释有社会经济特权的学生容易获得最好的工作。

我认为，在招聘的每个环节，从决定在哪里发布职位公告、举办招聘活动，到招聘小组最终做出选择，招聘者都遵循了一系列分类标准（"筛选"）和各种衡量候选人潜力的方法（"评估

---

* 指为学生在专门领域的职业发展做准备的研究生学院，如法学院、商学院等。——编者注

指标"），而这些标准和指标都与应聘者父母的收入和受教育程度高度相关。这些看似与经济无关的指标，最终共同导致招聘过程根据父母的社会经济地位筛选学生。

3　　本书的书名"出身"是精英公司的招聘者用来形容候选人成就纪录的简称。"出身名门"就算不是必须的，至少也是十分被看重的特点。出色的个人成就（如进入一流大学，曾是常春藤高校校队的运动员，或者早早地在高盛集团实习）被解读为申请人智商高、渴望成功、有良好职业素养的证明。招聘者把出身视作一项纯粹依靠个人努力和能力获得的特质。然而，这个词的本义直到今天仍然被广泛使用，意思近似于不需要努力，依靠继承而获得特权，是名副其实的"家族谱系"（ancestral line）。从这个意义上来说，书名已经表达了我的核心论点，即录用决定表面上只取决于应聘者的个人素质，但实际上深受应聘者社会经济背景的影响。在 21 世纪，一个人父母的收入和受教育程度决定了他是在华尔街上班，还是在布衣街工作，以及能否到达国家经济阶梯的顶层。[11]

　　本章接下来的内容将讨论招聘过程中精英再生产的基本知识，描述我进行的这项研究，简述我的观点，并提供其余各章的内容概要。首先，我要回顾一下关于教育中社会经济不平等的文献，它们与本书的内容密切相关，不仅因为学校塑造了求职者获得工作机会的通道，也因为相关研究揭示了社会分层中的一般机制。

通过教育实现精英再生产

在找工作之前很久即已出现的经济不平等有助于解释精英孩子为何能找到顶级工作。过去，美国精英再生产的形式是父母将公司的掌管权或是家庭财富移交给成年子女。今天，经济特权从一代传递给下一代采用的是更间接的方式，很大程度上通过教育体系完成。[12]

高等教育已经成为美国社会分层和经济不平等最重要的工具。[13] 高中毕业生和大学毕业生之间的收入差距在过去 30 年间扩大了将近一倍。现在，四年制高等院校毕业生的收入通常比高中毕业生的收入高 80%。[14]

尽管高等教育在过去 50 年内快速扩张，"每个人都能上大学"的国家话语开始流行起来，但富裕家庭的孩子仍然是高校生源的主体。收入位列前 1/4 的家庭中，约 80% 的孩子能获得学士学位，而后 1/4 的家庭中，仅有约 10% 的孩子能获得同样的学位。[15] 在选拔性高校，家庭收入和入学率之间的关系更为明显。事实上，如果控制了种种与成就有关的上大学之前的特征，父母收入是预测孩子能否进入全国顶尖院校的重要指标。[16] 这种影响持续到了研究生教育，顶级商学院和法学院的学生超过半数来自收入在全国位列前 10% 的家庭。[17]

许多美国人喜欢仅用个人抱负和能力来解释这种差异。但研究表明，收入较高且受过教育的父母会将重要的经济、社会和文化优势传给下一代，使他们在获得学业成功和高校入学竞争中领先一步。[18]学者常把这三种优势看成"资本"（capital），因为每一种都可以兑现为获得符号性或实质性回报的途径，比如获得有声望或高收入的工作。[19]

经济优势

收入、财富和其他类型的经济资本是富裕父母能支配的最明显的资源，他们通过这些让孩子获得教育上的优势。简单来说，富裕的家长能在孩子的教育上投入更多的钱，而他们也的确这样做了。[20]经济资本为孩子提供教育优势的一个重要途径是择校。美国是少数几个公立中小学的教育资金主要取决于特定区域房产价格的西方工业国家之一。这样一来，高质量的公立学校就过度集中到了房产价格最高、居民最富裕的地区，而高收入家庭更有能力住在有高质量学校的地区。实际上，对于很多有孩子的富裕家庭来说，学校质量成为他们选择居住地点的最重要因素之一。[21]优越的经济条件也让父母能够把孩子送到私立学校，而无关他们住在哪里。在一些主要城区，私立学校从学前班开始，每年的学费可以达到将近 4 万美元。[22]

通过以上种种方式，富裕家庭的孩子比其他孩子更可能进入好的中小学，这些学校的学生人均花费更多，师资更雄厚，能提供更前沿、更丰富的学习资料和资源。在高中阶段，经济条件好的孩子能进入好的学校，这些学校有大量的荣誉奖励，丰富的先修课程，以及各种运动、艺术、音乐和戏剧项目，此外还有人员训练有素的大学咨询办公室提供相关信息。[23]这类学校不仅能提高学生的认知水平和社交能力，也能帮助他们打造一份有竞争力的学业和课外活动简历，这在申请高校时非常有用。[24] 综合这些优势，选拔性高校的录取委员会对以成绩优异而闻名的学校的学生青眼有加。[25] 简而言之，孩子上的中小学很大程度影响了他们能否进入大学，以及进入什么样的大学。资源丰富、教学能力强的中学主要由富裕家庭的孩子占主导，他们比住在低收入社区、在捐赠较少的学校就读的学生更有可能进入四年制大学或选拔性院校。

由于大学学费昂贵，所以父母的经济状况影响了孩子申请哪所大学（或研究生院），以及最终进入哪所学校。如社会学家亚历山德里娅·沃顿·雷德福（Alexandria Walton Radford）最近对高中毕业生代表的研究所示，许多低收入家庭的尖子生不会申请知名的四年制私立大学，因为这些学校学费高昂。通过阐明金钱和与文化有关的知识如何共同起作用，亚历山德里娅指出，一些人本来有资格从学校获得丰厚的奖助学金，却没有递交申请，因为他们根本不知道有这样的机会。另一些人则在准备经济资助所需的大量文件时困难重重。[26] 相反，富裕家庭的孩子在选择学校时考虑的是非经济因素，如学习条件、课外活动资源，以及自我感觉是否与学校或与那里的学生群体相契合。[27]

进入校园后，父母的经济支持帮助孩子弥补了学费和生活费的开销。家庭富裕的孩子不需要为钱找工作，可以把精力集中在学业和社交上，也能接受无薪实习，这些有利于他们在大学获得成功，建立有价值的社会关系，获得好的就业机会。[28]

而那些为了支付学费不得不兼职或者全职工作，或者还要给家里寄钱的学生则享受不到这种奢侈。总而言之，有更多经济资本的家长可以较容易地让孩子接受高质量的教育，打造大学录取委员会青睐的学业和课外活动简历，也能让孩子全身心地享受大学生活。

社会关系

不过，金钱只是一部分原因。社会资本——社会关系网络的规模、地位和范围——也十分重要。父母的社会关系能为孩子提供获得重要机会、信息和资源的途径。例如，处于同一社会网络的家长可以沟通学校里哪些老师最好，分享博得校长或教练青睐的诀窍。同样，如果联络得当，他们还能促成私立中小学、大学或实习申请的成功。此外，学生自己的社会网络也能起作用。拥有想要上大学的朋友和同伴能塑造学生对未来的期望，激发他们的斗志，而且这些朋友也能对如何准备大学申请提供内行的指点。[29]

文化资源

最后，文化资源，即我们用来闯荡社会的各种知识框架、观念框架、解释框架、行为框架，也是精英再生产的重要推动力。[30] 这类资源不可见，所以人们常常意识不到它们也是制造不平等的机制，而将其与个人能力混为一谈。然而，文化资源的确是社会分层的重要原因，尤其在一个人通往社会阶梯顶层时发挥巨大作用。[31] 文化塑造着人们的抱负和世界观，影响人们在日常互动中的评判以及如何被他人评判，也影响着人们能否成功应对社会的各个守门机构（gatekeeping institutions），由此使得优势（和劣势）不断延续。

抱负和世界观

我们在社会中的经济地位决定了我们对世界的看法以及在世界中的位置。法国社会学家皮埃尔·布尔迪厄（Pierre Bourdieu）的思想深刻地影响了学术界对特权如何从一代传递给下一代的认识。他认为，一个人从孩童时期就开始学习阶层特有的品位、价值观、互动方式（如礼仪和谈话风格）、自我呈现的模式（如穿衣、说话、肢体语言）和行为方式。[32] 孩子直接所处的环境中物质资源的数量，影响着他们参与以及期望参与什么活动、获得以及期望获得哪些机会、做出以及期望做出怎样的行为。对于身处下层的人来说，他们直接所处的环境中有各种现实的物质局限，还要担心如何满足日常的生存需要，所以他们常常偏爱实用性的、能立即见效的物品、机会和经历。相反，特权阶层的孩子不需要为生存发愁，因此更喜欢并非直接有用的物品和实践活动，这些东西存在时间较短、抽象、复杂、不易获得，也需要投入大量的时间、金钱和精力。[33] 这种基于阶层的差异体现在很多方面，从喜欢的音乐类型到参与的体育活动都有所不同。[34] 例如，在选择体育活动时，家庭不太富裕的人喜欢选择经济门槛较低、规则简单的游戏，比如街头篮球或街头足球；而富裕家庭的人更喜欢需要大量训练、昂贵器材或服装的游戏，这类运动只能在专门的场地进行，规则复杂，比如室内网球、壁球或马球。

与经济不平等最直接相关的是，这些模式塑造了一个人对于什么样的教育和职业机会值得拥有，或者可能拥有什么样的机会的看法。例如，家里不太富裕的人在职业选择时更看重薪资和稳定性，而家境富裕的人则更看重工作过程中的满足感、乐趣以及个人表达等抽象的价值。[35]这些由经济导致的看待世界的分歧和处世立身的差别，引导个人走向与父辈相同的社会、教育和职业轨迹，由此造成了社会再生产。[36]

人际评价

阶层也影响了人们如何在日常互动中评判他人，以及如何被他人评判，这是因为阶层的一些重要维度是直观可见的。无论是劳动工人饱经风霜的手，还是富人们整齐亮白的牙齿，社会阶层体现在人们的身体上。穿衣风格、言谈特点，以及可见的大件消费品（如拥有什么样的房子或车子）进一步显现出个人的相对经济地位。[37]但这些阶层相关的信号其实远非中立，它们影响着我们对一个人价值的判断。美国人在评价他人时，倾向于认为高社会经济阶层的人比低阶层的人更有能力、更值得信任，也更受人喜欢，连学龄前儿童都显露出这种倾向。[38]社会学家米歇尔·拉蒙特（Michèle Lamont）将这种认为不同群体有相对价值的看法称为**符号边界**（symbolic boundaries），它影响着现实中区分不同社会经济阶层成员的社会边界和不平等。[39]
它们影响我们在哪些人身上花费时间和精力，把哪些人纳入或
排除出我们的社交圈子。由此，阶层影响着我们选谁做朋友、
邻居、配偶，以及本书所展现的，谁会成为新员工。[40]

优点的定义

最后，文化塑造了守门人如何定义并评估优点（merit），他
们控制着获得有价值的机会或奖赏的渠道。不同于美国人的一
般看法，优点不是一个人身上固定的、能随时在不同场合表现
出来的内在属性，而是一种社会建构，植根于社会在特定的时
间和地点，对于什么构成了价值的文化理念。例如 19 世纪时，
受盛行一时的进化论和种族生理差异观念的影响，人们认为头
的大小可以有效衡量智商高低。[41] 而现在，大多数人对于根据
卷尺测量的头骨大小来分配大学入学名额或工作名额的想法可
能会觉得可笑甚至感到害怕。但在每个时代，对什么是优点，
以及更重要的，哪些群体优点多、哪些群体优点少的看法，影
响了谁能走上高声望、高薪水、高影响力的位置。

优点的构成并非价值中立的，它们潜伏在社会广泛的权力
斗争中。例如上文提到的以头骨大小衡量智商的做法源于欧洲
白人试图从科学的角度论证殖民主义的合理性，以及种族压迫
的合法性。[42] 同样，如社会学家杰罗姆·卡拉贝尔（Jerome
Karabel）的研究表明的，1920 年代以前，一个人能否进入哈佛、
普林斯顿和耶鲁主要取决于学科测试以及所展现出的智商。然

9

而，随着犹太人入学数量的增加，以及反犹情绪的高涨，优点的定义发生了改变。为了排除犹太学生并保障白人盎格鲁—撒克逊新教徒的优势，选拔时对智力才能的重视变成了关注一个人的"个性"（character），这体现为申请人参加的体育运动、课外活动，以及可感知到的男性气概。[43]对个性和全面发展的重视延续至今天的大学录取。[44]由此可见，优点的内涵不断演变，既塑造着某一社会中的权力关系，又为这种关系所塑造。

但有一点亘古不变，即任何时期、任何地方对优点的定义都反映了精英们的价值观和品质。精英通常控制着社会中的守门机构，因此有权塑造优点的内涵，以及在某一特定领域如何衡量优点。[45]精英们可能以对自己有利的方式操纵标准，从而维系自己和后代的特权地位，也可能借此排除他们认为对自己造成威胁的群体，如上面例子中的犹太学生。[46]当然，重要的潜意识过程也在起作用。在社会生活的几乎所有领域，我们都倾向于根据自己的形象来定义优点。你可以问任何人——无论他处于哪个社会阶层——什么是好学生、好父母，甚至什么是好司机，答案通常是在描述**他们自己**那类学生、父母或司机。[47]由于精英常常是游戏规则的制定者，因此毫不奇怪，无论社会的守门机构怎样定义或衡量优点，精英总是看起来优点更多。从而文化对精英再生产的影响除了通过塑造抱负、价值观、行为，以及个人在日常互动中如何被他人评判之外，也规定了掌管通往权力、声望和财富渠道的守门人以何种方式定义优点、分配有价值的资源。

文化与教育不平等的近期研究

不同阶层的养育策略

　　尽管关于文化与不平等的理论争论持久不息，但文化社会学家已经在实证研究上取得了巨大进展，他们揭示出在美国，文化因素如何为享有特权地位的孩子再造了教育上的优势。[48]例如，社会学家安妮特·拉鲁（Annette Lareau）分析了不同阶层养育方式上的差异如何帮助有特权背景的孩子在学校取得成功。[49]拉鲁发现，有特权的父母采用了一种她称为**"协作培养"**（concerted cultivation）的养育方式。在这些父母眼中，孩子是需要精心培育、妥善照料以获得成功的项目。在这种理念下，他们更加积极地参与孩子的学校教育，直接与学校行政人员交涉，为孩子争取更好的成绩、更优秀的老师，进入学业发展的快车道。此外，他们也倾向于提供学校外的教育补充，让孩子参加结构化的课外活动。这类举措有助于提高孩子的学业表现，给学校老师留下积极的印象，确保在数量稀缺的优质学校或超前班中占有一席之地。不仅如此，参加系统的课外活动能让学生在家庭外更娴熟地与成年人互动，也能帮助他们进入选拔性大学，因为这些学校把课外活动作为一项录取标准。[50]与此同时，拉鲁发现工人阶层的父母采取了一种她称为**"自然成长"**（natural growth）的养育策略，他们认为，当孩子可以自由发展并得到值得信赖的学校的引导时，他们就可以茁壮成长。这些父母不大参与孩子的学校生活，而是把参加哪类课外活动的选择权交给孩子。这种方式导致工薪阶层的孩子在争取有利于学业表现的资源、打造有竞争力的学业和课外活动简历时，不如他们富裕的同龄人。

不过，父母的文化资源只是教育分层故事中的一部分。父母通常言传身教或潜移默化地教育孩子在与守门机构或守门人打交道时应遵循怎样的剧本。他们可以通过正式的指令，比如告诉孩子在特定情形下如何做（"需要帮助的时候就说出来"或是"生气的时候，说出来"）。[51] 孩子也受家长耳濡目染的影响，模仿照顾他们的成年人之间的互动模式。享有经济特权的孩子从小就开始习得那种强调独立、自我表达、能动性、赋权的互动方式。[52] 正如富裕的家长更可能要求把孩子安排在有好老师的班级，或是对不好的教育方式提出质疑，他们的孩子同样也学会了在社会中如何表现才能获得所需的资源。[53]

表现出与较高社会经济地位相关的互动方式有利于孩子的学校表现。社会学家杰茜卡·麦克罗里·卡拉尔科（Jessica McCrory Calarco）在小学教室的民族志研究发现，在解决问题遇到困难时，有特权背景的学生更有可能寻求帮助，他们甚至在没有遇到困难的时候也想寻求提示。这些孩子非常善于在各种课堂活动中吸引老师的注意，获得成功完成任务所需的信息或资源。另一方面，工薪阶层的孩子由于害怕暴露弱点或打断课堂而常常不愿寻求帮助。结果就是，工薪阶层的孩子从老师那儿得到的关注较少，被认为不如富裕的孩子那样动力十足、积极参与课堂思考。从实践的层面来看，由于没有老师的指点和提示，工薪阶层的学生经常无法完成老师布置的任务，这又强化了老师对他们的看法，即工薪阶层的孩子不如富裕家庭的孩子聪明。[54] 在孩子从幼儿园一直到大学的整个学业生涯中，类似的模式明显地贯串始终。老师倾向于认为出身富裕的学生更积极、更有内驱力、更有头脑，社交能力也更强，因此对他们的关注比给背景较差学生的更多、对待也更好。[55]

录取时的优势

富裕家庭的孩子在大学录取中也领先一步。社会学家米切尔·史蒂文斯（Mitchell Stevens）的研究显示，选拔性高校招生人员挑选新生的标准——就读于重点学校、学过先修课程、课外活动丰富、个人陈述打动人心——与父母的社会经济地位高度相关。尽管招生人员通常把这些归为个人成就，但史蒂文斯证明了，获得这些成就需要有一整套精细、昂贵的机制作为支撑：家长既要富有，又要积极参与孩子的学习，还得消息灵通，这些对于许多优秀的平民子弟来说根本无法获得。[56] 另外，录取委员会明显地偏向有"传承"的学生（即校友子女），以及给学校提供大量捐款的家庭的孩子。

而且，拥有特权的孩子（及其父母）更了解大学录取的游戏规则，也处于利用这些规则的有利地位。随着大学录取委员会从寻找申请人参加课外活动等全面发展的基本证据，过渡到注重学生在课堂外获得的世界级成就，富裕的家长们因势利导。在教育"军备竞赛"中，他们让孩子在更小的年纪就参与数量

第1章 进入精英阶层 | 15

更多、强度更大的课外活动。[57] 显然，随着录取委员会越来越重视课外活动，富裕家长带着孩子奔走于各种课外活动之间的时间也不断增加。[58] 同样，随着标准化考试成绩在大学录取中的重要性不断提高，对备考课程的使用也相应增长。80% 出身富裕的学生用过 SAT 备考服务（约 1/3 的人用过不止一种），而只有不到 10% 的非富裕家庭孩子用过这类服务。[59] 备考服务已经成为富裕孩子生活中必不可少的一部分，以至于相关公司纷纷在这些家庭的度假地建立了分支机构，这样，当孩子们在田园美景中避暑时，语言或数学成绩也不会下滑。[60] 备考课程和其他考试策略能帮助富裕孩子提高成绩，为进入大学，尤其是选拔性最强的学校助力。[61] 大学申请服务已经成为数百万美元的产业，为那些能负担得起的人提供个性化的咨询，甚至撰写文书。[62] 对游戏规则的透彻了解，加上掌握这些指导原则所需的经济资源，在大学录取中为特权阶层的孩子提供了巨大的优势。[63]

不平等的大学经历及结果

社会经济的不平等并不会随着孩子进入大学而消失。社会学家珍妮·施图贝尔（Jenny Stuber）指出，工薪阶层的孩子进入大学时通常认为高等教育的目的就是坐在教室里学习，并以此分配他们的时间和精力。[64] 伊丽莎白·阿姆斯特朗（Elizabeth Armstrong）和劳拉·汉密尔顿（Laura Hamilton）则认为，这种以学业为中心的安排与许多美国高校中的派对和社交文化相冲突，使得工薪阶层和中下阶层的孩子被从同学网络中孤立出去，而这些网络能提供如何适应大学的社会环境，以及与未来工作机会有关的宝贵信息。由此产生的孤立感和疏离感对学生的成绩、幸福程度，以及毕业的可能性都产生了消极影响。[65] 正如我稍后将在书中展示的，把重点放在学业而不是课外活动上，也对他们的就业前景起了负面作用。[66]

总之，经济、社会和文化资源使富裕家庭的孩子在正规教育系统中能获得更优质的教育，他们畅游其中、表现突出。教育系统在 21 世纪已经成为经济分层的主要工具。尽管大学常被说成是一种巨大的调节力量，使所有毕业生平等地进入竞技场，但是，精英再生产的故事并没有在学生们穿上学位服、领取学位证的那一刻结束。在孩子从大学或专业学院毕业后，父母的社会经济地位继续对他们能获得怎样的工作和薪水产生巨大影响。[67]

然而，当资质相似的学生竞争工作岗位时，精英再生产如何在劳动力市场上发生，对此我们依然所知不多，相关的研究尚显匮乏。研究学校精英再生产的学者通常认为，使孩子在教育体制中获得优势的那些资源，尤其是文化资源，也帮助他们获得了更好的工作、更高的薪水。[68] 不过，这只是假设，并未得到验证。在本书中，我将考察完成高等教育之后，精英再生产道路上的下一个关口：雇主招聘。他们是不同收入和声望的工作的守门人，所做的招聘决定对于解释经济不平等十分重要。

14

雇主如何招聘

雇主如何促进了精英再生产？正如前文所说，我们目前还不知道答案。大部分关于招聘分层的研究聚焦于性别和种族不平等，对社会经济不平等的关注较少。[69]此外，研究劳动力市场的学者倾向于研究人们为何进入低收入工作，而不是如何获得高收入工作。

社会学家常把招聘过程描述成公司的需求与申请人的能力直接匹配的过程。[70]就一份工作及其应聘者而言，人们认为招聘者理智地评估候选人的生产能力，或者说是他们完成工作的能力，然后据此决定要不要聘用他们。[71]不过，招聘者在做出聘用决定前通常无法直接看到应聘者的工作表现，所以只能尽最大努力猜测。他们先确定一种或多种他们认为与工作表现差异相关的、可观察的特点，然后利用这些"信号"评估应聘者，并从中挑选出新员工。[72]至于使用哪些信号，则常常取决于已有的成见、对群体平均能力的看法，以及个人经验。[73]社会学界研究的多是与候选人认知技能有关的信号，尤其是受教育年限。[74]而招聘者可能也根据是否有推荐人，或者候选人的性别、种族来推断他们的工作能力。[75]但重要的是，作为最好的猜测，这些信号存在缺陷，可能导致做出次优的聘用决定，甚至是有歧视性的聘用决定。

社会学中主流的招聘理论以应聘者的人力资本、社会资本、性别、种族来解释招聘者的决定，任何无法解释的与模型不符的现象常常被归为测量误差或歧视。[76] 然而，那些关于招聘的传统模型留下了大量无法解释的变数，这说明我们对聘用决策与不平等的解释还不充分。[77] 一些学者已经证明，文化因素和社会阶层共同影响着我们对他人的评价，包括在工作环境中对他人的评价。这使得一些学者呼吁进一步研究做出聘用决策所依托的文化和社会经济基础 [78]，而这些人际评价的重要基础常常不在招聘研究的分析范围之内。[79]

简而言之，有大量关注教育中的文化与不平等的文献，它们揭示了经济、社会、文化资本如何在学校里再生产了特权。这些文献通常认为文化和社会经济地位对招聘者做出聘用决策、应聘者争取到一流工作起了作用，但并未做出相关的经验研究。同样，有关招聘决策的研究虽然很丰富，但没有分析人力资本、社会资本如何与文化资本、经济资本相互作用，从而影响了精英劳动力市场的聘用结果和不平等。

本书研究招聘中的精英再生产，并以此连接、推进以上两条学术脉络。利用在顶级投资银行、管理咨询公司、律师事务所展开的质性案例研究，我考察了现实生活中招聘者如何吸引、评估、聘用初级员工，解释了这些公司的招聘方法如何使顶级工作的竞争变得对社会经济地位占优的候选人有利。此外，我还证明了应聘者的智力、社会和文化资源水平与组织和个人的评估标准交织在一起，在精英劳动力市场中生产了社会经济优势。本书不再把精英再生产视为单纯的能力问题或继承问题，也不局限于严格从人力资本角度解释聘用决定，而认为对于什么是优点，以及怎样最好地评估这些优点的习以为常的理解——这是应聘者和招聘者在各自成长过程中习得的文化理念——能够有力地解释为什么精英学生能够得到顶级工作。

顶级专业服务公司的招聘研究

三位一体的黄金工作

选择初级工作岗位是因为我想考察学生从高等教育机构毕业后最初的经济分层如何发生。另外，事业起步阶段的工作对一个人最终的职业和经济成功具有深远影响。[80]

由于我想研究进入顶级工作的途径，因此选择了刚毕业的本科生和专业学院学生所能找到的薪水最高的初级工作——一流投资银行、管理咨询公司、律师事务所中的职位。进入这类公司工作，能让刚毕业的学生直升到全美家庭收入的前10%。他们的薪水通常是同校从事其他工作毕业生的2~4倍。而且，早年在这类公司工作的经历越来越成为获得政府部门、非营利组织、其他公司高级职位的必备条件。[81]因此，这些过去一直由美国上层垄断的工作，可以被认为是进入当前美国精英阶层的通道。[82]

同时选择投资银行、咨询公司和律师事务所，可能会让一些读者感觉是在把苹果、橘子和梨做比较，但对内行人来说，这三种公司是同类组织，统称为顶级专业服务（elite professional service，简称 EPS）公司，它们常常联手合作，彼此相依。而且这些公司的员工以及应聘者都把 EPS 公司视为同一类社会地位很高的工作。本研究的一些受访者将这三类公司称为"三位一体的黄金工作"(the Holy Trinity)或是常春藤联盟"最后的学校"。

这三类公司都从类似的应聘群体中选拔初级员工。在顶级本科院校或专业学院，无论学业能力如何，学什么专业，大多数学生都会申请这些工作。即将毕业的本科生不停地讨论到底是进投资银行、咨询公司还是法学院；商学院的学生常常同时向投资银行和咨询公司投递简历；刚毕业的法律博士除了去大律所外，也越来越多开始到投资银行、咨询公司找工作。[83]

虽然并不完全一样，但这三类公司中的岗位存在一些共性。所做的工作本质上相似，都结合了调查研究、团队合作、与客户沟通，都需要分析能力和人际交往能力。这些公司的客户也十分相似，通常都是大集团。此外，它们都属于时间密集型工作，"要么投入所有时间，要么一无所获"。[84]员工面临大量期限紧迫的任务，常常每周要工作 65 小时以上。最后，这些公司的招聘流程也非常相似，它们的绝大部分初级员工都通过被称为校园招聘的过程进入公司。

校园招聘

公司与精英大学的就业办公室合作，每年在校园里举办招聘活动，以这种方式聘用大部分新的专业员工。之所以被称为校园招聘，是因为在此过程中招聘者主动来到学生面前，在校园而非公司办公室举办各种招聘活动和面试。公司这样做的目的是每年吸收一批新员工，从几十人到几百人不等。这些学生作为同一"班"新员工进入公司，随后一起参加密集的培训和社交活动。[85]

所有三类公司的招聘步骤都比较类似，如图 1.1 所示。[86] 首先，招聘者按学校声望确定挑选范围，发布招聘广告、接收简历、面试学生（第二章）。在其中的少数几所学校，公司还会举办招聘社交晚宴，吸引学生申请，为公司造势（第三章）。接下来，公司员工筛选简历（第四章），挑选应聘者面试。面试（集中在第六章至第八章讨论）共有两轮。在每轮面试中，应聘者

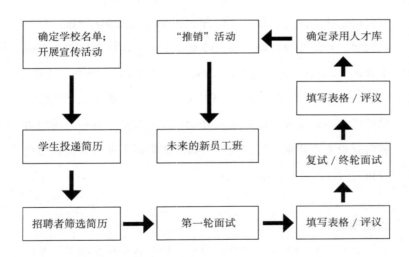

图 1.1 校园招聘流程说明图

说明：上图模式存在一种特例，个别法学院的就业办公室不允许招聘者筛选学生的简历。他们可以在招聘广告中设立成绩门槛或其他要求，但必须面试所有登记的应聘者。

都要单独接受数个营利部门的专业员工（而不是人力资源主管）的考查，一旦录用，他们将有可能，但不是一定，和这位应聘者一起工作。[87] 只有在第一轮面试里得到较高评价的人才能进入第二轮的终面。面试结束后，面试官和招聘委员会将一起通过小组评议的方式做出最后的录用决定（第九章）。随后就是一系列"推销"活动（奢华派对、晚宴、周末度假，纷纷投向通过面试的学生，劝诱他们接受工作邀请）。

18

这一过程每年两次，一次在秋季，是应届生寻找全职工作（"全职招聘"）；另一次在夏季，是下一年毕业的学生寻找实习工作（"暑期实习招聘"）。实习结束后收到全职工作邀请的夏季实习生（大多数都会收到）在下一年就不必再走全职的招聘流程了。[88]

尽管有这些相似之处，但每家公司具体如何组织面试却有细微但重要的差别。面试的内容，尤其是对人际交往技能与专业技能的考查程度，依公司的类型而有所不同。律师事务所的面试几乎只测试求职者的人际交往能力，方法是面试官非正式地与求职者交流法学院的经历，以及求职者参加的课外活动。投行的面试与此类似，但也会测试求职者是否熟悉基本的金融原理。虽然这种考查通常比较基础(例如"什么是纳斯达克？""如何评估一家公司？"），却有意包含了对相关专业知识的基本测试。咨询公司采用的评估方法对专业技能要求最高，包括一段与投行和律所类似的简短对话面试，之后是 20~30 分钟的案例讨论，应聘者必须在讨论中解决一个日后可能在工作中遇到的

19

问题。不同公司在面试内容上的差别有助于揭示面试结构与精英再生产之间的重要关系。关注到两者之间的关系很重要，因为有些研究指出，结构化越强的面试越能够减少招聘中的偏见和不平等。[89]

研究方法

我对 EPS 公司招聘过程的研究结合了访谈和参与式观察[90]，目的是从头至尾地研究招聘过程。我想让自己沉浸在精英招聘的世界，从真正做决定的招聘者的角度来考察。

访谈

从 2006 年至 2008 年，我一共做了 120 次半结构化访谈（每类公司 40 个），访谈对象是一流咨询公司、投资银行和律所中参与招聘本科生和研究生的专业人员，有的是招聘合作伙伴、管理负责人，有的是负责面试和筛选简历的中层员工，还有的是人力资源经理（对访谈样本和抽样策略的描述见附录二）。访谈的时间地点由受访者选定，每次 40~90 分钟，过程中有录音（经过受访者同意），随后访谈内容被逐字逐句转成文稿。[91] 由于大部分公司的总部都设在曼哈顿，所以我搬到了纽约，以便收集数据。许多访谈是在华尔街和公园大道上的咖啡馆完成的。

在设计上，我把访谈的重点放在了评审人的个人招聘经历、对招聘过程的看法，以及他们评估求职者的方法上。[92] 我询问他们在不同招聘阶段用哪些指标来衡量应聘者，还要求他们描述三个最近面试的人，重点讲这些人的特质以及他们互动时的细节。[93] 我也访谈了他们对整个招聘过程的看法，包括招聘是否有效果、讲效率，是否公平，以及多样性（如果有的话）在招聘中起的作用。

这些公司不是每一位评审人都筛选过简历。我给访谈样本中参与过这一环节的人提供了几份虚拟求职者的简历：阿努卡 *、布莱克、乔纳森、朱莉娅、萨拉，请他们口头评估。[94] 我要求他们像浏览真实简历一样，用同样的时间，在访谈中即时地评估这些简历。大多数人不到十分钟就完成了这个环节。我特意将这些简历（见附录二）设计成 EPS 公司常见的简历形式。所有虚拟应聘者至少就读过一所知名高校，成绩达到了公司的基本要求，有工作经验，也参加过课外活动。不过，这些人的性别、民族、母校的声望、平均学分绩点（grade point average，简称 GPA）、之前的工作经历和课外活动都有所不同。简历之间的差别不止一处，我这么做并不是要进行实验测量，而是希望它们成为讨论的引玉之砖，反映出受访者采用了怎样的评估标准，以及他们在现实中如何解读简历中看到的内容。对所有受访者的访谈都以传记性问题 † 结束。

为了获得找工作的人对招聘过程的看法，我还做了 32 个半结构化访谈，对象是 EPS 公司的应聘者（有些人应聘成功，有

---

* 本书对于作者虚构的人物或为保护研究对象而使用的化名，均不注释原文。——编者注

† 指问题的目的是为了获得对受访者的整体印象。——编者注

些人则没有）。这些访谈关注应聘者如何看待整个招聘过程，以及他们与不同公司评审人的具体互动。为了保护受访者的隐私，我在提及他们时均使用了化名。

参与式观察

为了给这些关于评估标准的丰富叙述补充具体的行为资料，我还对招聘活动进行了参与式观察，作为对访谈的补充。[95] 研究的观察部分包括两项内容。首先，为了理解公司如何招揽新员工以及如何公开阐述自己对候选人的要求，我在六个月的时间内几乎参加了这些公司在美国东北部某主要城市的各所大学举办的每场宣讲会。我通过学生报纸上的广告和就业办公室提供的校园招聘日程安排找到这些活动。我还参加了几场多样性招聘会，称自己是研究生，想要了解暑期实习的机会。我在整个过程中做了详细的田野笔记，记录下公司如何向学生展示自己、解释招聘流程。我也详细记录了自己与公司代表、潜在应聘者的非正式交谈。

其次，为了理解招聘幕后的运作机制，我于 2006—2007 年在一所 EPS 公司的招聘部门进行了约九个月的田野调查，身份是参与式观察者。我在书中将这一公司化称为霍尔特·哈利迪公司，或简称为霍尔特。我通过私人关系进入了霍尔特，因为有过活动策划和在 EPS 公司工作的经历，所以我成了"招聘实习生"，协助策划和举办招聘活动。作为交换，霍尔特允许我参加它在一所顶级专业学校的招聘活动，在相应的人力资源招聘小组中全职工作，并同意我观察、协助推进那里的招聘事宜。我在书中将这所学校称为伊斯特莫尔。为了避免利益冲突，我拒绝了有薪酬的工作机会，而选择了霍尔特提供的无薪岗位。

在参与式观察的那几个月，我全程跟踪了伊斯特莫尔招聘组所有的全职和暑期实习招聘活动。除了有助于我修改、完善访谈提纲外，这段经历也使我能够直接观察选拔应聘者的过程，留意到评估者自己没有意识到的挑选模式。我尽可能多地做田野笔记。我作为招聘团队成员的身份在这一点上也帮了大忙。我的许多工作职责包括在笔记本或便签纸上做记录，所以几乎可以实时记录。但在非正式的谈话中做笔记就显得很突兀，所以只能在谈话结束后尽快留些记录，为此，我常常跑到女卫生间快速地在便携笔记本上写下几笔。由于评审委员会制度上的限制，加上霍尔特要求，所以我无法出现在面试现场。不过，我可以策划、出席和实施招聘活动、与应聘者沟通、在面试结束后系统询问评审人对候选人的看法，以及参加讨论应聘者表现并最终做出决定的小组评议。尽管我没能直接观察面试过程，但看到招聘者如何谈论候选人，委员会怎样做出集体决议，为我理解招聘过程提供了重要启发，这是因为人们对事件的认识往往很大程度上指引着行动。[96] 评估者将交流中对候选人的主**观印象**而不是客观细节记录在面试报告中。这些报告中的叙述也在之后的招聘委员会评议中成为支持或反对一名候选人的依据，我确实看到了这一点。[97] 虽然我只在一家公司进行了参与式观察，但这些数据为我们理解面试评估的基本特征提供了出发点。[98]

正如我在后文讲述实证研究的那几章中所详细讨论的，和其他 EPS 公司一样，霍尔特参加招聘的既包括人力资源部的招聘专员，也包括为公司创收的专业人员。总体而言，前者负责招聘过程的规划、实施和管理，后者负责面试候选人并做出最终的决策。伊斯特莫尔招聘小组中的人力资源专员包括扎克、阿曼达和萨姆。扎克是一位 30 岁刚出头的白人男性，负责管理整个招聘过程，同时也是我的顶头上司。阿曼达是位年近 30 岁的白人女性，在招聘季全职负责伊斯特莫尔的工作。萨姆是位二十五六岁的白人男性，是人力资源部的全职招聘专员，主要负责伊斯特莫尔的招聘工作，偶尔也会到其他学校帮忙。除了我之外，还有另外两位带薪实习生，艾琳和莉拉，她们俩都是伊斯特莫尔的本科生。艾琳是非裔美国人，来自纽约市郊；莉拉是拉丁裔，来自迈阿密的郊区。在有面试和评议会的时候，还会有两名创收人员加入我们，一位是霍尔特的合伙人达什，40 出头的印度裔男性，监督伊斯特莫尔的招聘工作；另一位是尼泰什，也是印度裔男性，30 多岁，他整个秋季都全天待在伊斯特莫尔校园，与学生进行非正式的会面，帮助他们准备面试（而不是被安排去处理客户的工作）。我所在的招聘团队知道我是社会学的研究生，正在研究包括霍尔特在内的 EPS 公司的招聘工作。我对公司和观察对象的一些不重要的细节做了调整，从而模糊身份，保护他们的隐私。此外，本书中的所有人名均为化名。

23

数据分析

我采用扎根理论的方法来分析资料，让主题从资料中浮现出来，而不是先验地把理论强加于资料。我归纳地设计了一套编码分类，并在分析资料时不断地调整修改。[99] 在最初几轮编码中，我逐字逐句地对访谈转录稿和田野笔记手动编码，尤其关注受访者提到的评价标准或评价方法，但也不遗漏其他内容。接下来，我回到那些最频繁出现的编码，由此发展出二级、三级编码。我踏踏实实地遵循归纳法，一开始并没有打算分析社会经济地位或文化。实际上，我起初想研究的是招聘中的性别问题。但在最初几轮编码结束后，文化和社会经济地位突显出来，它们很显然是这些公司评价和分层的主要基础。于是我发展出了更细化的编码来捕捉相关概念，总共编出了 500 多个代码。

研究精英：既是局内人又是局外人

质性研究是一种社会行为，与研究者的个人身份紧密相连。因此，我也有必要告知读者，我的身份和生平经历如何为研究的开展提供了便利。我的成长过程经历了工薪阶层和上层社会两个世界。父亲坐牢期间，我的移民母亲独自抚养我长大，为此，她做过各种低收入工作。但从 11 岁起，我就进入了顶级教育机构。在这两个世界生活的经历，让我熟悉了它们各自典型的互动风格和行为准则。相似性是人与人之间喜欢和信任的重要基础，因此我的背景是个优势：面对背景各异的研究对象，我总能强调与他们相似的经历。

24

社会学家苏珊·奥斯特兰德（Susan Ostrander）指出，访谈精英的一个独特之处，是要经历一个她称为"被审查"的过程，研究对象会首先面试访谈者，评估她的地位和可靠性。[100] 的确如此，许多受访对象都以对我的审查开始谈话。我惊讶于他们许多人都会问我在哪里长大。他们不仅想知道我来自哪座城市，还想知道具体是那座城市的哪个街区（幸运的是，我在洛杉矶长大的那片区域既有富人区，也有中产下层的居所，所以面对不同的受访者，我的侧重点也可以有所不同）。我曾就读于一所知名的大学预科学校，本科和研究生拿的都是常春藤高校的学位，这为我披上了一件宝贵的"内部人"外衣。正如我在本书第四章所描述的，学校声望在 EPS 公司被视为衡量一个人社会价值、智力程度和道德水准的一项非常可靠的指标。再加上我之前在这类公司工作过，所以许多参与研究的人把我看成熟悉校园招聘的现状与挑战的业内人士。当提到我就读的学校或是之前的雇主时，评审人总会说"你懂的""你明白的"或"你跟我们一样"。

同时，我还有着多民族背景——一半波多黎各血统，一半东欧血统，而且我还有个常见的西班牙裔姓氏。我访谈的许多少数族裔在强调我们之间的共同点时经常会提到我的姓氏或我的血统。尽管我的少数族裔身份也许会让白人评审人感到些许不自在或引发社会期许偏差*，但我觉得影响并不显著，否则，我

---

* 指受访者为了给人留下正面印象，在调查中刻意做出符合社会期望的回答。——编者注

应该听到更多强调员工多样性之重要性的话，而少一些公开发表对包括西班牙裔在内的少数族裔负面评价的真诚对话。[101] 这可能是因为我的肤色没有那么深。[102] 有人曾说从外表不太能分辨出我属于哪个族裔，猜我是法裔到菲律宾裔的都有。也许正因为这样，很多白人评审人把我的名字念成带点欧洲沿海富裕地区口音的里维耶拉（Riviera），而不是里韦拉（Rivera）。[103]

作为局内人有一定优势。如果不是感到我们之间有共通之处，受访者们不可能披露那么多敏感内容。不过也有重要的需要小心之处，特别是评审人常常会说："你知道这是怎么回事儿。"我不得不非常谨慎地让他们解释某些词语或指涉的含义到底是什么，以免把自己的想法强加在他们身上。

全书概览

本书的中心论点是：精英雇主在招聘过程中定义优点和评估优点的方法使得竞争美国国内收入最高工作的比拼极大地偏向有社会经济特权的孩子。这些招聘给学生——甚至包括选拔性高校里的学生——设置了阶层天花板，影响了他们在毕业后能获得怎样的工作、拿到怎样的薪水。

本书按照招聘流程的顺序组织，带领读者了解各个环节，从最初决定在哪里发布招聘广告，一直到最后招聘委员会做出录用或是拒绝的决定。尽管作为霍尔特的实习生，我参与了整个过程，但我有意识地在书中减少自己的声音，以效仿这些公司人力资源专员在招聘中的无言与沉默。关注这些公司人力资源专员背负的污名很重要，因为学术界搭建的招聘模型总认为他们身兼重任，负责做出录用决定。实际上，这一假设在我研究的各家公司根本站不住脚。相反，公司的创收人员才是评估候选人并做出选拔决定的人。而我们很难通过公司网站、行业目录、国家数据库这些社会学家在收集招聘人员信息时所依赖的资源来找到他们。

26　　　　在第二章中，我考察了一流公司如何为工作岗位设定任职标准。我发现，制度化的社会资本和个人的社会资本划定了比赛的范围。应聘者要么需要就读于与公司建立了联系的学校，要么需要与公司或行业内部人员有联系（两者都与父母的社会经济地位密切相关），只有这样，他们的求职申请才会得到考虑。而所有其他应聘者，甚至包括在多样性招聘会上被公司游说的人，即使评审人看了他们的简历，也常常是匆匆一瞥。

　　　　在第三章，我通过对公司招聘活动的民族志观察，深入考察了公司如何在校园招聘中向学生展示自己，宣传招聘职位。我在这章重点讲述了公司如何通过把在 EPS 公司工作描述为精英学生最合理、最可靠、最有声望的职业道路，迎合学生对毕业后生活的不确定感和好胜心。这样的信息和活动为公司积累了庞大的应聘群体。一般来说，在所谓的核心高校，一半以上的学生都会向这类公司投递简历。同样重要的是，校园招聘活动也塑造了精英毕业生的职业愿景以及他们对 EPS 公司的整体态度。

第四章聚焦于招聘者如何筛选简历，选出第一轮面试的候选人。我将展示，筛选简历的人在判断应聘者的社会价值、智力程度和道德水平时，依据的是这些人的教育和活动资历，尤其偏爱顶尖学校的学生和参加知名课外活动的学生。我重点解释了在简历筛选过程中，受青睐的几类资历如何为有社会经济特权的学生提供了巨大的优势，让他们得以进入第一轮面试。

第五章开始探究公司和评审人如何在面试中评价简历背后的人。在这里，我近距离地观察公司对面试官的培训，揭示出在系统性评估应聘者的优点方面，公司提供的指导少之又少。随后我介绍了两轮面对面面试的环境准备，面试表现是决定录用还是拒绝的主要依据。

第六、七、八章研究了招聘者如何在面试中评估候选人。为此，我分析了他们如何评判面试者的软技能和硬技能，如何总体地评价他们的优点。我将展示，面试中看重的活动、故事、经历和回答的类型，深深植根于与阶层有关的对自我、成功和个人风格的定义。

27

第九章主要关注评审人在面试后进行的小组评议和招聘委员会会议。我研究了评审候选人的多位面试官如何达成一致并做出最后的决定。在这一章，我将展现性别和种族如何在社会再生产中与社会经济地位相互作用。

第十章探讨了社会重建。尽管一流工作的竞争明显偏向家庭富裕、父母受过良好教育的学生，但这并非一个完全被操控的游戏。一个人的社会出身与最终到达的社会位置不是一一对应的。这一章提供了一些不一样的故事，少数非富裕家庭出身的候选人成功获得了 EPS 公司的工作，而一些背景一流的学生则没有获得工作邀请。这一章展示了个人可以通过哪些途径打破精英劳动力市场上普遍存在的阶层天花板。

第十一章将本书所有实证章节串联在一起，总结了招聘过程中的精英再生产如何发生。我重点指出了精英劳动力市场中的社会经济筛选对知识界、社会和组织的影响，指出了日后的研究方向，并提出了有助于减少招聘中社会经济偏见的干预建议。

第2章

竞技场

聪明人有很多，只是我们不愿意正视他们。

————基思，律师

观察公司如何定义它们的招聘群体是理解谁能得到一流工 作的第一步。一直以来，社会学家区分了两种分配高地位工作
机会的方法。在**竞争性**（contest）体系中，竞争面向所有人开
放，成功与否取决于个人表现出来的能力。拉尔夫·特纳（Ralph
Turner）提出了竞争性流动（contest mobility）这一概念，他把
竞争性体系比作"一项体育赛事，许多人竞争少数公认的奖项，
胜利必须完全通过个人努力获得"。相反，在**荐举性**（sponsored）

体系中，目前占据要位的精英直接选定获胜者，或通过第三方挑选。[1] 这两种体系都是理想类型，也就是说它们是特意简化了的概念，为研究复杂的社会现象（例如招聘）提供了有价值的出发点。[2] 大多数社会都不会只依靠竞争性体系或荐举性体系完成工作的分配。

当然，美国的就业选拔体系一般也包括这两种类型中的要素。例如，招聘中的性别歧视、种族歧视、宗教歧视现在都是违法的了，但基于社会阶层、外貌或（在某些州和某些类型的工作中存在的）性取向的排斥依然被允许。和一些欧洲国家不同，美国没有建立官方的职业选拔体系，即根据青年人在年少时的考试成绩，引导他们选择体力或管理类工作。但美国有一些强大的、非正式的教育分轨体系，确实可以把孩子们区分开来，让一部分人获得高水平的教育，另一部分接受低水平的教育。孩子们所受的教育不同，日后的就业前景也不同。美国的中小学教育免费，而对获得稳定就业和经济保障至关重要的高等教育却是全世界最昂贵的之一。尽管在通往好工作的道路上有这样或那样的不平等，但美国的商业领袖、社会研究者、普通民众与媒体依然将美国的社会流动描述为主要是竞争性的。[3] 人们常用体育竞赛来类比，也一直把美国社会说成公平的竞技场。大家都觉得荐举性流动（sponsored mobility）发生在其他不太看重个人能力的社会。[4]

美国仍然被描述为一个竞争性体系的原因之一，是在进行劳动力市场分析时，许多不同类型的工作被捆绑到了一起。要知道，劳动力市场中各行业的招聘流程并非千篇一律。[5] 同样，华尔街和布衣街的游戏规则、开放程度和偏好也大相径庭。荐举性选拔体系尤其可能被用于最顶尖的工作领域。[6] 事实上，EPS 公司有着非常深厚的荐举选拔历史。投资银行和律师事务所过去一直都是"上层阶级"的工作。[7] 1960 年代以前，顶级律所的工作只提供给家族声望良好的白人男性，他们还得是盎格鲁—撒克逊裔，信仰新教。[8] 知名老牌投资银行中的职位也遵循相似的传统。[9] 管理咨询虽然是在平等就业立法通过后才发展为一个产业的，但其根基是老牌投资公司和会计事务所，这些地方的员工主要是白人、基督教徒、男性。不过近 30 年来，这三类公司的员工已明显地变得多样。虽然高层员工在性别和种族组成上依然十分同质化，但初级和中层人员已不再全是白人男性基督教徒，也不全都是异性恋者。[10]

有了这些变化，EPS 公司的招聘看起来似乎变成了一场公开竞争。但在这一章中，我将论证，这些公司的招聘虽然比 50 年前开放得多，却仍是一种**荐举性竞争**。表面上人人都能申请，但实际上招聘者只考虑那些得到当前精英——无论是声誉卓著的高校还是行业内的个人——荐举的申请者。这类归属关系和社会纽带是制度性社会资本和个人社会资本的重要形式，学生可以将其兑现，获得机会竞争美国收入最高的入门级工作。[11] 尽管相较于半个世纪前以先天特征划定新员工候选群体的范围，如今的标准已经更为民主，但这些机构和个人的标志仍然与社会经济地位和种族高度相关。[12] 缺少相应社会资本的学生在申请阶段就被排除在最好工作的门外，根本不被考虑。所以，我们可以认为这些工作的竞技场是有门槛的：所有人都可以排队等待机会，但只有获得精英机构或精英个人荐举的人才被允许进入场地。拥有正确的社会资本设定了竞争的边界。

开放的大门：制度性荐举

> 我根本没有办法让公司理我……我转学到了哈佛，因为我知道它能帮我打开职场大门。
>
> ——普丽西拉，应聘者

EPS 公司限定入门级工作的竞争仅向国内最有名的几所大学的学生开放。绝大多数新员工最初都是通过校园招聘选拔的。[13]校园招聘是公司来到学生面前，而不是像传统研究的招聘流程那样，由申请者在看到公开发布的招聘广告后蜂拥至公司。

招聘名单：核心学校与目标学校

每一年，顶级公司都会列出一份已经建立联系的高校名单，打算在这些地方发布招聘广告、接收申请、面试学生。名单上的学校分为两个梯队。第一梯队是**核心**（core）学校，包括 3~5 所顶尖院校，公司的绝大部分新员工都出自这里。它们在这些学校投入很大，每年即使不是从全球范围调派人手，也会从全国各地派遣员工赶来这里主持信息分享会、鸡尾酒招待会和盛大的晚宴，传授面试技巧，还要面试几十个甚至上百个候选人。相比之下，属于第二梯队的**目标**（target）学校包括 5~15 所院校，公司也会接收这些学校学生的申请，也面试候选人，但是规模要小得多。[14]公司通常会给每所学校设定名额，给核心校的面试名额以及最终的工作邀请数都远远多于目标校。

公司一般依据人们对学校知名度的认知来选择学校。当我问招聘主管凯拉她所在的律师事务所如何确定学校名单时，她这样概括他们所用的办法：

> 完全看大家怎么说。（她笑着说）我认为这——可能时效性差点儿——取决于对学校选拔程度的理解，即录取的难度以及课业的挑战性。所以，不管怎样，选择学校很大程度上依据的是学校声望和大众认知。

这种口耳相传的信息源自工作伙伴和其他决策者的认知，他们中的相当一部分本身就毕业于名校。除此之外，公司也利用外部评级机构的报告，如《美国新闻与世界报道》（*U.S. News & World Report*）和法学院入学委员会（Law School Admission Council）发布的报告。但一般只有在设定名单的底线时才会参考这些外部信息。结果就是，尽管全国高校的排名每年变动很大，但公司的招聘学校名单相当稳定。[15]核心校通常是美国历史最悠久、声望最卓著的大学，不过公司选择学校时也会受到学校与公司的地理距离，以及对学生整体的固有印象的影响。例如，哥伦比亚大学和纽约大学之所以是纽约某些投资银行和律师事务所的核心校，是因为它们的地理位置接近。同样的逻辑也使一些在西海岸没有大型办公场地的公司把斯坦福排除在了核心校名单之外（许多公司把它列为目标校），尽管它在全国的排名很靠前。投资银行家比尔对此解释说："它太远了……来回路上要一整天，而在沃顿（招聘时），我完全可以工作一整天后再去面试。"

尽管人们对学校名气相对稳定的认识是确定核心校和目标校最常见的依据，但事情也并不完全如此，新学校或名气相对较低的学校也可以进入名单，只要这些学校有毕业生在公司内担任高职，积极推动公司从母校招人。投资银行家迈克尔告诉我说："如果有高层人员对某一所学校特别感兴趣，我们一般都会去。"另一位投资银行家尼古拉尔解释了他的母校——一所虽然有名气，但不是排名前十的文理学院——为何能进入他所供职的投行的目标校名单。"我们开始［在我的母校］招聘是因为首席执行官的女儿在那儿上学，她是我的同学。现在是因为有两位总裁的孩子在那儿读书。［它］是所好学校，但在那儿招聘绝对是因为这种关系。"咨询师埃拉提供了类似的解释：

弗吉尼亚大学实际上是我们一个重要的目标校……开始是因为有位合伙人是那儿的毕业生，他极力推荐这所学校，最后我们为那所学校组建了一只庞大的招聘队伍。我们一般不会这么做，因为弗大［离我们公司］比较远，而且排名其实并没有那么靠前。

只要最初推荐学校的人还待在公司，并继续向招聘组施加压力，那么这些学校可能就会一直待在名单上。出于组织的惯性，有时即使推荐的员工离开了公司，一些学校仍然留在名单上。

招聘资源分配：时间、金钱、人力

学校属于哪个梯队决定了公司会在此投入多少精力和资源。例如，公司一般会在目标校举办一两场宣讲会，也会筛选简历、面试学生。但在核心校，公司不仅面试候选人，还会投入大量的时间和金钱吸引、追逐候选人，帮助他们准备面试（见第三章）。咨询师霍华德表示：

> 你是在顶级商学院，还是在第二梯队的商学院，那么我们考不考虑你的简历，这之间有天壤之别，就是这样。实际上，我们甚至都不用看简历。对于名单上的顶级商学院，我们一定会投入大量的财力和时间与候选人见面，寻找、讨好候选人。而在第二梯队商学院，我们不会这样做。

人力资源的分配上也有差别。对于核心校，公司至少会派一位认真负责的全职行政人员，负责校园招聘的各项后勤工作，包括与学校就业服务中心的工作人员保持联络、回复学生邮件、预定场地、组织招聘活动和校园面试、追踪所有申请人的状态等等，从而"维护与学校的关系"。这位行政人员通常能得到一位或多位全职、兼职员工的帮助。另外，核心校的招聘团队一

34

般还有一位"校园大使"——一位创收人员，作为公司在学校的形象代表。校园大使与整个行政团队一起设计招聘活动，在校园树立公司的口碑，解答学生咨询的问题，并参加所有招聘活动。在咨询公司，大多数名牌学校的校园大使都不用再负责客户工作，而是整个招聘季全职处理招聘事宜。这些大使们会常驻校园（通常在学生休息室或咖啡馆），使学生可以找到他们，回答学生对公司的疑问，也会按需求进行模拟面试。霍尔特在伊斯特莫尔的团队有三名行政人员、三名实习生（包括我）和两名创收人员（一名校园大使，一名合伙人）。相比之下，最有名的几所目标校也有校园大使，但这些大使是兼职的，而且它们没有全职的人力资源员工，需要与其他学校共享公司的管理支持。而最不出名的几所目标校则既没有全职的校园大使，也没有全职的行政人员提供支持。

公司在核心校和目标校的招聘力度也有差异。在每所核心校，公司都会大力付出，举办大量活动，尽可能地吸引学生递交申请，也会在全体学生中培养对公司的好感——扎克称之为激起学生"温暖和舒适"的感觉。例如，我研究的一家公司在一所核心校三个月举办了至少 25 场正式的招聘活动，而这家公司在目标校一般只举行一两场活动（最有名的目标校举办了三场）。同样，霍尔特每年在核心校的招聘活动预算是每所学校近100 万美元，其中还不包括行政支出和人力成本，而对公司附近一所目标校的预算则不到 4 万美元一年。

对非名单校的关注

所有学生，无论其所在学校是否被列入了公司的核心校或目标校名单，都可以申请公开招聘的职位。不过，他们投递简历的渠道不同。名单校的学生把简历提交给公司内指定的评审委员会，而非名单校的学生则需要通过公司的网站递交申请，通常是把简历发送到一个行政部门的邮箱地址（如recruitment@firmname.com）。这些申请会被"单独放在一起"，即使有人看这些简历（一般来说，没有专人负责评审这部分申请），也不会像看核心校或目标校学生的简历那样仔细。[16]在许多公司，尤其是业内最有名的那些公司，非名单校学生的简历会被直接丢弃，看都不看一眼，除非申请者得到私人推荐，让简历从"后门"进入评审流程。投行招聘经理斯蒂芬妮总结了对待非名单校学生的典型做法：

> 我实话实说，那些简历差不多就是掉进了黑洞。我对和我交流的学生非常坦诚。事实很残酷。你得认识一些人，有一些关系，需要有人举手说："让这个候选人进来"……是这样的，我有专门的一天去看……布朗大学的简历、耶鲁大学的简历。我没有理由非要去看那些"剩下中最好的"简历，除非我没事可做了……不幸的是，这对某些学生来说不太有利。如果不是目标校的学生，想进入公司没有什么容易的方法。

另一家投资银行的人力资源负责人凯莉也非常直接地讲出了她多久会看网上提交的简历："零次，零次……我一天只有那么多时间，看那些简历不是我的首要工作，我的首要任务是在校园里的安排。"即使是全国排名很高的学校，如果不在公司的名单上，其学生面临的情况也是一样。咨询师贾斯廷解释道：

> 我们特意只盯准某些学校，所以……如果［你］没有去到正确的学校……那么运气很可能不会站在你那边……你走进招聘会就会意识到这一点……经常会有人冒出来说："你好，我没上哈佛商学院，不过我在麻省理工学工程，听说了这个招聘会，想来纽约拜见你们。"愿老天保佑这个人的努力，但其实那都是白费工夫。我的意思是，虽然我们无法百分之百肯定，但根据以往的经验，我们的员工没有人是从那儿毕业的，所以也不会给这样的人机会。

36　　就这样，公司很大程度上把竞争局限在了我所说的"黄金通道"中，即只有顶级名校，通常是排名前十五或前二十学校的学生才可以参与竞争。不过，少数律师事务所（包括本研究中的一家）一直以"开放"闻名，它们接受未得到充分代表的族裔和宗教背景的人。这些公司会考虑任何在法学院排名最靠前的学生，无论学校的声望如何、处于哪个梯队。但是，这种**待遇只有最好的学生才能享有**。

名单的作用

公司为什么要把竞争局限在这样少的几所学校？一部分是出于现实的考虑。[17]它们提供的工作炙手可热，不到200个工作岗位，常常能收到上千份甚至上万份申请。这个招聘比例比许多常春藤高校的录取率还要低，竞争更激烈。[18]所以，把竞争局限在名单校的学生之间，被视为缩小申请者范围的有效手段。

"最优秀和最聪明的"

限定在核心校和目标校不仅是出于效率的考量。评审们认为"最优秀、最聪明的学生"集中在美国最顶尖的大学（它们占据了公司名单的大部分位置）。[19]进入名牌大学，被视为有卓越的智力并且发展全面的象征。律师贾丝明言简意赅地把这种现象称为"一流的人上一流的学校"。这种想法引导公司把对候选人的第一轮筛选交给了顶级大学的录取委员会。咨询师洛根发现："我们在一个人身上寻找的很多特质，也是达特茅斯或哈佛希望在申请者身上看到的。所以我们只在这些学校招人，"他说道，"一部分原因是他们已经替我们完成了2/3的工作。"投资银行家汉克也赞成这一说法："我坚信可以从大多数学校排名前5%的学生中找到非常优秀的人，但我认为重点在哈佛这样的学校上，因为这样就是更省事儿。在这些学校，即使学生在班里的排名差一些，但仍然可以找到很聪明、很努力、很全面的人。"

评审们把这种排他性的做法与提高效率联系起来，描述了

37

只考虑名校生是如何节省时间和成本，而在低标准的候选人中找来找去只为发现一块"璞玉"根本就是在浪费时间。"这个国家最好的孩子可能在鲍灵格林（Bowling Green）*，"投资银行家劳拉也承认，"但跑到鲍灵格林去面试 20 个孩子就为找到那么一个，就像在大海里捞针，这说不通，因为你可以直接去哈佛……那儿可能有 30 个，个个都满足要求又非常优秀。"达什是霍尔特的合伙人，也是伊斯特莫尔招聘组的成员，他进一步解释说：

> 我们能花多少钱、覆盖多大范围，都是有限制的。商学院的录取委员会已经做了很好的工作，我们招的人有95% 都来自排名前五的商学院。这样做确实造成了不平等。别的地方可能也有非常优秀的候选人，只是当我们很容易就能接触到一个非常优秀的候选群体时，在我们这方，不值得投入大量资源再去其他地方寻找候选人。

地位角逐战

在公司眼中，从知名院校选择新人也是吸引客户、提升客户对公司的信心的方法。有一大群出身名校的员工显示了公司员工的实力，从而提高公司的地位。咨询师弗雷德说穿了真相："我们是顶级的公司，这意味着我们不得不要顶级的人。"由于公司向客户收取高额酬金，而员工又比较年轻，所以学历成为

---

* 俄亥俄州的一所四年制公立大学。——编者注

判断他们能力的重要指标。例如，顶级律师事务所通常给仍在法律实践中接受锻炼的第一年初级律师开价每小时几百美元。[20]所以"客户想知道是最优秀的律师在处理他们的案子……这样才会认为我们收取的高价合理"，律师摩根解释说。学校声誉释放出的外部信号对律师事务所尤为重要。不同于投行和咨询公司，律所会把每位律师的学历挂到网站上。"他们想让你在看到网站后说'太厉害啦！'"另一位律师丹妮尔告诉我。她进一步解释说：

> 在他们的网站上，除了可以搜索律师外，还可以搜索学校……你输入哈佛或耶鲁，会搜出很多人。我觉得这就是实际情况。或者可能有客户会说："很好，我们是在给这些人支付昂贵的律师费，他们的教育背景最好真值这么多钱。"学历虽然是表象，但（它）也有助于向客户证明这些事情。

从名校招聘学生也是公司巩固自身地位的手段，因为可以借此与那些毕业生建立联系，而他们被认为是在未来世界"呼风唤雨的人"。公司可以利用这些人以及他们未来的社会联系开展新业务。正如律师杰米所说："[公司]想获得这类学校的校友关系。最终，如果有人想成为合伙人，那么校友关系所能带来的业务就很重要了，因此他们认为这种校友的纽带能帮上忙。"虽然大多数新人只在公司待几年，但和名校出身的他们建立联系仍被认为有利于公司的高端联系。律师诺亚在谈及虚拟候选人朱莉娅的简历时说："我想让耶鲁法学院的人走进我们的大门。他们的人生不太可能会失败。她（虚拟候选人）可能日后成为一名法官或议员，或者是我们的客户，也可能是一名政治家。如果她和我们公司有联系，以后会对我们有好处。"类似的想法也是公司在名校投入大量资源举办多种招聘活动的重要原因——这些活动不仅是招聘的工具，也是品牌建设的手段。当我问扎克——我在霍尔特的顶头上司——为什么公司面试这么多伊斯特莫尔的学生时，他非常坚定地回答："我们希望给他们留下一个好印象，说不定以后他们会成为我们的客户。"

最后，公司把竞争限定在名校是因为它们的对手也这么做。[21] 它们迟迟不肯到名校外招聘是想让客户觉得自己至少和其他同行一样高质量。一位名叫哈维尔的咨询师描述了另类招聘方法可能带来的风险：

39

> 他们不想让客户觉得自己招到的人的质量和其他公司不一样。就是说，如果他们在招聘学生时偏离常规太远，比如招不同学校或不同背景的学生……就会让自己在客户面前处于不利地位。

这些发现很重要，因为它们表明，招聘者在挑选新员工时不仅考虑候选人的工作能力，也考虑他们在更大的社会中的符号价值。更讽刺的是，从受访者的回答可以看出，公司聘用它们认为有潜力成为美国企业和政治精英的人，希望以此提高自己的地位、影响力和利润。[22]

社会学家通常研究以人际关系和人际资源为表现形式的社会资本。但 EPS 公司的招聘行为表明，组织关系，也就是学者们所说的**制度化的社会资本**（institutionalized social capital），也是影响竞技场的重要社会资源。是否在与公司有联系的名单校上学，对申请人的命运有巨大影响，这点在从非名单校转入名单校的学生身上体现得尤为明显。普丽西拉是我访谈的一名黑人女性候选人，从非名单校转到了核心校。她的经历突显了求职者所在学校的影响：

> 我们听了很多，都说招聘是择优录取。招聘者经常说他们根据 GPA 筛人，学业成绩是最重要的。但我实话告诉你，整个过程远谈不上公平。能不能获得一份工作完全取决于你上了哪所学校。你知道，我第一年是在［一所大型州立学校］。那时，我根本没有办法让公司理我……我转学到了哈佛，因为我知道它能帮我打开职场大门。现在，所有顶级公司都排着队和我交流。我和之前完全是同一个人——同样的成绩单、同样的分数、同样的工作经验，但简历上的"哈佛"二字让所有事情都不一样了。

律师贾丝明同意普丽西拉的说法。她比较了自己和一位前同事的经历，说道：

如果不是出自少数几所法学院，那么很难进入顶级律所……我从一个女孩那儿听到这个难以置信的经历。我刚开始工作时她就在公司了……她来自康涅狄格大学法学院……真的是经历了重重磨难才进来的。她不得不做些疯狂的事情，因为只有那样才能把简历送到［公司］管事儿的人手上。然而，如果毕业于哥伦比亚之类学校的法学院……事情就容易多了，知道吧？所有人都会来讨好你。

倾斜的竞技场

以上讨论表明，把招聘重点放在声誉卓著的核心校和目标校对公司有实际的好处。紧守名单校是在上千份申请中筛选的快速方法，反映了候选人的资质，满足了客户的需求，还与踏上成功快速通道的学生建立了联系。此外，这种方法也有内部的好处：让员工大量参与招聘活动。在大多数公司，招聘中的面试和评估主要由创收人员完成。强大的校友基础使得源源不断有员工愿意并且渴望回母校参加招聘活动，尽管他们不得不在非常紧凑的客户日程中抽出时间。

不过，名单校的学生是否真的在工作上表现突出，还需要进一步的实证考查。公司的招聘政策主要依据雇员对什么构成了好员工的一般认知。本研究中的公司几乎没有追踪调查过简历上的特点——包括学校声望——与新员工日后工作表现的关系。[23]成本—收益的计算表明，把竞争局限在最顶尖的学校也可能有意外的负面效果。公司每年花在招聘上的费用是六位数到七位数，这还不包括工资、安家费、签约奖金和新员工培训的成本，以及大量创收人员每年因为面试上百名（甚至上千名）候选人而停下手头上的客户工作所造成的利润损失。[24] 尽管耗费了这些成本，公司的离职率仍相当高。大多数公司的员工在进入公司 2~4 年后会离开，这样的离职率带来的成本非常高昂。

一些研究发现，在开始工作后不久，精英学生可能比其他学生更想离开。罗妮特·迪诺维茨（Ronit Dinovitzer）和布赖恩特·加思（Bryant Garth）对律所律师的研究发现，从最顶尖学校毕业（以及拥有最好社会经济背景）的学生对自己的工作最不满意，也最想离开目前的工作。[25] 迪诺维茨和加思把这一结果归因于社会化。他们认为，名牌学校的学生在社会化过程中认为自己是最优秀、最聪明的，理应获得高地位和高收入，从事的工作既要带来智力上的满足又要令人感觉愉快。[26] 但是，这样的愿景与金融、咨询和律所初级岗位相对例行公事的本质存在冲突。

尽管效果存疑，但招聘活动还是根据父母的资源做出了初步筛选。进入名牌大学最有力的一个预测指标就是父母的社会经济地位，这可以用收入和受教育程度来衡量。实际上，从 1980 年代到 1990 年代，父母收入对孩子进入名校的正向影响翻了一倍，且此后一直在增加。[27] 因此，把最高收入工作的竞争局限在名单校的学生之间（或者如我在后文所展示的，有内部关系），在劳动力市场上复制了学生进入顶级学校时所面临的巨大社会经济门槛。

虚假的大门：多样性人才 * 招聘会

> 说实话，我不记得有哪个在这类招聘会上见到的人最
> 终被录用了。
>
> ——布伦特，律师事务所招聘主管

几乎只关注名单校的学生让招聘的竞技场因社会经济地位
而有所倾斜。我的研究表明，竞争也受到性别和种族上的限制。[28]
作为联邦政府的合作方，我研究的大多数公司都被要求采取平
权措施，增加员工中女性和少数族裔的数量。[29] 与美国其他许
多知名白领雇主相比，这些公司投入了大量的财力和人力来吸
引、留住多样性人才。许多公司设立了多样性人才委员会，拥
有全职或兼职的多样性员工，而几乎所有公司都参加了定向招
聘项目，目的就是提高申请者的人口学多样性。研究中的大多
数公司都设定了明确但非正式的目标，招聘的新人要与名单校
典型毕业班的性别和种族组成基本一致。和过去几乎全是白人
男性的专业服务公司相比，这些公司在初、中级员工的多样化
方面取得了进步。[30] 总体而言，虽然高级员工的组成上还存在
着明显的性别不平等，但公司在初级员工中提高女性比例的努
力已经成功了。对行业专家、人力资源专员的访谈表明，在顶

42

---

* 多样性包括但不限于种族、性别、社会经济地位、性取向等方面的差异。在
EPS 公司的招聘中，多样性人才一般指在行业内没有得到充分代表的少数族裔
和女性等群体。——译者注

级律师事务所，新雇用的法学院毕业生中大约一半是女性，她们也不再被视为"多样性候选人"。咨询公司的新员工中，本科生的男女比例大约持平，刚毕业的商学院研究生中，女性大约占 30%~40%。投资银行的性别多样性常常是最差的，一直很难实现目标性别比例。虽然不同银行部门中的女性占比不同，但总体来看，本科毕业员工中女性占 30%~40%，商学院毕业员工中女性占 15%~25%。

相比之下，研究中所有公司在种族平等上的进展则缓慢得多。非裔和西班牙裔新员工仍然远低于他们在名校毕业生以及整个社会人口组成中的比例。非裔和西班牙裔雇员占比稀少是我研究的许多公司的心头痛。种族多样性不达要求除了会面临法律合规审查和法律诉讼的威胁外，在 EPS 领域，"多样性人才数量"已成为客户、竞争对手和应聘者判断公司质量和名声的指标。[31] 在接下来的几章中，我将讨论应聘者在面试评估和最终做出录用决定的评估中面临的种族壁垒。在此我想说的是，公司划定竞技场边界的方式——把竞争局限在黄金通道中——对实现员工的种族多样性制造了巨大障碍。

对招聘中种族不平衡的解释

或许并不意外，研究中大多数参与者都认为，他们的招聘过程在性别和种族上是不偏不倚的。当被问到公司为什么尤其难以吸引到非裔和西班牙裔候选人时，受访者通常认为问题出在"通道"上。与我交谈的专业人士不停地强调，就是"没有

43

足够"有能力的非裔和西班牙裔让他们雇用。黛安娜是一家律师事务所的招聘合伙人，她把招聘少数族裔的难题视为一场"数字游戏"：

> 就是出自法学院的数字，是法学院录取比例的数字。我们只招收进入法学院的人，而那里就没有多少多样性候选人。如果遇到一个非常优秀的人，而且又恰恰是多样性候选人，那些公司一定会为之疯狂。这个人就像是要进最高法院的人。

咨询师埃拉在解释她所在公司的新员工中相对缺少种族多样性时，非常明确地采用了通道的说法："通道的首要问题是名牌商学院的人口学构成……你面对的是一个群体，而这个群体的多样性并不高，所以你只能在有限的群体中选出一个更有限的群体。"一些评估者认为，即使在顶级核心校和目标校的"有限群体"中，多样性候选人也自主选择了不从事 EPS 公司的工作。投资银行家芬恩评论说：

> 我觉得如果你……看一下想得到这份工作的白人男性占多大比例，非裔占多大比例，就会知道，按照在申请者中占的比例而言，是更多的非裔得到了工作，对不对？但实际上，问题是没有多少非裔或西班牙裔对这份工作感兴趣。[32]

霍尔特的合伙人达什认为少数族裔求职者不足的原因是深层次的结构性障碍，是他的公司无法控制的：

> 我认为不是招聘过程出了问题，而是从高中教育一直到本科和研究生录取的整个价值链出了问题。等到我们进学校招聘时，其实已经没有足够的候选人可供我们挑选了。我们的选择非常有限。

上面的说法以及其他类似"通道问题"的解释忽略了非核心校、非目标校申请人的存在。少数族裔学生通常集中在不太有名的学校，在专业学院层面尤其如此，公司一直把焦点集中在黄金通道，不可避免地排除了大量表现出色的多样性候选人。[33] 我访谈了一位工商管理硕士项目的就业服务负责人，他指出，公司对通道的狭隘理解限制了它们提高员工多样性的努力：

> 这些公司争先恐后地抢夺多样性人才。它们想要性别多样性、种族多样性，只要你能说出来，它们一定会尽最大努力吸引多样性申请人。它们都在争夺这块小得可怜的蛋糕。它们都盯着这块小蛋糕，却没有人去想应该如何扩大蛋糕，这才是真正的问题。

一些公司已经意识到了这一点。研究中的两家投资银行在它们的本科目标校名单中增加了斯贝尔曼学院（Spelman）和莫尔豪斯学院（Morehouse），这两所学校的学生一直以非裔为主。[34] 正如前文所言，一家律师事务所称他们会面试任何法学院最优秀的学生，无论学校名气如何。不过这样的情况并不常见。

当然，并非所有受访者都赞同公司看重学校声望的做法，从不那么有名的学校毕业的员工尤其可能提出反对意见。然而，这些员工——通常是人力资源经理和多样性员工——一般缺少相应的权力和地位去采取实质性行动，把公司眼中的那一小块蛋糕扩大。例如，当我问负责律所招聘的人力资源主管阿比是否试过增加名单上的学校时，她耸了耸肩，回答道："那不是我能左右的。这由招聘委员会（由合伙人和律师组成）决定。我可以提建议，比如我觉得我们应该去［一个地方性法学院］，因为那里的多样性学生比较多，但此外我就无能为力了。"

增加应聘群体的多样性

招聘者会策划一些多样性招聘活动，目的是增加应聘群体的多样性，而不是要在决策过程中减少对多样性人才的偏见。投资银行家芬恩是多样性人才委员会中的一员，曾积极参加相关活动，他解释了多样性招聘是如何进行的：

> 因为不能降低标准，所以……我们只能更卖力地招人。你可以找到很多出色的候选人，他们在智力和工作激情方面，我觉得，和普通白人男性达到了同样的水平。只不过这样的人相对较少，所以你得更努力地去找他们……我们

45

聘用一个人，从来都不是因为种族、性别，或其他类似的因素。招聘主要是让最优秀的人进入公司，对吧？只不过那些群体中聪明人不多，所以他们得到了更多的关注。

公司给予多样性候选人更多关注、提供——理论上——其他渠道竞争 EPS 公司工作的主要方法是定期参加每个季度举办的多样性人才招聘会。这些全国性或地方性的就业招聘面向未被充分代表的群体，无论他们的教育背景如何。招聘会通常在酒店或会议中心举办，由各种商业机构（如 Vault.com）和非营利机构（如美国黑人法律学生协会）组织。[35] 学生注册后，通常会收到一份参会公司名单。公司则租赁展位，派出代表在那里与申请人非正式地交谈、接收简历，有时候也进行初步的面谈。

作为研究的一部分，我参加了几场这样的活动。一般而言，1~4 名公司代表（经常是人力资源专员和一眼就能看出来的多样性专业人员）聚集在印有公司标志的桌子旁。[36] 所有桌上都摆满了免费赠品，堆着薄厚不同的装帧精美的宣传册，显示出公司在争取多样性人才上的努力。学生们在会场四处游走，参观各个公司的展位。最有名的公司展台前往往门庭若市，学生们排队等着和公司代表交流、登记自己的电子邮箱地址，以紧跟公司的招聘动态。

在有些招聘会上，参与者还可以提前预约一对一的面试。不过，所有招聘会都强烈建议学生带上简历，直接和公司代表交流。如果候选人给代表留下的印象足够好，可能会被要求留下简历。特别出色的候选人则会受邀当场参加一场更为正式的面试。这提供了绕开校园招聘,直接进入面试环节的方式。因此,对于非名单校的学生来说,这类招聘会是至关重要的机会,也是许多人进入 EPS 公司的唯一机会。因此,学生常常自掏腰包长途跋涉地来搏一搏运气。

46

虽然求职者常常把多样性招聘会视为进入公司大门的合理机会,但人力资源员工却有着截然不同的看法。在他们看来,多样性招聘会很大程度上是公司的印象管理活动,而不是新员工的主要来源。前文提到的律所招聘主管凯拉解释说:"我确实认为这些活动与提升品牌知名度有关……我觉得这是个很好的……方式,只要让公司的名字出现在那里就行。"投资银行招聘经理斯蒂芬妮(她和凯拉一样是白人)承认:"这能让我们声名远播。我们摆张桌子,在那儿回答问题。这更像是一项公关尝试——目的是让大家知道我们,而不是真的让在那里见到的人来为我们工作。"另有人力资源专员和评审人把多样性招聘会视为"营销活动",甚至是"社区服务"。在核心校举办的丰富多彩的活动(见第三章)被视为开发未来客户的工具,而多样性招聘会则不同,它们的作用是为公司打造一个关心多样性问题的形象。

在讨论为什么很少通过多样性招聘会招到新员工时,人力专员最常见的说法是应聘者的"出身"或学校名气与为公司创收的专业人员期望的精英教育背景不符,而这些人是面试、做出录用决策的人。人力资源专员很少把招聘会上接收的简历交给招聘委员会，因为大多数候选人达不到公司为学校划定的严格标准。布伦特是一位招聘主管，负责协助他所在的律所举办多样性招聘活动，他对这类活动的作用进行了明确的划分。一方面，多样性招聘活动很重要，让公司能够向社会展示其致力于招聘公平的决心；另一方面，这些活动又没那么重要，因为它们在提供新员工上的作用微不足道。

> 布伦特：我认为我们去招聘会还是很重要的，只是为了向那些群体展示我们对寻找多样性候选人非常感兴趣，我们确实很感兴趣。但这不是找到候选群体最有效的方法。如果我们在一场招聘会上见到的人恰恰也出现在了校园招聘中，那么无论如何我们都会面试他……不过，说实话，我不记得哪个我们仅在这类招聘会上见到的人最终被录用了。
>
> 劳　伦：你觉得为什么［会这样］？
>
> 布伦特：我们在这类招聘会上看不到多少顶尖学校的学 47
> 生，大多数学生来自中等学校，甚至是我们眼中的低等级学校……我们有很多来自名校的非常出色的学生，所以不用［从低等学校招聘］。
>
> 劳　伦：为什么学校声望这么重要？
>
> 布伦特：因为那是公司想要的最基本的东西。因为合伙人都是那些学校毕业的。

这种压力会给没能进入顶尖学校的少数族裔学生造成难以逾越的玻璃天花板。理论上，多样性招聘会是要为那些学生提供进入通道的机会，但实际上，因为公司基本不考虑较低层次学校的候选人，招聘会提供的只能是虚假的大门。

当然也有例外。例如，有些学生与公司有高端联系，使他们获得私人的举荐（将在下一节讨论）。此外，某些第三方组织会挑选一些学生参加专门面向少数族裔的实习项目，如教育机会赞助者（SEO，Sponsors for Educational Opportunity，将在第十章讨论）。在律师事务所，如果学生曾经为知名法官当过书记员，也可以获得例外的机会。[37] 但这些例外的准入机会分布不均，受学校声望、学生种族及其家庭社会经济地位的影响。这导致非名校的少数族裔学生进退维谷、陷于困境。在一场法学多样性人才招聘会期间，我观察了一场面试建议的小型讲座，这种困境一目了然。会上，公司合伙人为应聘者们提供了一些实用的面试建议。在问答环节，一名看上去二十四五岁的非裔女性站起来，在自我介绍（"我是佩斯大学三年级的学生"）之后，她满怀期待地寻求建议："我想进律师事务所，他们说我得先当书记员，但又告诉我要是没有律所的工作经验就没法当书记员。这就像是先有鸡还是先有蛋。我该怎么办？"一位合伙人答道："你需要先从书记员开始。"然后转向下一个问题。

正如人力资源主管们公开承认的那样，多样性招聘会常常是重要的公关工具，对实际增加多样性员工起的作用很小。因此，只考虑名单校黄金通道内的学生，为顶级工作的竞争树立了种族和社会经济的屏障。

后门：私人推荐

> 我们主要去哈佛、沃顿、斯坦福，有时候也去哥伦比
> 亚……除此之外基本上只看推荐。
>
> —— 瑞安，投资银行家

社会选拔体系在某种程度上一定是可渗透的，不是铁板一块，这样才能维持合法性。[38] 所以，尽管我所研究的公司中，大多数新人都来自核心及目标院校，但公司的确会面试并且录用一小部分非名单校的学生。对于这部分人而言，如果有人推荐，即公司内部有人愿意为他们担保，并推动申请进入审核程序，那么他们就获得了另外一种进入人才库的途径。[39] 在为招聘活动的准备忙了一整天后，我和扎克坐在一起喝酒闲聊，他承认："如果你不在核心校，就很难进来。需要有人推荐，需要招聘人员把你从网站或其他地方挑出来。"投资银行家贾森毕业于一所目标校而不是核心校，他十分同意扎克的说法：

> 上哪所学校才是最重要的。公司不在不太有名的学校招人。我运气好。我上的不是最好的学校。在我们同一年进来的分析师中，有30人来自哈佛，20人来自沃顿［的本科生项目］，只有五人来自［我这样的排名前十五的学

校]。 虽然时不时也能看到来自州立大学的学生，但他们能来一般都是因为有关系。

最常见的是私人关系，即应聘者和某家公司的员工是直接或间接的朋友。投资银行家迈克尔来自一所非名单校，他用自己找工作的经历说明了关系的作用：

> 如果不是核心校毕业，很难在这儿找到工作。所有公司都说可以在网上提交简历，但我好像从没听说谁用这种方法成功了。就我而言，我不得不[从南方]来到这里[纽约]，找朋友、朋友的朋友帮忙。真的要动用关系，要积极主动。

为什么推荐人有时能弥补非名校出身的不足？它到底是怎样发挥作用的？关于招聘中社会资本和私人推荐的作用，社会学领域已经有了非常丰富的研究。[40]尽管对于哪种关系在招聘中最为重要，以及不同关系在招聘中的相对重要性，学界依然争论不休，但大多数研究只从应聘者或推荐人的角度研究，而没有从招聘者的角度考虑过推荐问题。[41]也有一些研究关注决策者，但它们喜欢分析是否有人推荐对聘用可能性的整体影响，而不是着眼于招聘者在现实招聘决策中如何利用、理解社会推荐。

公司为什么看重推荐

尽管很少有研究考察招聘者对推荐的看法，但关于招聘者为何偏爱推荐有三种主要的解释。每种理论都认为推荐的价值源于招聘者对什么构成了生产力强的员工个体和高产出的员工整体的理性计算。"更匹配"（better match）理论认为，在职员工了解岗位正式和非正式的需求，这些信息十分重要，所以他们推荐的申请人可能比非私人渠道来的人更符合职位的需求。第二种理论认为，依靠推荐可以建立一个"更丰富的人才库"，因为推荐来的应聘者更容易满足一些容易筛选的形式要求，例如教育背景。最后一种理论认为，聘用被推荐人可以为在职员工和未来的员工提供"社交强化"——已有的人际关系可以提高在职培训质量、增强工作满意度或加强工作指导。[42]

在我研究的几家公司，推荐制度一般不是为了建立更丰富的人才库。被推荐的申请人往往是非典型的，缺少某些公司想要的、易于识别的资质，推荐弥补了这方面的不足。有一些证据支持"社交强化"的观点，不过这更适用于招聘后期出现的"支持者"（对这种推荐类型的讨论见第九章）。还有许多人力资源专员觉得走后门的私人推荐减少了不确定性，他们认为相比于"冷冰冰"投递简历的申请者来说，被推荐者可能更适合这份工作。一家投行的招聘负责人苏珊娜解释说：

推荐人已经在公司工作，知道谁适合公司，我们相信 50
他们的判断。他们了解自己的工作，知道那份工作的准则是什么。推荐解决了任何简历都会面临的一个重要问题：有人能为应聘者担保。所以被推荐的人在竞争中有优势。

重要的是，招聘的现实需求也促使公司聘用推荐来的人。正如前文所说，庞大的申请数量使得求职不仅是在竞争寥寥无几的工作岗位，也是在竞争评审人有限的注意力。[43]人力资源专员常常根本没有时间去看非名单校申请人的简历。在最常见的推荐方式（即与公司员工有私交）中，推荐人直接（当面或通过电子邮件）提交求职者的申请，让公司负责筛选简历的评审人留意。这样一来，推荐提供了一条快速通道，无论申请人的学校如何，他们的简历一定能被看到。苏珊娜继续说：

> 相比于从几百份申请同一职位的简历中脱颖而出，如果有人能发一封邮件说："这是我的一个朋友，对这个职位感兴趣。"那么这个人的简历就会更快、更容易地到达评审人面前。所以，取巧的办法是走推荐这条路，通过朋友的朋友的朋友帮你递交简历……但对于不认识任何业内人士的申请者来说，这个比赛并不公平。

推荐人的特点及其与应聘者的关系

在这方面，推荐人不必非得是公司里的高层。[44]人力资源专员和校园招聘团队通常都很信任推荐这种方式，甚至最初级员工的推荐也会接受。推荐者是内部还是外部人员，要比推荐人在公司的级别地位重要得多。无论是第一年的分析师还是刚进事务所的律师，都能成功地推荐他们在课堂、运动场、课外活动、家乡认识的人，或者只是听说过但素未谋面的人去参加面试，只要他们能够成功地当面或通过邮件把申请递交到"正确的桌子"上。这类推荐的价值不在于可能带来更符合需要的人（许多推荐人的工作时间并不长，不足以真正理解工作需求），而在于为行政工作提供一条捷径，同时也是一种吸引注意力的方式，让被推荐人得到最初的关注。

除此之外，被推荐人与推荐人的关系不必十分密切。[45] 推荐人在推荐时不用详细解释他们的关系，只需要在递交简历时附上一句说明就可以。有些时候，推荐人与被推荐人从未见过面，也许只通过电话、邮件或社交媒体交流过。例如，他们之间的关系可能是同一所非名单校的校友。有些非名单校学生虽然在公司内部没有直接的私人关系，但能通过其他关系或校友名录找到在公司就职的校友，然后请这些校友帮忙让别人"看一眼"自己的简历。投资银行家劳拉描述了这种关系如何起作用：

> 他们需要有关系……不必是他们直接的家人、朋友，但需要有个类似的**"钩子"**让他们进来。当然总有孩子来自差一点的学校。对他们而言，我认为，不管出于何种原因，如果他们的校友员工参与招聘，那么就会有一些帮助。

马克斯也是一名投资银行家，提到自己为什么喜欢推荐校友："我如果见到一名毕业生［来自我上的那所地方性大学］，我很可能会帮助他们通过，我得帮帮那些学校。"投资银行家阿丽尔表达了类似的愿望："我的学校不是这里大多数人上的那种，我觉得自己能来到这儿并坚持下来真是很幸运，所以我很愿意帮助跟我情况类似的人。"还有一些非名单校员工利用自己的后门寻找母校的学生，希望在通道中增加自己学校的代表。投资银行家克里斯托弗举了一个例子：

> 我们组最出色的一名副总裁（上的商学院在《美国新闻与世界报道》上排80多名），我**不知道**他是怎么进来的，完全不知道他是怎么进来的……他定期回去［他的母校］，试图带一两个候选人回来面试，这成了他的一项工作。前年他没成功，但今年找到了一个小伙子并最终聘用了。现在，那所学校有两个人了。所以，也不是完全不可能，只是很大程度上取决于在公司工作的校友。

同样，尽管人力资源专员在后面几轮的决策中没有多少权力，但因为他们经常协调或组织简历筛选，所以也可以推荐自己的校友。从这方面来看，对于缺少制度性举荐的学生，公司员工扮演着个人举荐者的角色。

总之，对于不在名单校因此缺乏制度性举荐的学生来说，个人的推荐让他们得到了评审人的直接关注，由此提供了入场的后门，要知道，否则评审人根本不会到非名单校简历的"黑洞"

中去寻找。由于申请人数极其庞大，招聘者能够投入的时间和精力又有限，所以即使是与初级员工的弱关系也能为非名单校的求职者打开一扇有效的后门。

不过，推荐人的地位并非全无关系。受内外部权力机制的影响，高层员工和客户的推荐分量很重。例如，高层员工可以以任何理由，甚至是个人的一时兴起，让申请人走到面试阶段，无论候选人的简历如何（有时候甚至都不需要递交简历）。投行的招聘负责人凯莉想起了一位高层员工的推荐，她笑着说："我们曾经带进来一个人，他站在我们楼外四处分发简历，身上挂着一个牌子，写着'雇我'。一位负责人说，'我喜欢他，让他进来'。虽然我们最后没有聘用他，但确实让他进了［面试］！"

客户的推荐同样很重要，因为他们能带来利润和未来的业务。客户推荐和法官推荐（对律师事务所而言）是"高端推荐"，很大程度上被视作"业务拓展活动"。投资银行招聘主管斯蒂芬妮对公司政策的幕后运作提出了深刻的观察：

毫无疑问，其中有一些权术运作。有些推荐的确要好好处理。因此你能见到各种各样的事情。你知道，在公司总经理看来，他最好的朋友的孩子肯定是个出色的候选人，希望我们见一下。很多时候，我们会让这些人进入第一轮面试，然后再判断他们值不值得我们发出工作邀请。

由此可见，私人推荐提供了进入公司人才库的一扇后门。

53

然而，由于社交网络中存在的阶级和种族不平等，白人和富裕学生更有可能获得这些宝贵的私人关系。[46] 为了阐明这一点，我在访谈中询问评审人，他们是如何找到工作的。相比于校园招聘，经由后门通道被聘用的人数量少，且几乎全是白人，如果从父母的教育背景和职业来看，他们中相当一部分人来自最高的社会经济阶层，还有几个人的父母就在他们应聘的行业工作。结果，尽管私人推荐能略微提高人才库的学校多样性，却强化了人才库已有的社会经济不平等和种族不平等。

有门槛的竞技场

EPS工作的竞争是一场举荐性竞争，只有拥有正确社会资本的学生才被允许进入竞技场。公司把招聘局限在国内最顶尖的几所院校，虽然也接收核心校和目标校之外的尖子生的申请，但给予他们的关注很少或者根本没有。考虑到是否能进入名校与父母的社会经济地位、申请人自己的种族有很大关系，这种招聘方式极大地限制了人才库成员的社会经济水平和种族多样性。非名单校学生获得考虑的唯一途径是获得私人背书。但对于出身非名单校、没有特权背景的优秀学生来说，这种推荐让他们陷入两难。家庭富裕、父母受教育程度较高的学生更有可能认识在职员工、客户或股东，提供获得招聘者注意的"钩子"。

54　　　公司声称最好的学生进入了最好的大学，大学录取委员会已经完成了人才的筛选，所以从名单校招聘更有效率，节省了公司的时间和金钱，以此证明自己的招聘方法合理。但是，正如下一章对核心校校园招聘的考察所表明的，把竞争局限在名校生中不只事关效率或效果。公司每年都会在核心校投入大量金钱，与学生共同上演一场精心准备的示好仪式。这场炫耀、昂贵的事业不仅提高了公司在学生心中的地位，也让人对招聘竞赛的结果产生了情感投入，并开始引诱学生适应社会上层的生活方式。

第 3 章

游说

　　每年秋季，国内一流的投行和咨询公司让纽黑文最好的酒店挤满了最优秀、最聪明的人，用一系列最炫丽的东西吸引他们：最好的工作、最多的薪水、最容易的申请、最梦幻的经历。它们非常擅长这些，难以置信、令人惊叹、可怕地擅长……我18岁满怀雄心壮志地进入耶鲁时，从未听说过咨询业或投资银行业……站在大一新生的宿舍门外，我找不到一个想当投资银行家的人。但在今年5月的毕业典礼上，有50%的概率我旁边坐着一位未来的投资银行家……发生了什么？

　　——玛丽娜·基根（Marina Keegan），耶鲁大学2012级学生[1]

[我刚当校长时]你们问我的第一件事不是课程、指导、教员联系方式，也不是关于学生空间，甚至无关于饮酒政策。相反，你们不停地问我："为什么我们中有这么多人去了华尔街？为什么哈佛有那么多人去了金融机构、咨询公司、投资银行？"……在进入职场的学生中，58%的男生和43%的女生做出了这样的选择。

——德鲁·福斯特（Drew Faust），

哈佛大学2008年毕业典礼致辞 [2]

投资银行、咨询公司、律师事务所的身影在顶级本科院校、商学院、法学院的校园生活中无处不在。过去50年来，从这些地方毕业的学生有越来越多的人寻求去公司工作。在哈佛，每个毕业班70%以上的学生通过校园招聘向投资银行、咨询公司递交过申请。[3]正如福斯特校长在毕业致辞中所说，2008年大约有一半的哈佛毕业生进入了这些领域。这一数字在金融危机之后有所下降，但2014年仍有31%的毕业生选择了这类工作。[4]顶级法学院的这一数字更高。在哈佛法学院，超过90%的学生会应聘大型律所的工作，一般80%以上的人能进入这些公司。[5]到"大律所"——这并不总是个好称号——工作已经成为学生普遍期望的职业道路，以至于哈佛法学院的学生报纸《记录》（Record）偶尔会报道选择不去参加公司校园招聘活动的"少数勇敢的"学生。[6]

名校生为什么蜂拥向这些公司和工作？这个问题引起了记

者、大学管理者以及学生自己的兴趣。在本章，我将结合对招聘方和求职者的访谈，以及我自己对招聘活动的参与式观察，探讨为什么核心校会有如此多的学生申请投行、咨询公司和律师事务所的工作。聚焦于公司做了哪些事情吸引学生，我发现学生除了被这些工作的高薪吸引以外，也受到公司在整个招聘过程中娴熟的印象管理的诱惑。有效招聘对 EPS 公司来说是重中之重。咨询师乔丹这样形容招聘工作：

> 我们［在招聘上］投的钱很多，花的时间也很多。公司中一些最优秀的人花了相当多的时间来确保招聘方法正确有效。除了与客户打交道以外，这是我们做的最重要的事……人员就是我们的生产车间，所以我们投入了很多，就是要保证我们得到了正确的资产。

公司不遗余力地争取"正确的资产"。它们用丰富的招聘活动，辅以同学和刚毕业的学生（通常是在校生熟悉、信赖的人）激情澎湃的评论让在校生相信，摆在他们眼前的是极负盛名、报酬优渥的工作，全国最优秀的人才理应去最好的地方工作，EPS 公司的录用通知是进入美国经济和社会精英阶层的标志。

金钱、地位、竞争与恐惧：
为什么EPS公司的诱惑难以抗拒

六位数的吸引力

对顶级投资银行、咨询公司和律师事务所工作吸引人之处的大多数解释都集中在收入上。EPS公司的薪水常常是刚毕业学生能拿到的最高数，年薪是其他类型工作的 2~4 倍。五位数和六位数的差别在许多学生的头脑中有天壤之别。当我问本科生沃尔特为何选择到投资银行工作时，他笑着说："实话实说，完全是因为本杰明*。"

对一些人而言，金钱是衡量个人成功的标志，本身也是工作的首要目的。"成功的部分含义，"伊斯特莫尔一名打扮干练的学生帕克说道，"是收入不错。"他要同时参加投资银行和咨询公司的面试。的确，研究表明顶尖学校的毕业生比其他学校的学生更看重工作带来的物质回报，也认为高薪对整体工作满意度的影响更大。[7]

对其他学生而言，看重钱是迫不得已。大学本科的学费暴涨。[8] 2014 年，许多顶级大学每年的花费需要将近 6 万美元，包括住宿费、伙食费和杂费。[9] 虽然大多数核心校向很多学生提供丰厚的经济资助，但不是每个有需求的学生都有资格获得。[10] 许多人背负着沉重的债务。一流的工商管理硕士项目和法律博士

---

* 面值100美元的纸币上印的人物是本杰明·富兰克林，这里指薪水。——译者注

项目则费用更高，光是学费就要大约 6 万美元。如果算上杂费、生活费，以及作为这些学校（以及校内的社交圈）隐性课程重要内容的社交活动和旅行的费用，每年的账单直逼 10 万美元。这些花费导致许多学生不得不背负六位数的债务来完成学业。[11]除非申请经济困难延期，否则他们必须在毕业后几个月内开始还贷款。接受 EPS 公司的工作，即使只干几年，对减轻债务也大有帮助。

58

部分出于这个原因，EPS 公司对法学院学生的吸引力尤其大。其他工作的经济回报和大律所相比存在着实质性差别：前者的年薪约是 4 万美元，而后者则有 16 万美元或更多（不包括安家费、签约奖金和年度绩效奖）。[12]迪安是我采访的一位法学院学生，进入法学院前曾在一家非营利性机构工作。他非常坦诚地告诉我为什么选择进入律所，即使他对那儿的工作"毫无兴趣"：

> 不是我粗俗，但钱显然很重要……如果薪水一样，我更愿意为政府工作。我是说，那才是我最终要去的地方……我真的不在意别人比我富有。但我现在负担不起……我打算先［在律所］干两年，还完贷款，然后做点别的事情……我不会设想自己成为纽约某家律所的合伙人或把类似的事情作为自己的事业。

尤尼斯曾经是一名工程师，现在是工商管理硕士，选择参加咨询公司和投资银行的面试。他也同意迪安的说法："[我做这个决定] 可能最大的目的就是在简历上再增加一个响亮的名字，并还掉一些贷款。"

毫无疑问，EPS 公司提供的高薪对很多学生极具吸引力。然而，即使对经济压力很大的人（讽刺的是，他们最不容易获得这样的工作）来说，钱也只是这个故事的部分原因。[13] 我认为，对 EPS 公司的青睐远不只是出于薪水的考虑，还因为这些工作所象征的内容对名校生来说很重要。我的研究表明，公司对候选人的极力吸引，再加上候选人之间的地位竞争，创造了一场比赛，小心翼翼地操纵着学生的欲望与恐惧，而招聘者在其中扮演了不可或缺的角色。

奢华生活还是穷困潦倒

社会学家维维安娜·泽利泽（Viviana Zelizer）指出，钱的用途分为社会性的和实用性的，并且承载着很多意义。[14] 同样，吸引学生来这些工作的不仅是录用通知上多出的几个零，还有这些薪水所代表的生活方式。学生们经常二分地看待职业选择。他们把 EPS 公司提供的高薪与低薪工作相比较，或许因为学校就业办公室的行政人员经常就是这样区分的，这种差别也在学生圈子中广为传播。[15] 对许多学生而言，似乎只能在奢华生活——赚取高薪，追求快节奏、光鲜的生活方式——和走向破产——赚一点点工资、勉强维持枯燥的生活——之间做出选择。因此，选择华尔街、摒弃布衣街，不光是出于利益最大化的纯粹实用性考虑，也是一种社会和文化意义上的选择。学生认为自己站在十字路口，需要在美国阶层结构的上层和中层之间做出选择。许多人想要确保在前者中占有一席之地。

大量顶尖学校的新毕业生蜂拥至几大都市的中心，例如纽约、波士顿、旧金山、芝加哥、华盛顿特区。一方面，他们被这些城市提供的兴奋感、便利设施和社交机会所吸引；另一方面，还因为这些地方有很多朋友和同学（他们同样接受了那里专业服务公司的职位）。[16] 在解释为什么觉得 EPS 公司的工作吸引人时，受访的学生常常提到生活在"大城市"的渴望，那里有生机勃勃的社交活动，是"事情"发生的地方。但他们也提到大都市的生活成本（以及向他人看齐的成本）很高，因为那里的房价是全国最贵的。

奢华生活的诱惑

对很多学生来说，另一个强大的吸引力是一些人所说的"球星式"（baller）生活：与这些工作相联系的光鲜奢华的城市生活（"球星式"是俚语，指某些职业运动员奢华放纵的生活方式）。在 EPS 公司工作让人进入一种特有的毕业后生活：周末——或者在办公室工作至深夜后——到最火爆的夜总会享受无限量整瓶服务 *、支付四位数的酒吧账单，到米其林星级餐厅品尝美食，乘坐商务舱出行，住在有门童的公寓，穿着定制的时装。尽管

---

* 指顾客花高价订购整瓶烈酒，享受预留专桌、按要求配酒等服务。——译者注

学校中最富有的学生在家中或社交生活中已经体验过类似的奢
华，但很多人对球星式生活的初次尝试与这些公司密不可分。
招聘活动在每个地区最昂贵的酒吧或餐厅举行，以神户牛肉作
为开胃小菜再加顶级酒水是这类活动的标配。霍尔特会举办几
场女性招聘会，其中一场在市内历史最悠久、最私密，也最昂
贵的高端夜总会举行（只容纳不到 30 人，仅海鲜一项花费就达
四位数）。无论是初次体验，还是愉快地重温熟悉的经历，学生
们大都觉得这种高品质的生活十分诱人。

同样，EPS 公司的暑期实习项目中，一门必不可少的非正
式课程就是沉浸在这种球星式生活中 [17]，包括高端体育赛事的
VIP 席位、私人游艇、美味的午餐和夜店生活。一家律师事务所
的招聘主管罗茜叹了口气说："这让他们觉得自己以后的生活也
是吃吃喝喝。"律师桑贾伊描述了他的公司如何用奢华享受引诱
学生：

> 我们带暑期实习生参观合伙人的公寓。每隔几天，我
> 们就会办一场庆祝会或鸡尾酒会，就像是在告诉他们："这
> 就是你将拥有的生活。"这是一个我从未见过的新世界。
> 这很有效……我们去[剧场]看演出，享受非常昂贵的晚餐。
> 我们让他们感到其他水平的生活根本无法接受。这种方法
> 很管用。

工商管理硕士西奥刚刚结束了暑期实习，最近接受了一所

顶级投资银行的全职工作，他回忆起沉浸在那个世界的经历：

> 你会习惯只享受最好的东西。我记得有一次我们要去一家餐厅，是比较贵但不是特别贵的那种。结果发现另一家投行（竞争对手，但排名不在前三）的人也在那儿，于是我们就临时改了计划。我们不想去一家二流的餐厅。

招聘活动和暑期实习让学生直接沉浸在球星式的生活中，与之同样重要的是，那些准毕业生、二年级的工商管理硕士、三年级的法学院学生和刚毕业的校友每年秋季带回校园的诱人故事，让其他学生间接体验了奢华的生活。[18] 人力资源专员对这种"学生分享"十分了解。研究中，一些参与者公开讨论了自己所在的公司为了在校园获得美名而参与奢华之风的"军备竞赛"。律师事务所之间的竞争最为激烈，因为律所数量多，品牌认知度又不如投资银行和咨询公司那样高。

61

校园文化的影响

除了招聘方的诱惑外，顶尖学校的校园文化也使学生在就业选择时看重球星式的生活。在名校本科生看来，非正式社交圈中的派对、聚餐、国外度假与正式的课堂学习一样重要（如果不是更重要的话），研究生更是如此。这类社交活动需要大量现金或借贷。[19] 尽管许多大学生都认为本科教育的目的更侧重社交而不是学术，但顶级商学院的学生对这一观点最为认同。[20]

商学院的一个明确目的就是为学生提供各种机会，建立日后用得上的各种紧密又广泛的联系。许多学生认为建立社交圈对职业发展的促进将比课堂学习更重要。[21] 顶级商学院课程中必不可少的一部分内容是参加国际培训和每年的全球研修项目，参加同行的滑雪之旅、美酒品尝、两周一次的酒吧和夜总会之夜，以及出席精心设计的化装舞会。这些活动构成顶尖院校非正式课程的主要内容，但相关费用并没有包括在学费里。因此，学生经常要额外借债才能参加。不参加的人容易在社交上变得更加孤立，无法得知各种逸闻趣事或建立有用的关系。在和返校招聘的校友闲聊时，这些东西可以成为有趣的谈资。

虽然顶尖法学院的非正式课程更加均衡，重视课堂表现，但类似的情形依然存在。法学院三年级的学生塔卢拉来自一个低收入家庭，她记得曾在某个地方"看到一个数据，说是第一学年结束后，[顶尖]法学院学生的花钱水平就已经像是拿着 16 万美元的年收入"。我们问她向这些人看齐是否有压力，"当然。你知道这些要花多少钱吗？"她指着自己的眼镜问，"是普拉达的，600 美元，600 美元！但这里的人会注意这些东西。他们会问你穿的是什么牌子，在哪里买的包，面试套装是什么。不是招聘者问这些，是学生问的。"我在招聘活动中遇到另一名法学院学生，他在解释自己为什么决定参加朋友去阿斯彭（Aspen）的冬季滑雪旅行时再次验证了这种心态："好吧，我是法学院的学生，有 10 万美元的贷款。所以该花就花吧，再多 1000 美元又何妨？"初尝球星式的生活使他们的胃口变大了，让他们渴望更多类似的东西。对于资金有限的人来说，填饱胃口需要背负额外的债务，而这使得高薪变得更加诱人。

阶层位置的重要性

在向我解释他们的工作选择时，一些学生特别关心工作直接带来的经济地位，其他人则把自己的决定视为一个更大的选择，将其与他们希望维持的生活方式、阶层位置联系在一起。我访谈了伊斯特莫尔的本科生沃尔特，他那时正在面试投资银行和咨询公司的职位。他告诉我，之所以决定进入这些领域而不是其他，部分是因为"生活中拥有某些东西对我来说很重要……能在我想生活的地方买一栋好房子，能度假，有能力给未来的孩子提供好的教育……这些都需要钱"。因此，学生舍弃其他类型的工作而选择 EPS 公司，看重的不仅是未来的高薪和某种生活方式，还有自己和未来家庭在社会阶层中的位置。

充当门挡和垫脚石的 EPS 工作

大多数进入顶尖学校的学生，他们的整个青少年时期都一直被培养成在高位轨道上竞争。无论是各种荣誉、先修课程、曲棍球赛，还是艺术能力，他们都争取赢得儿童时期的每一场比赛。[22] 有时候是为了追求内在的满足，有时候是为了取悦父母，还有时候则是为了赢得美国的儿童金奖——进入顶尖大学或研究生院的通行证。正如米切尔·史蒂文斯所说，美国是唯一一个民众如此关注同龄人在哪里接受教育的发达工业国家。一个人（或一个人的孩子）曾在（或正在）哪里上学是谈话中不可避免的话题，也是身份的象征。与大学有关的话题主导着高中生最后两年的生活，也给父母带来吹嘘的资本，包括悄无声息的炫耀，例如穿上印有大学名称的运动衫，在车窗贴上某所大学的校徽。

被名校录取且最终入校注册的那一小撮人从打开录取通知书的那一刻就被告知自己是这个国家最优秀、最聪明的人。这一判断有录取率支持，现在名校的录取率在不到 7% 徘徊。[23] 在校期间，顶尖学校的行政体系不断亲自或以书面形式向学生重复最优秀、最聪明的咒语。学生不停地被告知自己是被选中的，是世界未来的领袖，是历史的推动者、塑造者，是他们这一代的意义创造者。[24] 当他们穿过学校精心修剪的草坪，在世界知名学者发表演讲的大讲堂、历史上知名的音乐厅和餐厅间漫步时，许多人渐渐内化了这套咒语，开始相信——即使不想公开承认——他们属于最优秀的人，自己的精英地位理所应得。[25]

职业选择与不确定性

但是随着树叶渐黄，顶尖名校的秋天迎来了一股不确定的暗潮，对很多学生来说，是一股焦虑的暗潮。我在哈佛当了四年的本科生生活辅导员，见证了一批批刚上三年级和四年级的学生，他们的聊天内容从"夏天过得怎么样"变成了"接下来有什么打算"。一直以来，美国文化将工作美化为一种使命的召唤（calling），而不是单纯的干活儿。[26] 这种理念的当代版本是强调找到自己热情（passion）的重要性。以工作为热情所在的话语在美国年轻人，尤其是刚参加工作的人中很常见。[27] 长时间暴露在最优秀、最聪明的咒语下，让即将投身第一份全职工作的名校毕业生的热情进一步提高。[28] 尽管一些本科生和专业学院的学生在进入校园时，心中确实已经有了非常清晰的使命感，例如要成为外科医生、记者或儿童权益倡导者，但许多人其实不确定自己到底想要干什么。还有一些人也许知道要干什么，却不确定如何才能实现目标。成为医生或科学家有清晰的道路，但怎样才能成为政治家、法官、首席执行官呢？最后，一些学生可能确切知道自己的热情所在——也许是成为一名老师或艺术家——但不确定这样的工作对自己来说是否足够好，毕竟他们是最优秀、最聪明的人，而且在名校接受了昂贵的教育。

64

名望的庇护所

一些还不知道自己的热情所在，或者不知道如何实现职业目标的学生，把在 EPS 公司工作视为一种推迟决定的方式。在咨询师兰斯看来，投资银行、管理咨询公司和律师事务所的工作"已经成了不知道自己想做什么的名校生的进修学校"。学生之所以走向这些工作岗位，不仅是受到高薪、球星式生活的吸引，也因为这样做可以暂时逃避选择。这些工作岗位是镀了金的门挡，既可以让人在寻找并投身某项事业的任务中暂时休息一下，也有可能打开新的大门。EPS 公司的工作是年轻员工的垫脚石，一旦他们找到自己的热情所在，就可以做好准备转到自己喜欢的公司、非营利组织或政府部门的岗位。工商管理硕士埃伦只申请了投资银行和咨询公司的工作，他解释说："我想找这样一条道路，既让机会的大门一直向我打开，又能允许我在思考自己到底对什么有热情的同时积累一些技能……而我知道有一家大公司的名字印在简历上对我只会有帮助。"有高科技背景的工商管理硕士卡梅伦解释了他和他的同学为什么决定申请咨询公司：

> 就是落入这样的陷阱。我有种很多人都有的心态，就是如果不确定从商学院毕业后干什么，就去咨询公司干上两年好了……它会给你时间想清楚自己到底对什么有热情，因为你可能正好做了某个行业的项目……而且，这种工作有点像商学院的延续，能学到很多。

65　　　这些工作的作用不只是让新人暂时停止思考自己一生到底要做什么。许多新获聘的毕业生认为自己接受工作"不会输掉什么"，因为这些公司名气很大。法学院学生伊莎贝尔这样说：

> 法律界有点是靠名声驱动的……如果你没想留下来，［那么］我觉得这份工作也会有帮助……你的律所名气越大，以后想干其他事情就越容易……向下流动比向上流动要容易……Vault.com（一家根据声望给律师事务所、投资银行和咨询公司排名的网站）就相当于……《美国新闻

与世界报道》之于高等院校，你懂的。无论什么领域，哈佛大学的学生总是比爱荷华州立大学的毕业生好找工作。

总之，EPS公司的工作是重要门挡和垫脚石的共识，使这些岗位成为安全的选择，它们让机会的大门一直敞开，允许学生真正的热情到来。即使热情最终没有出现，这些工作也提供了进入收入更高的新工作的入场券。

运转良好的机制：校园招聘

每年秋季，EPS公司几乎都会占领核心学校。恰好就在学生们与毕业后生活的不确定、犹疑和焦虑做斗争时，招聘者向他们展示了一场新的竞赛，胜者将获得具体的、诱人的奖品。

热身：顶级公司宣布自己的到来

EPS公司在顶尖学校私下里的招聘格言是："早点招人，经常招人"，这点得到了霍尔特招聘合伙人的确认。核心校越是有名，"猛攻"开始得就越早。甚至在学校开学前，公司就已经占领了学生们的信箱和电子邮箱。个性化的电子邮件邀请信劝说学生申请最优秀公司的最优秀工作，学生文件柜里塞满了宣传单（一家公司写道："如果现在不来为我们工作，日后一定会请我们为你服务。"）和贴有公司图标的礼物（招聘者将这些免费赠品称为"小物件"，而学生则称之为"贿赂品"）。[29] 招聘过程充斥着各种"赃物",不同阶段有不同的宝贝。我观察到,最初的礼物通常是学生经常携带的实用物品,例如雨伞、水杯、笔记本电脑包、大号手提袋、笔记本、笔、U 盘。这些礼物有双重目的。首先,它们意在激起接受者的兴趣,并以善意的方式引起接受者的好感。[30] 同时,这些礼物也将学生变成各个公司行走的广告。咨询师怡描述了她们公司提供的礼物——印有公司名称的雨伞,指出其在宣传上的优势:"如果下雨了,你就能看到 200 把 [公司的] 雨伞撑起来,放眼望去,都是 [我们公司的名字]。这才是聪明的营销。"公司争先恐后地发放最好、最独特的礼物,不仅是为了在雨中展示它们的名字,也是为了在学生中间营造口碑。[31]

公司也利用印刷媒体宣告自己的存在。每年校报的第一期通常是整页的招聘广告。开学几周后,报纸就成了华尔街展示册的样子,许多公司在上面大肆宣扬自己的声望,给学生吃定心丸,让他们相信无论自己的背景如何,公司所提供的岗位都是最适合他们的。例如,一家知名投资银行在校报上的广告宣称"无需工作经验"。广告和发给学生的个性化电子邮件一样,经常包含一封请柬,邀请学生参加即将在校园里或学校附近举行的宣讲会。

推销:宣讲会

宣讲会是公司与核心校学生之间上演的复杂示好仪式的第一幕。我的研究对象将之称为"献殷勤""作秀""求偶季",在此期间，所有公司都努力让学生相信，自己是他们毕业后最有吸引力、最有面子的选择。在本研究的民族志部分，2006—2007学年，我在美国东北部某大城市参加了几乎每一场为名校生举行的宣讲会。

投资银行和咨询公司的宣讲会模式极其相似，不论是招本科生还是工商管理硕士，内容所差无几。宣讲会通常在空间开阔、布置精美的地方举行，至于是否在校内，则取决于公司和学校。在面向本科生的宣讲会上，公司让尽可能多的刚从那所学校毕67业的员工列在大厅两侧。参会者会见到在宿舍或课外活动中认识的刚毕业的朋友、熟人，已经褪下了从前的运动裤、毛绒服，摇身一变成了商务人士，穿着合身、笔挺的套装。考虑到新工作苛刻的要求，他们的气色看上去出人意料地好。在针对工商管理硕士的宣讲会上，公司不再用学生熟悉的优秀同龄人的面孔让他们安心，而是以遍布全球的业务代表让他们目眩神迷。公司从全球各地的办事处派人前来参加宣讲会，发言人经常强调这点，以表明公司的卓越地位。律师事务所的宣讲会上出席的员工就少得多，所以每个律师身边都会围着一群学生。律所宣讲会的主持人发言一般也更简洁，更少依赖幻灯片。

打入投资银行宣讲会内部

我在伊斯特莫尔观察了一场为本科生举行的投资银行宣讲会，它是了解公司在核心校的招聘活动中传达哪类信息的上好案例。这场宣讲会在教工俱乐部举办，计划从下午 6 点开始，持续到 7：30，选择这个时间段是因为它恰好在下课之后、食堂关门之前，对学生来说很方便。我 6：08 到达了会场。我不想当第一个到的人，不过到了之后才发现根本不用担心。镶有桃木板的图书馆一半已经站满了学生，他们身着各种套装，从卡其裤配羊毛衫到西装或套裙。大多数人在随意闲逛，寻找朋友或熟悉的校友。不知何人弹奏的古典音乐环绕着整个大厅，身穿无尾礼服的侍者托着厚厚的银质托盘，上面放着几杯软饮和红酒，穿行于人群之中，随时为参会者提供饮品。到活动快要结束时，整个屋子里有 100 多个学生。女性的数量惊人——我在田野笔记上估算有 40%——她们大多是白人、亚洲人和亚裔美国人。我刚要吃点虾和鸡尾酒酱，就听到有人在拍打麦克风。我转头看向屋子的前方，为了看清楚，我从海鲜桌旁挪开了几步。

68　　　　一位高挑帅气的男子站在与图书馆的墙壁风格匹配的、刻着校徽的木质讲台后和大家打招呼，他看起来四十五六岁，灰白头发，轻轻涂了一层发胶。"欢迎你们，伊斯特莫尔的学生，"他的声音镇定又不失热情，仿佛是在招呼我们加入私人俱乐部或是进入一个休闲度假胜地，"我是德温，"他继续向众人介绍自己，"是投资银行分部的负责人。"德温穿着一套定制的海军蓝套装，没有打领带，特意解开了浆洗过的牛津衬衫上的第一颗扣子。这身装扮成功地同时表现出他的重要性和亲和力。他告诉微微点头的众人，自己从商学院一毕业就直接加入了公司。带着明显的骄傲，他让听众放心，说此后的十几年"我从未感到无聊"。

短暂的停顿后，他补充道："我们公司和伊斯特莫尔有着非常重要的关系，它是我们最重要的学校之一……我们有超过250位伊斯特莫尔的校友，这个关系网对你们在公司的发展将很有帮助。我们不仅要从伊斯特莫尔有所得，更要有所回报。"他坚定地说，并列举了一系列公司"支持"（我后来才明白，所谓支持就是"给钱"的隐晦说法）的校园组织和活动，尤其强调了校园里的商界女性团体。接着，德温又说："在我们继续之前，我想让大家看一段代表我们公司价值观和文化的视频。"他随即调暗了灯光，一两分钟后，视频开始了。

一开始，视频上什么也没有，音乐也是非常过时的电子音乐。几小节的敲打音之后，玻璃和钢筋制成的摩天大厦开始出现，配合着音乐的低音不停地闪动。镜头在一群坐在工位上的年轻俊美的男男女女身上切换；还有一些他们在电脑边工作的真实场景，显示器上有一个看起来很重要的图形；视频还包括每个人发表的一段个性化背书，他们坐在高层一间舒适的会议室里解释自己为什么热爱这份工作，四周是玻璃落地窗，可以俯瞰整个曼哈顿。

视频传达的信息很简单。公司的一切都关于"赢"。投资银行就是那些"最强、最快、最好"的人，那些"除了成功没有别的选择"的人去的地方。有一刻，一位高级合伙人出现在视频里，介绍了官方的人才政策。由于公司是"最好的"，因此在招聘新员工时，"我们寻找那些最优秀、最聪明的人，为了达到这一目的，我们会广泛搜罗人才"。当然，对个人贡献的珍视平衡了这种竞争氛围。一位员工向观众保证："我们看重每个人作为独一无二的个体的价值。""我们需要多样性。"另一个人再次确认这点（尽管视频里除了几个漂亮的女员工外，大多数都是男性）。"如果你努力工作、尽心尽力，会在这里发展得很好。"第三个人保证。视频继续播放，出现了更多的高楼，只不过穿插着世界各地我们熟悉的城市天际线——伦敦、巴黎、悉尼交织在一起，"我们是一家全球公司"，接着出现的是里约、上海、伊斯坦布尔，"新兴市场对我们的业务十分重要"。[32] 年轻员工谈着出差，以及他们获得机会"去看世界"、去亲自了解将成为国际舞台未来之星的新兴经济体。

工作除了被描述为有竞争性、有魅力外，也被说成是**有趣**的。就像德温说从未觉得工作无聊，视频里的员工用了"有意思"和"狂热"这样的词，强调每天都能学到很多东西。同时，公司里的每个人看起来都是朋友，他们面带微笑地看着彼此，相互击掌欢笑。随后镜头捕捉到似乎谈成了一笔生意，两个男子拥抱在一起，按照惯例拍了拍对方的后背。员工谈起他们在工作中结交的朋友。"我们一块儿出去消遣。"一个看起来像会参加兄弟会的男员工说，但他的语气太严肃了，我忍不住笑了起来。

播放完视频后，德温回到讲台又说了几句。他强调自己的公司是业界翘楚，服务的客户是"全球最大、最高端的"。"我们在各个竞争领域的业务都是领先水平，"他解释说，又说投资银行正不断发展壮大，需要"优秀的年轻人来推进业务"。公司的文化虽然是竞争性、高风险的，但并没有你死我活的那种残酷，实际上充满了团结和友谊。此外，由于公司是"真正的任人唯贤"，所以新人可以放心，只要"努力工作，有所成就，就一定会得到丰厚的奖赏，无论是薪资、奖金，还是头衔"。德温再次说出大家熟悉的那句话——"我们是最好的，只招最好的人"。接着，他用"几句话"（真的只有几句话）介绍了投资银行业务部的工作（我们联合买家和卖家），然后就开始介绍公司的分析师培训项目。"你会学到关于公司和行业你所需要了解的一切东西，比如量化分析的能力、作报告的能力，以及提供反馈的能力，你也会在学习过程中认识其他人。"那么，公司需要应聘者具备什么样的技能呢？"我们要找的是有团队合作能力的人才，他们喜欢解决问题，有良好的沟通能力和领导力，看上去非常专业、自信、坚定，同时谦逊且有同理心。"

接下来是关于多样性的，我参加的多场宣讲会都有这部分内容。德温描述了公司内部为女性、非裔、拉丁裔以及亚洲员工建立的"亲密网络"（招聘方经常把亚洲人和亚裔美国人归为亚裔，把说西班牙语的人和拉丁裔美国人归为拉丁裔，把黑人称为非裔美国人，无论这些人的国籍如何）。咨询公司和律师事务所一般包括专门针对女同性恋、男同性恋、双性恋和跨性别（这四个群体统称为LGBT）学生的活动，投资银行则没有。"每个人都要接受关于员工多样性的培训，我们的多样性工作还获过奖……我们也致力于工作与生活的平衡。我们有弹性工作制，公司有托儿所，还提供带薪假期。"社区服务与慈善也是公司文化的重要组成部分，因为它们都是"正确的事"，也因为它们都是"好生意。我们在回馈社会"。最后，他邀请学生"来为公司工作，实现你们在伊斯特莫尔储备的潜能"，并补充说"知道这份工作是否合适的最好办法就是来试一下"。

接着，德温让站在外围的员工逐个做自我介绍。每个人都说了自己的名字、所在部门和毕业院校。大部分是伊斯特莫尔的毕业生。由于投资银行新员工大都是 8 月或 9 月才开始入职培训的，所以许多人此时只有几个星期的工作经历。员工有男有女，还有零星几个少数族裔，也有一些招聘组的高层员工和人力资源代表。自我介绍完毕后，德温中断了活动的正式部分，开始社交环节。"在场的有各个部门的员工，他们中的一些人从世界各地赶来。来和我们聊聊吧，我们非常愿意和你们中的每个人进行交流。"学生们紧张地围着员工，有些人问问题，其他人只是听着并不时点头。

71 不同公司宣讲会的共性和差异

随着参加的宣讲会越来越多，我也越来越熟悉招聘活动，我发现不同公司和行业的宣讲会有着令人惊讶的相似之处。当然，我也注意到了其中的差别。除了无限量的鸡尾酒和甜点外，所有公司无一例外地标榜自己是名校生能够获得的最有意思、最有声望的职业机会。每家公司都说自己是最好的，有最棒的客户，做最有意思的项目，能够让"世界一流名校"中"最优秀、最聪明"的人发挥专长。

公司还会吹嘘客户的地位。一家咨询公司的高级合伙人——

她是我观察的宣讲会中，少有的女性主持人之一——声称在他们公司工作是"成为世界最具影响力的领袖"的关键，"我们参与的项目登上几大报刊的头条……我们的客户是业界领袖"。与之竞争的另一家咨询公司的主管合伙人则吹嘘道："我们相当一部分业务是和非常成功的公司做生意。"他笑着建议学生去"问问其他公司的客户都是谁"，暗指答案一定会让他们失望。一家投资银行的总经理则一本正经地说："世界上没有不想和我们做生意的客户。"

此外，这些公司提供的不仅是一份工作，更是"无与伦比的学习机会"和"继续接受教育"的契机。相比于名校本科教育以及顶尖商学院、法学院里的抽象课程，EPS公司的工作被呈现为未来世界领袖的训练场。按照一家投资银行总经理的说法，即使学生没有一直留在公司——事实上很多人都会离开——他们也能"带着一套无敌'工具箱'离开——良好的判断力，出色的量化和商业能力，以及优秀的人际交往能力"。"如果想要成为CEO"，就应当去他的公司。一家咨询公司的发言人则对一群工商管理硕士说，学校教会他们如何成为总经理，但离开公司的时候，他们会具备一套"CEO思维"，这种思维即便无法让他们领导一个国家，但足以领导一家企业。事实上，每场宣讲会都必不可少的部分就是列出成功的公司前员工的名单——曾在公司首屈一指的员工如今已是知名人物，暗指如果学生加入公司，他们日后也能成为最高法院的法官、500强公司的CEO或者美联储的主席（至少能成为这些人

72

的朋友）。有些公司还说，即使只和这些人短暂共事，这段经历本身也会被视为响亮的资历。一家投资银行在视频里说："无论你在世界上的哪个地方，只要说出我们的名字，就会受到款待，这几个字能帮你打开大门……加入我们，感受我们名字的力量！"

加入公司不断被比作进入顶尖大学。一家投资银行的展示负责人坚持认为："你们选择伊斯特莫尔，是因为它各方面都很强，你知道自己会一直和最优秀的人在一起学习。选择我们，因为我们不论做什么，都是在和最优秀的人一起玩儿。"[33] 在这些地方工作与拿到顶尖名校的学位类似，不仅因为它能打开机会的大门，提供浓厚的学习氛围，也因为它带来了令人兴奋的社交环境。新人将加入一个紧密联系的社群，其中都是从世界各大名校招来的"聪明人"。和在大学或专业学院时一样，与这些优秀的人建立紧密的联系是新人专业成长和职业发展的重要部分。发言人们暗示，在其他工作中，同事的社交能力和智识水平可能都没有这么高——这么说是因为精英学生普遍担心工作会无聊或陷入停滞——在这些公司工作，可以"一直向……优秀的人学习"。德温在展示时告诉听众，"接下来的两年里，要投资能给你带来最高教育回报的地方"。在另一家金融公司的宣讲会上，我听到主持活动的总经理对听众说："这是一份全天候的工作，能让你在同辈名列前茅。商界的通用语是金融。如果你想学到最好的东西，那么就选择投资银行。"接着，他开了对手行业一个玩笑，"咨询就像是二流学校"。

最能说明问题的是，在各种宣讲会上，工作从来没被说成是干活儿（a job）或者就业（an employment），相反，他们用的词是玩儿（play），以此激起体育运动中那种兴奋感和竞争心，也让人想到休闲的乐趣和享受。"我们不论做什么，都是在和最优秀的人一起玩儿。"有位发言人总结说："和最优秀的人一起玩，和最优秀的人一起学。"每家公司的视频里都有一群聪明、干练、光彩夺目的男男女女，里面显而易见有其他族裔（但主要还是白人），他们看着镜头，宣称自己很开心。这些员工，以及在各家公司发放的宣传册上绽放微笑的员工，不仅是"永无止境的智力挑战"和"持续成长"的源头，也是令人敬畏的玩伴。很多学生最担心的是毕业后失去社交生活，朋友四散各处、去向不明，公司则展示出这些笑容明亮、最聪明、最优秀的人才，准备好成为他们的新朋友。

员工们不断强调他们会在工作之余和同事一起外出消遣，说他们不仅是工作上的伙伴，也是真正的朋友。集体出差被描述成乐趣无穷；当和新朋友笑着享用送到办公室的寿司时，深夜加班也变成了一件享受的事。除了特意安排的社交活动，还有异域风情的周末度假，在各种高档场所举办的假日派对、体育比赛和品酒会——宣讲会上有时会展示相关照片——一些公司还有志愿者组织或内部社团（有家公司甚至有歌唱团）。员工之间的关系如此真挚，以至于办公室的同事会在下班后或周末一起去酒吧、夜总会。他们还一起度假，一起在街头跑步、跑马拉松，参加彼此的婚礼，有的甚至还和同事结婚了。霍尔特举行了四场宣讲会，在其中一场，一位主管合伙人对着满满一宴会厅的学生说，加入公司不仅意味着获得一张金门票，可以进入他们想去的任何职业，也可以培养"一生的密友圈子"，其中有些人很可能成为 CEO。

宣讲会的推销总是以呼吁所有学生申请做结："我们愿意与你们所有人交流。"一位投资银行的发言人宣称："如果你聪明、积极主动、能够创造性思考，同时又对商业学习感兴趣，热衷于追求卓越，喜欢赢，那么你应该来［我们公司］。"工商管理硕士西奥回忆从宣讲会获得的信息时说："是那种'宇宙主宰'的态度：我是最强的，我知道得最多，我是最优秀的，站在世界的塔尖。你会接触到位高权重的人，不仅如此，他们还渴望和你交流。而如果不进入公司，根本不可能遇到那些人，尤其是在这么年轻的时候。"学生们害怕无法找到热情所在，担心机会的大门会关上、选择会变少，担心在大都市里无所适从，也害怕无法在当下和未来获得坚实的经济地位，而公司提供给学生们的这套说辞为他们的担心提供了一个诱人的解决方案。EPS公司的工作可以延续他们的精英教育——再给他们几年时间去了解并找到自己的热情所在，有现成的朋友圈，一张通往社会上层的单程票，整个旅程还充满乐趣。

狂热

在第一轮宣讲会的推销后，公司紧跟着组织了几场活动。有些是面向所有人的，有些则只有收到邀请才可以参加（后者是为了强化公司只接受优秀人才的形象）。咨询公司和投资银行的招聘活动比律师事务所多得多。有些活动针对特定群体（女性、少数族裔、LGBT 学生），有些主要是让学生了解行业情况、教他们如何准备面试，有些则纯粹是为了好玩。在霍尔特的九个月期间，我体验了女性特享的冷餐，喝过专为少数族裔准备的玛格丽塔酒，品尝过具有地方特色的鸡尾酒，还参加过一场纯粹是为了公司品牌推广的正式晚宴。公司为学生准备的招聘活动逐渐升级，试图在数量上和气势上超过对手。如果一家公司租用了一个具有历史意义的大厅，那么另一家就会租一间有名的博物馆。有些活动提供小吃，有些则提供有好几道菜的正餐。

参加招聘活动对学生来说通常验证了滑坡理论*。公司传递的信息——只有最好的工作才适合最好的学生——对很多人极具吸引力。工商管理学硕士怀亚特承认："当有一家这么有名的公司为你做了这些，在你身上花这么多钱、这么多时间，你会开始觉得自己很特别。你懂吧？很难开口说不。"不仅如此，公司一开始只是邀请学生"来看看我们"，但当求胜心切的学生在持续的地位征战中瞄准下一个奖品、看到另一个自己的智力和社会价值获得公众认可的机会时，这种起初忠诚度很低的招聘活动很快就演变成一场激烈的比赛。只限受邀人员参加的活动一拉开帷幕，一般就会触发比赛，随后便会掀起对这些公司和

---

* 一种逻辑谬误，认为如果发生 A，接着就会发生 B，接着就会发生 C……直至发生 Z，从 A 到 Z 的推理过程就像一个滑坡。但事实上，这样的推论夸大了每个环节的因果强度，导致得到不合理的结论。——编者注

工作的狂热之情。斯隆是我访谈过的一位核心校的工商管理硕士，她回忆起校园里围绕招聘活动产生的紧张气氛：

> 你知道公司平时是不能进入学校的，只有到特定的某一天才能进。那天真的可以感到校园里的气氛发生了变化。因为宣讲会立即开始，这意味着同学开始穿着很好的衣服来上课，也开始竞争职位，"你去这个吗？去那个吗？你收到这个的邀请了吗？收到那个的邀请了吗？"［参加招聘活动］不再是获取信息的途径，而是和同学竞争的方式。

工商管理硕士埃伦说："你听说有人收到了某某邀请，而自己没有收到，你会觉得，嘿，他们是最优秀的，但我也是最优秀的。所以突然之间你会很想成为那个精英群体中的一员，即使你并不真的想去那儿工作。"《纽约时报》刊登了一位本科生的解释：

> 那些公司以及它们常春藤出身的员工连续几个星期在校园狂轰滥炸，带我们去吃美味大餐、组织去曼哈顿的奢华旅行，还允诺我们一份极具挑战性、报酬优渥的工作。他们激发了我们的竞争心……他们知道，如果有机会在简历上写上一笔，我们不仅会申请，而且会全身心地投入，错误地把自己想要赢得比赛的欲望当成追求理想的愿望。[34]

连原先对这些职业没有兴趣的学生也发现自己被卷入了这

个招聘机器。工商管理硕士昆西本来想在绿色能源领域找一份工作，结果却申请了咨询公司，他告诉我：

> 就像是跟着领袖，跟着人群。你没觉得自己会受影响，但当你看到所有人都涌向那些招聘活动时，你忍不住会想："好家伙，我最好也去一下，那儿肯定有好东西，不然不会有这么多人感兴趣。"我猜是从众心理在起作用……因为真的，最后就真的去了。大家都疯了，争先恐后地扑向别人去的地方……所有人都陷入了一种狂热。你开始觉得如果没在这样的公司工作，自己就没那么成功……挺难的。我是说我迷失了。我进学校时特别瞧不起咨询，如今我要去参加咨询公司的面试。完全背叛了自己，你明白吗？我觉得是身处这个环境改变了你的看法。因为你进入了那个过程，你在意工作的质量，在意周围人的质量。经历了这个过程后，你想的全是名望……在这种紧要关头，其他所有你认为存在的更重要的选择都消失了。就是这种从众心理在起作用，你明白吧？

默认选择华尔街

　　如此多核心校的学生追求顶级公司的工作，另一个原因在于，这些工作对他们而言是最明显的，也是最容易获得申请机会的。1960 年代以来，顶尖学校各自设立了就业办公室，作为学生和招聘方的桥梁，提供相应的行政帮助。1980 年代，大型

76

专业服务公司开始转变人才策略，从招募有经验的员工、依赖非正式的人际网络变成直接从大学和研究生院招收学生。[35] 如此一来，就业办公室的角色也发生了变化。在一篇发表在《纽约客》上的文章中，记者尼古拉斯·莱曼（Nicholas Lemann）在写到咨询公司麦肯锡时说："每所顶尖学校的本科生就业办公室在很大程度上都成了招聘活动的交易所。"[36] 学校的就业办公室汇集招聘职位广告以及招聘活动列表，为学生提供相关信息。然而，在许多核心校的就业信息库中，大部分广告和招聘信息都来自投资银行和咨询公司，在法学院则是来自大型律师事务所。学生对其他职业路径的需求，以及公众对于名校是否应成为华尔街和大律所生产线的争论，促使一些顶尖学校额外聘用了一些职业咨询师，为非主流领域的选择——如新闻、工程、非营利组织、艺术等——提供建议。[37] 特别是在 2008 年金融危机以来，高科技工作越来越受欢迎。[38] 不过 EPS 公司仍然统治着核心校的就业广告牌和招聘活动。[39] 结果就是，尽管这些行业竞争激烈，但学生很容易发现并追求这些工作，只不过最终得到职位比较困难。普林斯顿校刊上有篇文章，把华尔街的工作称为"阻力最小的路"和"默认选项"。[40] 我和工商管理硕士候选人诺兰有过一番交谈，他说自己在进入伊斯特莫尔之前"从未听说过"咨询公司或投资银行。而现在，他只申请咨询公司。他这样解释自己的决定：

77

当你面前出现一条阻力最小的路时，很容易就沿着这条路走下去。所以咨询是条很好的路，因为他们会给你很多很多钱，而且它的名声很好……这看起来很有分量。人们会决定去那儿……因为他们不知道除此以外自己想干什么，或者不知道自己是否真的有热情。而且，如果有人一直找你、劝你，你很容易就会投降。

另一名工商管理硕士伊莱贾同意这一说法：

> 这样做更容易……有公司来［学校］找你，要比你自己出去找容易……如果你想踏上自动前进的机器，那么就去咨询公司或者投资银行，这样就不用披荆斩棘自己开路了。如果你想去私募股权、对冲基金或其他公司工作……你就得四处奔走。

尽管大学行政人员经常公开鼓励学生追求银行、咨询和律所之外的职业，但核心校在维持招聘机制良好运转方面有自己的利益诉求。学校能够在与 EPS 公司的合作中获得经济利益。对它们而言，校园招聘是有利可图的。招聘方常常需要付费才能正式参加校园招聘，而 EPS 公司有足够的钱频繁进入学校，开展深入的活动。在一些学校，根据招聘活动接触学生的不同程度，以及学生参与的不同程度，收取的费用也不同。只有像 EPS 这样的大公司，才能负担得起最深入接触学生的活动（包括在学校打广告、参加官方的招聘会、得到学生的简历、有专门的面试时间和面试场地）。[41] 公司也需要提前至少几个月（通常是一年多）预测自己的招聘需求，很多小公司无法做到这一点。此外，毕业生在 EPS 公司的收入几乎比在其他任何公司都多，这对增加校友捐助大有裨益。但正如社会学家迈克尔·绍德（Michael Sauder）和温迪·埃斯佩兰（Wendy Espeland）所证明的，大学不仅交换物质货币，也交换符号资本。[42] 每年出现在《美国新闻与世界报道》上的那些大学排名，已经成为衡量学校质量的重要指标。排名会影响学生的申请率、招聘方雇用毕业生的意愿，也会影响校友的士气、捐赠与影响力。在专业学院层面，将一大批毕业生送进这些公司有助于提升学校的排名，因为新毕业生的起薪——远高于其他行业——在计算学校质量时占了相当比重。[43] 所以，尽管 EPS 公司和学生之间的相互吸引，很大程度上可以解释为高地位的雇主提供的职业方案，恰恰迎合了名校生的渴望和焦虑，但学校在促成这种匹配中也扮演了同谋者的角色。

招聘活动的评估功能

在一些公司看来，招聘活动除了提供吸引和招揽学生的机会外，其目的也在于让招聘者有机会更深入地考察学生的社交能力。在招聘活动上留下非常积极（或消极）的印象能让申请人直接进入（或被踢出）面试。对于简历在通过线附近的学生和面试名额较少的非核心校学生而言，情况尤其如此。同样，因为人力资源专员有一份登记表（用于跟进求职者），招聘活动上特别好或特别差的表现可以让处于边缘地位的候选人入围或出局。[44] 但对于大多数核心校的学生，招聘活动上完美的出席和无瑕疵的谈话就没那么重要了。

据说出席本身在投资银行的招聘中影响最大，参加招聘活动被认为能够衡量一个人（除了华尔街的诱惑外）对行业本身和活动主办公司的兴趣。"如果他们真的想来，就应该来敲我们的门。这是我的看法。"投资银行招聘负责人凯莉告诉我，"很多时候……［公司的招聘人员］希望看到一个人跑过来热切地对他们说'我渴望进入贵公司'……这在一定程度上是自恋的问题。"她评价道。其他人强调了金融业高度关系导向的本质，认为社交能力是一项与工作相关的技能。从很多方面来看，投资银行的宣讲会都是双向的评估：公司更多地了解申请人的社交技能，与此同时申请人则进一步考察公司状况。投资银行家克莱夫描述了招聘活动带来的互利共赢：

> 我们常常在这些活动后回来……问："好了，你喜欢谁？"在你见到的 50 个人中，如果你能记住几个名字的话，你喜欢谁，想让谁加入你的团队，谁表现得特别热情？所以即使这严格来讲不算是评估的一部分，但从某种程度上来说，就像求职者需要搞清楚他们和哪个团队在一起感觉最舒服一样，因为他们去参加了活动、见了不同机构的人……如果某个学生喜欢我们，而我们也喜欢他，那么他就会出现在我们的雷达屏幕

上*，反之亦然。

　　在学生中间广为流传的说法是，所有出席活动的员工都会详细记录和每位与会者的互动情况（据说这些记录日后会在招聘过程中决定学生的命运）。但事实上，发生在投资银行、咨询公司和律师事务所的评估常常是非正式的、主观的。正如克莱夫指出的，评估通常就只限于分出招聘者真的喜欢哪些学生、真的不喜欢哪些。另一家公司的投资银行家戴维也同意："我们不会去填调查表之类的东西。更多是挑出给我们留下深刻印象的人。"一般来说，出席人数越少的活动越有可能是评估性的。

　　这些活动影响招聘决策主要是通过使应聘者与支持者建立起联系，或加强已有的关系。支持者是公司内部的人，会为应聘者说话，推动他们进入面试、复试名单，甚至最终得到录用（第九章将详细讨论支持者的角色）。下面引用的我和戴维的谈话表明，在公司没有私人关系的学生可以利用招聘活动与可能成为支持者的员工建立关系，从而弥补学生可能存在的任何不足。

　　劳伦：参加招聘活动有多重要？

　　戴维：一点也不重要。

　　劳伦：那你觉得他们为什么办这么多活动？

80　　戴维：好吧，参加活动的作用，你知道，以我个人的情况来

---

*　　指追踪名单。——译者注

说，我得到这份工作是因为我认识人……我有朋友在这儿工作，所以我能给这里的人打电话、跟他们交流，能来这儿参观。所以对我而言，如果在校园里举办一场鸡尾酒会，好吧，我或许应该去，但那真的不重要。在我看来，酒会的作用是让没有关系的人有机会见见大家，认识点儿人。所以情况就是［公司］做……展示，然后……如果有个你很信任的朋友说，这个人［比如在公司招聘活动上见到的某个学生］对你们组很感兴趣，背景很好，很可能是个强有力的候选人，这其实就是帮了那个人很大的忙，因为位置只有那么多。

从这个意义上看，招聘活动可以为处于简历筛选或面试阶段的学生提供另一条获得私人推荐的道路，这条道路向所有核心校的学生开放，无论他们的社会经济地位如何。然而，本可以从这些活动中获益最大的那些学生却常常不知道他们需要四处奔走来搭建关系。就像很多工薪阶层的孩子常常认为学业成绩而不是课外活动，影响了一个人能否在高等教育和劳动力市场中胜出，类似地，顶尖学校中很多社会经济地位较低的学生也认为，他们的简历和面试表现要比在招聘活动中搭建关系更重要。[45] 这种误解在吉姆的评论中十分明显，他是我访谈过的一位工商管理硕士，之前参过军，是家里的第一代大学生：

吉姆：那种见面、打招呼什么的非常浪费时间。我真的是烦透了，不想去了。但是，话说回来，那也有好处，因为……和招聘者花些时间相处，了解他们的态度和个性，你能感觉一下自己是不是想和那样的人一起工作。你可以问他们你认为重要的问题，比如"为什么喜欢在这儿工作？"然后评判他们的回答。如果他们的回答很烂，而这在招聘会上很常见，你就会知道，要是连他们都说不清楚为什么要选择那份工作的话，你可能也不会想去那种地方工作。

劳伦：是的。你参加这些活动的时候有什么目的或策略吗？

吉姆：没有。从来没有，真的。我的意思是说，在这些事情上我或许应该更聪明一点儿（笑）。但我认为我就是太晚了了解这种**游戏**，或者随便你怎么叫，所以来不及真正去做了。再说，我只是——我不知道。我就好像只是到那儿去露个面，自己该是什么样子就是什么样子，发生什么就是什么。我没有一个计划……但我确实去……问了他们……是否认识参过军的招聘官或同事，我可以和他们聊聊……这是一个简单的表达兴趣的问题。我喜欢和军人出身的招聘官交谈，因为我更理解他们的回答。他们在描述［公司的］生活或其他方面时，会用我熟悉的军事用语表达，所以我更明白他们的意思，比如工作量、战友情谊之类的。这就是我为什么喜欢见从军队出来的人。就是这样……我在见面问候打招呼之类的事上特别没耐心……我经常很早就离场。不知道这么做合不合适，也不知道他们是不是在意这样的事……我没有很努力地四处奔走，去见很多招聘者。我只是和之前见过的人聊天。但我早早离开是因为我要为上课做准备。我累了。我只是［觉得］："上帝啊，你们一定会面试我的吧！！！"

韦斯是一名来自工薪家庭的法学院学生，他对招聘活动也有类似的看法："我通常就和朋友站在角落里，或是站在吧台边，然后就喝醉了，所以没怎么把那些活动当作应聘工具。也许那样做会很聪明，但我觉得太功利了。我讨厌，怎么说呢，讨厌在鸡尾酒会上东拉西扯。"

核心校内部

公司对名单校的招聘活动投入很大，每年大概要花费六位数到七位数来吸引核心校的学生。这些活动的中心思想是瞄准学生的自我价值感，或直白或隐晦地宣称最优秀的学生理应得到最好的工作。进入这些公司能让学生留在最优秀、最聪明的阶层中，确保他们在推动和塑造未来经济的人中占有一席之地，也让他们跟上其他同学的脚步。这些活动，无论是其传达的信息还是举办的各种接待会，都在有意利用学生的自尊心、恐惧、82

不确定感和好胜心，从而引起争夺EPS公司职位的激烈竞争。这些公司的宣传让人无法抗拒，所以大多数核心校的学生都会提交申请，包括对这类工作并不真正感兴趣的人，以及在收到印有公司标志的星巴克卡或雨伞前根本没听说过这些公司的人。

于公司而言，招聘活动提供了私下进行社交活动的一个窗口，帮助他们缩小过于庞大的应聘群体，有助于筛选简历——这一过程将在下一章讨论。这些活动也为公司带来了重要的符号利益。招聘活动在名校制造的狂热氛围不仅扩大了公司的知名度，也强化了公司的合法性，加深了对公司及其员工的艳羡甚至嫉妒之情。从这方面来说，校园招聘机制不仅是顶级公司区分、选拔人才的手段，也是这些公司和职业提高地位、扩大影响力的一种方式。

第 4 章

简历纸

根据一页纸上写的东西来判断一个人并不容易，而且从来都不公平，也根本不准确……你试图在一个非常非常符合要求的群体中挑选候选人，而最终把他们区分开的是你的偏好，以及你们是否有相似的经历。

——阿米特，咨询师

随着第一批校园宣讲会的钟声敲响，EPS 工作的竞争拉开了序幕。用不了几周，光是名单校，就会有成千上万的求职者涌向这些公司。为了缩小应聘规模，公司把竞争只局限在核心校和目标校的学生中间，但尽管如此，它们仍需要筛除一多半的人，才能敲定面试名单。整个过程的第一步是评审简历。[1]

虽然关于招聘的研究有很多，但对于现实中招聘者如何筛选简历，学者们的了解少得惊人。学界有各种学术理论，描述了招聘方应当关注简历上的哪些信息。[2] 此外，大量实证研究基于申请人的性别、种族和社会阶层，分析了简历筛选结果的差异，结果显示，女性、少数族裔和来自工薪阶层的求职者受邀进入面试的概率显著偏低。[3] 简而言之，我们目前有指导招聘者应该如何筛选简历的前端理论，也有哪些候选人会被叫回参加面试的后端信息，但这个链条还缺少一个重要环节，即现实中招聘者究竟如何评估简历。如果不研究招聘过程中这重要的一步，那么我们只能猜测招聘者的实际做法，结果可能忽视或误解他们在选拔面试者时所使用的方法和信息。[4] 为了理解招聘者如何进行第一次筛选——他们做出的决定相当于划了一条界线，线以内的人才有可能最终收到工作邀请——有必要研究简历筛选过程本身，分析招聘者如何对收到的简历进行分类、比较和挑选。本章重点关注这一过程。

优点分类：筛选简历的过程

纵观各家公司，评审人遵循相似的简历分类程序。[5] 关于筛选简历，他们很少得到正规的指导。即使有——常见于咨询公司——一般也只存在于人力资源部编写的备忘录或小册子中，评审人可以选择忽略，事实上他们也常常是这样做的。所以，对同一份简历，两个人可能得出不同的结论。咨询师普里亚解释说：“这不科学。就好像你有一套标准，其他人可能也有类似的标准，但［毕竟］人不同，大家的关注点也不同。”评审人通常只会在方便的时候筛选简历。由于专业人员要平衡招聘职责和全职的客户工作，所以他们筛选简历通常是在上下班通勤以及会见客户的路上，在火车、飞机、出租车上，而且经常是在深夜或是等外卖送达的间隙。评审人通常快速地把简历分类，一般会跳过求职信（只有不到 15% 的人会看）和成绩单，在每份简历上花费的时间从 10 秒到 4 分钟不等。[6] 兰斯讲述了自己公司筛选简历的实情：

> 到我挑简历时，我用的方法和我之前设想的大相径庭，这让我非常意外……实际情况是……有人会拿到一摞简历，大概有 50 到 100 份。有时候，有额外［招聘］责任的人会拿到多达 150 份简历……我们都很忙，而不得不坐下来看完所有那些简历确实有点烦人，这就是说……我会想："好吧，这很重要，我必须得做，但我也得做那些客户工作，所以我要留出大约 90 分钟的时间坐下来翻看所有的简历，给他们排序。"这意味着如果我拿到 100 份简历，就要一分钟看一份，不能休息……我花在每份简历、求职信、成绩单上的时间大约是一分钟。

当评审人在时间有限的情况下评估简历时，通常会采用咨 ⁸⁵询师内维恩描述的步骤：

> 我第一遍的快速浏览就只是把它们分成三堆："必须

要""不错，可以要"和"不要"。然后我会仔细看看"必
须要"的，因为他们过了门槛……看完这部分，合格的人
就已经比我需要的多了，所以我根本不必去看"不错，可
以要"的那堆。

86　　　　在给简历分类时，评审人会从上到下"扫完整页纸"，重点
关注突出强调的粗体字以及他们个人认为能反映候选人品质的
最重要"信号"。图 4.1 列出了评审人在对申请人分类时最常用
的几个指标。图中的数值表示使用该指标筛选简历的评审人在
我的研究样本中所占的百分比。

　　尽管评审人可以根据简历中的很多信号进行评判，但他们
最看重的是与父母社会经济地位高度相关的经历，尤其是顶级
名校的资历以及高端的课外活动。同时，他们不太看重某些较
为容易获得的信号，比如班级排名、求职信的内容等等。这样
一来，评审人设置了壁垒，将非特权出身的学生拦在了面试名
单之外。

　　然而，大部分评审人都没有在简历中刻意寻找体现社会经
济因素的信号，也没有表现出要把面试名额留给来自特权家庭
的应聘者的愿望。事实上，为了在现实的时间约束下快速、有
效地完成简历筛选工作，评审人根据自己对什么是优点、什么
能最好地反映这些优点的看法做出判断，而这些看法植根于他
们自己的成长经历和生活轨迹。由于这些公司的大部分评审人
都是上层和中上阶层的藤校白人毕业生，所以对优点的定义和

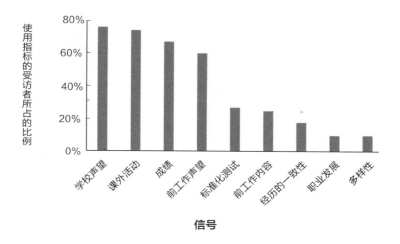

图 4.1 筛选简历时，使用各项指标的评审人所占的百分比

说明：简历筛选者的数量（N=90）比受访者的总数少，因为并不是每个人都筛选了简历。我采用了目的性抽样方法，以确保相当一部分直接筛选简历的人参加了访谈。

衡量都是来自这些人对哪种教育道路、社交方式和职业路径能培养出聪明、上进、成功的年轻人的看法。许多评审人想当然地认为所有有能力、想要追求这些的学生都可以走上这样的道路，但事实是，踏上这些道路需要大量经济、社会和文化资源。这不仅是他们在简历上看到的申请人的资源，更是申请人父母的资源。

不过，有些评审人从自身经历或朋友和其他家庭成员的经历中敏锐地意识到获得高端资历和标识障碍重重，因此对优点的定义更为宽泛。这些人为一小部分非常规背景的候选人提供了进入面试群体的潜在通道。

因此，对于什么构成了成就和成功的文化信念——这些看法植根于个人的生活经历和社会地位——影响着招聘者如何筛选简历，以及决定让谁来参加面试。许多关于什么样的人能取得事业成功的言论（以及一些关于招聘的学术研究）都把能力描述成个人固定的内在属性，可以用一种不变的、统一的方式来衡量，而且与实施招聘评估的具体评审者的身份无关。但是更仔细地考察现实中的简历评估过程就会发现，什么被看作技能、能力、人力资本，以及认为谁拥有的多一点，谁少一点，这些都是个人的主观看法。所以，为了更准确地刻画现实中招聘者如何评估候选人，不仅有必要研究申请人的特点，正如已有研究做的那样，也有必要研究**评审人**的特点。

在本章的余下部分，我将讨论评审人筛选简历时最常使用的四个标准，以及赋予它们的各种意义。本章的最后将展示社会关系如何作为后门通道，把一份非典型的简历送进面试。

再谈学校声望

虽然公司已经将校园招聘限定在了名单校，但评审人仍然会根据对学校声望更为精细的定义，进一步在这个挑选出来的群体中对简历进行分类。在简历筛选阶段，相对地位的差别不再是名单校和非名单校的区别，而是名单**内部**各学校的相对声望。公司按照声望给学校分层，不同层级的学校得到不同数量的面试名额，核心校的名额多于目标校，这种分配结构在一些公司已经制度化了。在另一些公司，最有名的几所核心校的学生会得到"首轮通过"的特权,他们可以直接进入"必须要"那一类,接受下一步筛选。[7]

从个人角度来说,评审人高度倚赖"学校"(他们称之为教育声望)作为评价标准,不是因为他们相信名校的精英课程教会了学生如何更好地应对公司生活——实际上,评审们大都认为精英教育,尤其是顶级精英教育,"太抽象""过于理论",甚至相比"次一点"的学校提供的更"实用""针对性更强"的训练,显得"没什么用处"——而是因为评审人赋予了**被名校录取**、**在名校注册入学**强大的文化意义和品质判定。此外,这也与公司的面试配额政策有关。

智力水平

受访者普遍把申请人的智力水平与学校声望画等号。在他们的眼中,学校声望反映了一个人的整体认知水平,而不是与特定工作相关的能力。最明显的是,他们认为学校声望高意味着一个人有能力快速学习。律师贾丝明说:"我在找'海绵',你知道,一个哈佛毕业的孩子学东西会学得很快。"招聘方看重的不是精英教育的内容,而是顶尖学校严苛的录取程序。根据这一逻辑,学校越是有名,录取"门槛"就越高,招收的学生就越聪明。咨询师乔丹解释道:"顶尖学校的选拔性更强。它们之所以能成为顶级名校,是因为它们确实选拔出了一群更聪明、更有能力的学生。"律师托马斯同意这一说法:"如果有人上了一流法学院,我会认为他比进入二三流法学院的人智商更高、更专心。"

　　除了认为什么智力水平进入什么样的学校外，评审人还常常认为一个人可以自由选择去哪所大学，相信学生一般会"选择能去的最好的学校"。因此，在他们的心中，声望排名提供了一种根据"智力水平"快速筛选候选人的方法。凯莉在投资银行负责初筛简历，在给模拟简历分类时，她揭示了以上假设如何在评审简历时发挥作用。她评价说："她〔萨拉〕成绩有点低，不过上的是哈佛，所以一定属于头脑好的那类……乔纳森……去了普林斯顿，所以论聪明程度，他肯定不会处于劣势。"学校声望的这种**光环效应**，再加上对 EPS 公司的日常工作不是"尖端科学"的普遍看法，让评审人确信，拥有名校学历是一个有力信号，足以反映候选人有能力展现工作所需的分析技能。[8]即使在对量化分析能力要求很高的咨询领域，情况也一样，拉塞尔说："我已经到了这样的阶段，我相信只要一个人上了沃顿，那么他一定懂数学。"

　　相比之下，无论学生的成绩如何，标准化测试的分数怎样，只要没进入顶级名校，就意味着智力不足。许多评审人认为在排名稍逊的学校（甚至排名前十五的学校或名单校也不例外）表现优异的学生"没能进好学校"，一定是"出了意外"，如若不然，他们的分析能力就要打个"问号"。[9]律师事务所的招聘经理玛丽（在转为公司的人力专员前曾是一名律师）阐明了这一点："有时候你会看到本科很好的学生，成绩也很好，但后来去了没那么好的法学院，我经常会说'哎哟！我猜他们一定是法学院入学考试考砸了！'"这种情绪在评审人评价我给他们的布莱克的模拟简历时尤其明显。布莱克本科以很高的学分绩点毕业于罗格斯大学，在哥伦比亚大学拿到了硕士学位，之前还有金融从业经历。投资银行家达斯廷评价说："硕士学校挺好，本科还可以，但不是常春藤学校……所以我一定会问他的一个问题就是，既然在埃克塞特（Exeter）上的高中，怎么去了那样一所本科学校？出了什么事？"类似的情形也发生在阿努卡的模拟简历上。她是法学院学生，少数族裔，虽然本科、研究生的学校差一些，但成绩近乎完美，也有与工作直接相关的法律助理工作经验。律师埃丝特有些疑惑："我想知道她为什么没进更好一点的法学院。"出人意料的是，不仅州立学校（评估者称之为公立校）以及第二或第三梯队私立学校学生的智力水平会被打上问号，连公司名单上选拔性目标校的学生也会被质疑。咨询师纳塔莉在评估虚拟候选人萨拉时即表露出这种看法："她是斯特恩（Stern，纽约大学的商学院，在商学院中排名前十，但不在前三）毕业的。她去那儿要么是因为丈夫在纽约，要么是申请了商学院，但没能进哈佛或斯坦福。"

决定去排名稍逊的学校（评估者把这看作一种"选择"）除了意味着可能智力不足外，也常常被解读成学生德行有亏的证据，如判断错误或目光短浅。投资银行家特里斯坦解释了为什么去了高选拔性但不是顶尖商学院的学生在应聘时会有劣势，且为什么理应如此。他耸了耸肩说："如果你想进投行，就要做点功课，得去一所以把人送进华尔街闻名的学校。"卡洛斯是一名律师，也是顶尖名校的毕业生，他认为即使候选人进名校会面临巨大的经济困难，正如他所经历的那样，也"应该聪明一点，投资自己的未来"。

我观察了一场多样性招聘会，作为研究中民族志环节的一部分。会上一位白人女性招聘者非常清晰地表达了缺少名校资历传递出的负面信号。在一个针对律师事务所的会场，相当一部分参会者来自第二或第三梯队的法学院——大部分非白人的法学院学生去的都是这类学校，她让大家在求职信和简历上列出去"次级"学校的原因。[10] 她解释说："如果你收到了更好学校的录取通知，注明是哪一所……如果你是因为有全额奖学金才去了一所学校，那么把'全额奖学金'放在最前面。如果你选择离家近的学校是为了帮助家里的生意，那么把它写上去……总之，你需要有个解释。"因此，从很多方面可以看出，EPS 公司重视的资质不是一流学校提供的教育，而是学生拿到了这些地方的录取通知书。

光鲜与整饰

评审人也把教育声望解读成判断候选人社交技能和"光鲜"（polish）程度的指标，这一评估标准在面试中占据核心地位，我会在第七章详细讨论。和投资银行家比尔一样，他们相信"好学校的学生被整饰得更好"。咨询师乔丹坚持认为"那些［顶尖］学校出来的学生，沟通能力、领导能力都要好上一截……在杜克（Duke）或达顿（Darden，均为排名前十五的商学院），想找到领导能力、沟通能力强的学生，就是选择余地更小"。律师卡洛斯总结了教育声望如何同时反映了较高的认知能力和社交能力："这就像是一条捷径，你知道他们的智力水平能达到基本要求，同时也是懂得更多社交技巧的有趣的人。"[11]

评审人社会背景的影响

尽管教育声望在很多人看来很重要，但仍有约1/3的评审人在筛选简历时不使用这一指标。是否强调以教育声望为评判标准，最大的差别之一在于评审人自身的学历背景。名校毕业的人比其他学校的人更可能使用教育声望。在这方面，评审人对教育声望的定义和解读与其自身的教育轨迹相呼应，并以之为标准。我与顶尖法学院毕业生罗杰的一次谈话印证了这种模式，他非常喜欢名牌法学院的学生：

罗杰：我和一位一起招聘的人谈过，他告诉我，他对学校的态度跟我完全相反。他说他不喜欢耶鲁、哈佛或其他常春藤学校的候选人，因为上了那些学校的人……认为自己应当做大事，当律师是大材小用了。如果你找到谁毕业于福特汉姆（Fordham）或卡多佐（Cardozo）等不带藤校光芒的地方，他们如果被聘用就会非常开心，只想干好自己的工作，根本不在意自己是不是屋子里最聪明的人，只想好好工

作。看看他们招来的人，显然，他是委员会中唯一
秉承那种理念的人。（笑）但不同的人有不同的标准，
每种做法都有一定的风险。

劳伦：你知道他上的是哪所学校吗？

罗杰：（笑了笑，顿了一下）他上的是福特汉姆大学。

以教育声望为评估标准（或不以之为标准）不仅与评审人偏爱自己的学校和同类校有关，也与其在成长过程中形成的对成功的深层文化定义有关。例如，投资银行家奥利弗上的是一所"公立常春藤"，尽管那是一所他称为"一般"的学校，但在评估候选人时仍然很看重教育声望，他解释说：

在东海岸长大，所有常春藤高校都在你附近，周边还有很多很小但很好的文理学校……我有能力挑出哪些学校更难进……我可能不会认为从密苏里大学（University of Missouri）出来的人很厉害，因为我没觉得那所学校那么难进，这某种程度上来自我的背景经历。

在筛选模拟简历时，他把朱莉娅、乔纳森——两人都是"双藤校"出身——排在了最前面，因为他们出身优越，这与前文所说的挑选框架一致。而咨询师卡伦有着完全不同的看法。她出身工薪家庭，是家里第一个上藤校的人，虽然有顶尖名校的资历，但她阐述了自己的成长经历如何让她不以教育声望为判

断智力水平的标准：

> 我不太在乎他们的学校……虽然我去了［一所藤校］，但我周围的人不是都想着要上藤校。我来自威斯康星，在那里，如果你想去［威斯康星大学的］麦迪逊分校，而且最后如愿以偿，也能证明你非常聪明。所以，从我的经历来说，我会非常偏爱去了麦迪逊或其他州立大学的孩子。

在浏览模拟简历时，大多数评审人都质疑布莱克为什么"选择"罗格斯大学，但卡伦把他排在了最前面，认为能够从罗格斯大学进入哥伦比亚大学证明了他工作十分努力。因此，评审人是否以教育声望为筛选指标，以及如何用教育声望进行筛选，既受到他们自身学校声望的影响，也受到深层文化定义的影响，即他们通过个人经历了解到什么样的道路能产出"聪明""上进""有趣"的人。

教育作为一种排除手段

无论是官方的招聘政策还是实际的招聘实践，招聘者很大程度上都把筛选"硬"技能和"软"技能的工作让渡给了顶尖的学校的录取委员会，因为人们普遍认为"一流的人进一流的学校"。简历筛选者普遍秉持的理念，即最优秀、最聪明的人集中在这个国家最顶尖的学校里，强化了公司只在特定学校招聘的政策，也为公司的校招名单落地提供了合法性。这种过于强调教育声望的筛选方式，放大了本书第二章探讨的社会经济壁垒，阻碍了一些学生进入竞技场，也间接过滤掉一群来自普通家庭但表现优异的学生。

课外活动：性格的证明

93 　　评审人在评估简历时，第二重视的是候选人的课外活动，这一点可能出乎很多人的意料。为了参加校园招聘，学校的就业办公室和招聘公司通常要求学生在简历上不仅列出教育背景和工作经验，还要写明自己的娱乐活动和兴趣爱好。尽管课外活动一直被认为是高中、大学录取以及本科经历中阶层不平等的重要体现，但它们通常不被视为职业分层的原因。[12] 然而，在筛选简历时，课外活动比传统上用于分析的劳动力市场信号，如成绩、标准化测试分数或之前的工作经历等更常被用作评价标准。如果没有正确地参加正式的高端休闲活动，并达到出色水平——这些是深植于社会阶层的信号——那么候选人就不太可能进入面试环节。招聘者以课外活动作为候选人社交品性和道德品质的资历证明。

"聪明人的兄弟会"

　　由于现实中需要在办公室或路上度过大量漫长又乏味的时间——这与宣讲会和视频广告中把工作说成一直在玩儿截然不同——招聘者想找的候选人不仅是可以一起工作的同事，还是可敬的玩伴，如咨询师阿米特总结的，他们能"真正成为你的朋友"。对评审人而言，课外活动经历提供了线索，告诉他们与候选人交往能有多愉快。与大学录取的逻辑一样，评估者相信最有魅力、相处最愉快的同事和候选人是那些"发展全面"、对课外活动兴趣浓厚的人。[13]

评审人认为，在课堂以外参加各种活动能够证明一个人有出色的社交技能，也认为不参加活动意味着一个人社交能力不足。咨询师霍华德称："我发现参加很多课外活动的人社会适应性更强。"相反，那些课外经历不丰富，或主要参加学术活动和职业相关活动的人会让人觉得"无聊"，是"傀儡""书虫""呆子"，如果进了公司有可能成为"工作机器"。咨询师贾斯珀非常清楚地表达了这种态度的本质：

> 我们喜欢在哈佛、耶鲁这样的学校面试，但工程系那 94
> 些学分绩 4.0 的人，你知道的，没什么朋友，戴着厚厚的
> 眼镜，整天对着课本，那种人在我们这儿没有机会……我
> 经常说，[我的公司] 就像是聪明人的兄弟会。

投资银行招聘负责人斯蒂芬妮解释了对所谓"呆子"的反感情绪背后的逻辑：

> 我们要招有个性的人，有能上得了台面的东西，我没
> 有更好的词来形容，就是，你知道的，你能跟他一块儿胡
> 侃……一般来说……这些人参加体育运动，参加校园里的

各种活动。相比学分绩点 4.0、获得所有荣誉、上过各种经济课的学生，我们想要更全面的人。

投资银行家克里斯托弗概括了评审人需要做出的权衡："我随时愿意用一个友善、自信、外向的人换一个业内行家。"

然而，公司不只想要社交能力强或发展全面的人，他们也希望新人在文化和社交上与在职员工"契合"。就像兄弟会、姐妹会在大学校园里有特定的声誉和身份认同一样，评审人也会类似地把公司描述成有独特的**性格**，这种性格源于公司员工典型的业余爱好和自我表现风格。[14] 他们把"运动型""兄弟型"的公司与"学究型""知识型"的公司相比较，有些是"白鞋公司"（white shoe）*或"乡村俱乐部"，另一些是"粗鲁的""竞争激烈的"。在筛选简历时，评审人根据求职者的课外活动来评判他们是否适合公司的"聪明人兄弟会"。一个人喜欢攀岩、拉大提琴，还是爱好黑色电影，在外人看来可能无关紧要，但对于评估一个人是否在文化上与公司性格相配则十分关键。例如，律师事务所的招聘主管玛丽拒绝了虚拟候选人布莱克，虽然布莱克的成绩达到了这家"竞争激烈"的公司的要求，也有相关的全职工作经验（这在法律学生中很少见），但他的课外活动与公司不匹配。玛丽带着一口浓重的地方口音说道："我看了他［简历上］

---

* 源于 1950 年代耶鲁和其他常春藤学校学生常穿的白鹿软革牛津鞋，现用于指称律所、投行和咨询行业最名声显赫的公司。——编者注

写的兴趣爱好——长曲棍球、壁球、划艇。（她笑了笑）我大概知道他是什么性格的人，我觉得这儿不太适合他……我们竞争更激烈……所以我不打算要他。"这些活动在玛丽眼中不符合公司的风格，但在另一些人眼中就觉得很匹配。例如，凯莉是一家"白鞋"投资银行的人力资源主管，穿浅色系扣毛衫，戴着首饰，她说："我会选布莱克和萨拉。布莱克玩长曲棍球，萨拉打壁球，他们一定会和……交易大厅的人相处愉快。"[15]像这样，评审人用课外活动来评判候选人的社交能力和全面发展程度，也将其作为与公司文化是否匹配的指标。

时间管理技能

除了显得更有趣、让人愉快、社交得体外，广泛参与课外活动的求职者也常被认为有出色的时间管理技能，这对在苛刻的工作环境下取得成功至关重要。咨询师尤金总结说："课外活动也在某种程度上表明了一个人协调紧张工作日程的能力。"投资银行家劳拉从更多方面具体阐明了"外部"活动的价值：

> 这又重新回到了那个观点，你其实是想要一个……一天能做很多事情的人。他们有各种各样的兴趣，人也很有趣，让人喜欢围在他们身边，同时他们还能在各种事情之间应付自如，跳舞、运动或者其他什么，而且学习也不错，不像那种只会学习的人……［这］就像"你当然成绩好，因为你除了学习什么也没做！"

时间管理技能很有用，它不仅让一个人成功地平衡多个客户项目和公司职责，例如招聘，也让人在面对极长的工作日程时依然保持自己的"有趣性"。律师事务所的招聘主管布伦特解释道：

96

> 我觉得我们不想要只会学习的人……我觉得我不希望人们来这里就只是工作、工作、工作。你知道的，我们公司强调工作与生活的平衡，也许有些律师会提出反驳，因为他们觉得自己一直在工作，但我认为是要整体上调整你的生活，以容纳其他的事情。所以我要找的人……我觉得我们想要的人应该有各种不同的兴趣。

因此，评审人认为全面发展可以潜在地减少员工倦怠或离职的风险。律师亨利说："总有一种担心，认为你真的能把多得离谱的时间投入到这份工作中。我觉得要有能力暂时离开，关注点自己喜欢的事，这让［在这里工作］更加可控。"尽管招聘者在筛选简历时特别重视课外活动，但在这些地方工作的实际情况是，新人一旦走上工作岗位，就很少有时间再继续密集地参加业余活动。

驱动力

受访者也认为求职者的课外活动体现了他们的驱动力和进取心。由于要在办公室和路上花费大量时间，招聘者寻找的新人，在他们看来不仅要能在严苛的工作环境中生存下来，还要能在此环境下焕发出勃勃生机——这些人不仅能完成别人在工作上对他们的期待，也能超越期待，甚至要求承担更多的工作。评审人普遍把求职者在课外活动中取得的成就理解为对他们工作习惯的反映。投资银行家尼古拉尔总结说："活动确实是我们判断一个人主动性的唯一方法。学校的功课是别人交给你的。"正式活动中的领导地位，以及可量化的成绩和嘉奖，都被视为反映一个人驱动力更有效的信号。

课外活动与不平等

如果没有内容充实的课外爱好，求职者很可能无法走到面试环节。尽管参加过课外活动通常是进入下一个招聘环节的必要条件，但并不是充分条件，因为评审人常常更看重某些特定类型的活动。

整体来看，评审人更看重出于"个人"兴趣而非"专业"兴趣而选择的活动，即使那些专业活动与业内工作直接相关（如投资俱乐部、咨询俱乐部或法律援助俱乐部）。这是因为评审人认为后一种活动的主要目的是让招聘者"看着觉得好"，他们将这些经历视为"简历填充物"或"凑数的材料"，不能证明一个人真正的"热情""投入"和"全面发展"。[16] 例如，布莱克、朱莉娅和乔纳森三人都高度参与了校内活动，但咨询师卡伦给布莱克课外活动的分数高于其他两人，她解释说："布莱克坚持了他在哥伦比亚喜欢的事儿（运动），而哈佛商学院企业家俱乐

97

部［乔纳森］和沃顿商界女性［朱莉娅］听起来有点像是那种为了让简历好看的活动。"评审人也偏爱由个人愿望和热情驱动的活动，而不是出于必需的活动，例如带薪工作或照顾家人。

除了以休闲为目的的活动外，评审人还喜欢需要投入大量时间和资源的活动，他们相信培养这些爱好所需的投入强有力地证明了一个人的内驱力，以及"成就""成功"导向的性格。例如，同是大学校队的运动员，评审人会进行区分，更偏爱曾经取得全国冠军或奥运冠军的运动员，而不是只打校内比赛或参加校内选拔赛的学生；爱好乐器，是跟随世界知名的乐团进行全球巡演，还是只参加学校的室内乐队；爱好运动，是登顶了珠穆朗玛峰或乞力马扎罗山，还是休闲地徒步登山。前一种活动能证明一个人"真正的成就"和付出，而后一种则被描述为"任何人都能做"的事。模拟候选人乔纳森在简历上表明热衷社区服务，在评价他时，投资银行家克里斯托弗阐明了这一区分："我会问他关于志愿服务的事……他是和妈妈一起开车送餐，还是去了哥斯达黎加和国际仁人家园（Habitat for Humanity）一起盖房子？"从这方面来说，在课外活动这个领域，评审人期待候选人能证明自己有所成就。咨询师怡解释说："我们试图看到他们在课外活动中是否取得了一些与众不同或超出寻常的成就。你知道的，他们有没有跑过马拉松？是不是在音乐会上弹过钢琴？"只有兴趣和热情是不够的，休闲活动需要有方法地从事并精通，最终带来成就，赢得外界的赞誉。咨询师兰斯描述道：

98

人们在活动一栏可以列出各种各样的事，比如我会滑雪，我会看手相，我喜欢汽车拉力赛，或者别的什么。但如果那只是一些事情或兴趣的罗列，那么它们对我来说只是毫无意义的词语……我想知道……这个人是否找到了某种兴趣或热情，不仅做了，而且真正决定要认真从事……所以很好，你喜欢滑雪，但请告诉我你一年去20次，这才能说明问题。或者你喜欢下棋，那就告诉我你参加了锦标赛或每周去中央公园下两次，或者其他类似的事情。所以，不仅仅是兴趣，而是要展示给我看……你真的选择了一些事情，而且决定深入下去。

此外，评审人倾向于更喜欢与白人上层或中上阶层文化有关的活动。名校的校队尤其如此，虽然人们经常觉得这些运动对所有人"开放"，但其实能否参加，与父母的收入水平高度相关。评审人也喜欢常春藤学校的常见运动，或付费的"俱乐部"运动，例如长曲棍球、草地曲棍球、网球、壁球、赛艇，而不太看好大多数人都能玩的、参加者鱼龙混杂的活动，例如足球、篮球或摔跤。[17] 桑迪普是一名投资银行家，也是一名壁球爱好者，他评论道："你在底特律的任何一所公立学校都找不到一个玩壁球的人，因为没有场地。甚至没人知道还有这项运动，对他们来说，壁球只是一种蔬菜*。"投资银行家戴维解释了在认定

---

* 壁球与南瓜的英文均为squash。——译者注

何种课外活动"算数"时，时间、阶层、竞争性和民族如何共同发挥了作用。"参加乒乓球队［一种典型的亚洲运动］，"他说，"可能不如参加赛艇队受重视，原因就在于这两项运动要玩得好，需要付出的时间不一样，运动员在队伍里的角色也不一样……乒乓球不如［赛艇队］每天早上八个人一起划船，连划四年那样有分量。"

对长期、深入地参加正式的高端课外活动的强调，成为筛选学生社会经济背景的重要过滤器。上层和中上阶层的父母比工薪阶层和中下阶层的父母更有可能清楚，孩子参加有组织的休闲活动会在申请选拔性高校时获得回报，而且他们也更能负担得起。[18] 来自非特权家庭的学生则更可能认为课外活动与职业前景无关，觉得招聘者真正在意的是成绩、实用技能和之前的工作经历，并据此分配他们的时间。[19] 这些想法影响了行为：大学里，工薪阶层学生参加的课外活动比他们的中产和上层同学少得多。[20] 讽刺的是，工薪阶层的学生在学校时把重点放在学业上（而非社交和课外活动上），这不但没有扩大，反而限制了他们在毕业时可选择的工作类型和收入范围。

不过，即使他们确实知道招聘者看重课外活动，这些学生在获得正确类型的活动资历上依然处于劣势。这是因为**只知道招聘游戏的规则并不足以通过简历筛选**。学生要证明自己真正参加了活动，而现实的物质约束（例如入会费、装备开支、脱离有偿工作的时间、放弃的工资）限制了工薪阶层学生的参与。实际上，在某些商学院，学生必须支付一定的费用，才能加入课外活动组织（在有些学校，活动是按次收费）。此外，招聘者希望看到候选人**密集地**参加那种需要长期投入时间和资源的活动，通常是从小就开始的活动。那些在校园招聘狂热出现后才开始打造业余活动简历的学生太晚着手了，常常没有时间通过从小参与某项活动、表现出热情来证明自己有强烈的内驱力。

在霍尔特翻看简历就能明白这一道理。在招聘活动中，公司常常会给求职者一些提示，让他们提交有胜算的简历。其中一项建议是**量化**课外活动，以体现在某一领域的成就和成功。看到有些学生虽然明白描述课外活动的那套逻辑——量化成就——却缺少正确的文化内容有说服力地说明这一点，实在让人感到心酸。例如，一位候选人写他曾经在一场学生卡拉 OK 之夜表演了八次，另一个说自己在当地酒吧举办的十次开放麦活动中参加了七次，还有一个说自己曾在 350 人面前演奏过吉他。尽管简历上的这些活动能够证明求职者具备在人群面前保持自信这一工作能力，也至少显示了对量化课外活动成就这套规则的熟悉，但他们没有表现出自己在时间、精力和金钱上的长期投入，而这些才是评审人认为与真正的课外成就有关的东西。这样的简历一般会被丢弃(有时会成为笑谈,在员工中流传）。我们可以把 EPS 公司的招聘过程和剧院做一比较，演员想要试镜成功，不仅手上要有正确的剧本来念，还需要有正确的道具，流畅、动人地完成表演。

100

意识到限制的存在

尽管人数很少，但仍有少量受访者通过自己、家人或好友的经历了解到，由于外部条件的限制，并非所有学生都有能力投入到评审人想看到的那类活动中。他们更有可能看到把课外时间用于有偿工作或照看他人等非娱乐性活动的价值。律师丹妮尔来自一个移民家庭，她指出了为什么在她看来，全职工作即使不是证明内驱力更好的指标，也是一个有效的指标。她说："为了支持家庭，有人要在学校里做全职工作……任何愿意那样努力工作的人**绝对**是你想要的人。"尽管这样的求职者经常因为工作勤劳而从心怀同情的评审人那儿得到"分数"，但由于课外活动较少，他们仍然在有趣、社交和全面发展方面吃亏。咨询师卡伦曾说自己支持州立学校的学生，她讲了为什么尽管自己非常相信这些学生的智力水平，但最终仍没有将简历筛选时遇到的大多数公立学校学生推进面试环节。她叹了口气说："他们参加的课外活动通常没那么强，只有少量校内活动。"律师卡罗琳阐述了评审人在评估社会经济背景"不同"的候选人时一直面临的冲突：

> 我们不会因为谁在大学期间必须一直打工而认为他不好，不会仅仅因为你没在大学的暑假期间为议员工作就对你不满。我们必须认识到人们的社会经济背景不同，他们不能一直免费工作。你必须知道不是每个人都有同样的机会。但是，求职者必须证明他们全身心地投入了**某些事**。

101

以上过程记录了评审人的个人经历和社会背景如何影响他们在筛选简历时使用哪些信号，以及如何解读这些信号。主流观点认为，课外活动是体现应聘者社交和道德价值的重要资历，也整体上让没有那些高端简历信号的人处于劣势。不过，有些评审人知道参加这些课外活动的种种壁垒，恰巧被分给这些评审人的少数应聘者则可以在简历筛选中避免不利地位，进入面试群体。

成绩

尽管评审人已普遍认同可以用学校声望和课外活动情况来衡量候选人的优点，但对于如何使用和解读成绩尚未达成共识。通常而言，评审人不太相信成绩。[21] 同样，成绩也是 EPS 公司招聘过程中最具争议性的一项内容。许多公司设定了官方的"成绩门槛"或最低学分绩点，候选人需要达到要求才能受邀参加面试。但与评审人的谈话表明，尤其是在顶尖核心校，对成绩的要求更多是建议性的，而非严格的"一刀切"，而且在许多学校并没有统一采用，也不强制实行。评审人个人在大学或研究生期间的学业水平强烈影响了他／她赋予成绩的含义，以及是否（或在多大程度上）以成绩作为筛选简历的标准，无论公司的官方政策如何。

在本科或研究生期间成绩很好的评审人称自己会把成绩看作反映一个人优点的信号。律师摩根几年前在班里名列前茅，她表达了自己给法学院成绩赋予的分量："我认为成绩真的很重

要……我得把它放在第一位。"相反，那些成绩不太突出的评审
人则认为成绩不是判断成功与否的有效或可靠指标，因此在评
估时会减少它所占的分量。咨询师桑妮说：

> 我认识很多一上来就看[本科]学分绩点的咨询师……
> 我不太信这个，因为我自己上大学的时候学分绩点就比较
> 低，但那是因为有些条件我无法控制，我真的觉得学分绩
> 点不能衡量一个人能不能做好咨询。

无论评审人个人的成绩如何，大多数人都不认为成绩能反
映一个人的智力水平。但是，成绩提供了一种直接、"公平"的
方式来给求职者排序，尤其是对同一所学校的学生。我请律师
娜奥米描述成绩的重要性，她说："成绩只是更清楚。每个人的
个性都太主观了。"更常见的是，成绩被用来衡量应聘者的道德
素养。律师罗杰认为成绩能反映候选人克服困难的能力。"如果
他们曾经陷入困境，那么成绩会告诉我他们应对压力的水平怎
么样。如果他们在一所竞争非常激烈的学校取得很好的成绩，[那
么]他们可能非常聪明，能照顾好自己。"律师拉杰来自少数几
个一直很"开放"的公司，这些公司有政策，会考虑任何一所
学校名列前茅的学生，他解释成绩可以成为求职者关注细节的
标志：

> 我其实不认为我们招聘班里的尖子生是因为他们更聪

明，我觉得主要是因为成绩能证明他们更细心。我认为头脑是必需的，但并不是充分条件。我认为你必须要聪明才能在班里名列前茅，但**只是**聪明是不够的。偶尔有人不用一丝不苟也能成为班里的前几名，但我觉得那并不常见……我觉得这就是班级排名告诉你的。这样说可能不太恰当，就是能知道他们有多**吹毛求疵**。

另一方面，正如成绩不太优异的评审人不大可能相信成绩是衡量一个人未来表现的可靠指标，同样，他们也不大可能根据成绩给学生的道德素养减分。律师丽贝卡解释说：

> 我自己在上法学院之前不是个特别优秀的学生，我希 103
> 望看到本质。我认为，如果你看到有人表现卓越，这意味
> 着他们愿意下工夫。但成绩差的人并不是说他们不愿意努
> 力。我猜好成绩能体现一个人努力学习的意愿，但反之不
> 成立。

变化的标准

成绩传递的信息及其在简历筛选中所占的分量也会根据求职者的学校声望和课外活动参与程度的不同而有所变化。由于评审人在很大程度上把就读名校看作对学生智力水平的衡量，所以对于这些学生来说，是否在班级里名列前茅就没有那么重要了。[22]公司在顶尖名校就算设置了成绩门槛，门槛也比较低。

曾是律师的招聘经理玛丽评论道："我从没听说在哈佛有最低学分绩点的要求。"类似地，霍尔特会让大部分伊斯特莫尔的应聘者进入面试，无论他们的成绩如何。当我问到这个政策时，扎克解释说："我相信他们学校的录取委员会……知道如何从全国挑选最聪明的［人］。"相反，在选拔性略低的学校，学生就需要是班里的佼佼者才能入选。咨询师哈维尔承认了这一点：

> 如果你不是那三四所学校里的学生，那么就得在第二梯队的大学排在［班里］前 1% 或更靠前。第二梯队的学校就是纽约大学那样的。我们确实会从那里招人，但你必须是那儿最最厉害的。不过你要是在哈佛，中等水平就能进面试。

律师丽贝卡提供了一个稍微"仁慈"一点的标准："在顶尖学校之外，他们不会看排名前 10% 以后的学生。"

在指定学校内部，对于在课外活动参与上有高水平表现的求职者，成绩也不太重要。投资银行家达里尔的说法是：

> 你看到一个人的学分绩点是 3.9，但没参加任何课外活动，所以很难把他和一个学分绩点 3.5 但同时……是兄弟会或姐妹会或学生组织的负责人，或者还是网球队队长的人放在一起比较。你知道，我觉得求职者是一个整体。

大学校队运动员享受的成绩"折扣"尤其优厚。对于参加校运动队的本科生，公司的成绩要求通常从 3.5 降低到 3.0（如果是专业运动员或达到奥运水平，要求还可以再低些）。因此，即使是像成绩这样明确、容易比较的量化标准，其解读也是高度主观的，因评审人和求职者的身份不同而变化。[23]

工作经历

工作经历是筛选简历时第四常见的指标，也是最后一个被超过半数的评审人使用的指标。工作经历对商学院的求职者更为重要，简单来说，是因为他们通常有更多工作经验。学生一般需要有 2~3 年的全职工作经验才能被工商管理硕士项目录取。申请咨询公司和投资银行的本科生不必有全职工作经验，但最好有至少一次（多一些更好）暑期实习。这对很多从本科"直升"法学院的学生来说也一样。

尽管各类公司的要求有些不同，但无论是暑期实习还是全职工作，评审人在评估之前工作经历的质量上却惊人地一致：他们重点看工作的声望。声望体现在两个方面：工作的类别和具体的雇主。

在工作类别方面，评审人会区分高端、"真正"的工作和其他类型的工作。投资银行家奥利弗在讲述自己如何评估一份本科生简历上的工作经历部分时，阐明了其中的差别："他们是否**做过真正的**工作，不一定限于金融业，但与在星巴克［工作］或剪草坪之类……不同的？例如在办公室里的工作。"律师事务所

105

招聘主管阿比表示同意："如果他们只做过研究助理、服务员或酒吧侍应生，那一般不是最好的经历。我们想找的人要在……公司工作过，或者做过其他增添他们人生经验的事情。"

在"办公室工作"这一宽泛的类别下，评审人进一步根据具体雇主的地位和声望做出区分。他们基于共有的文化认知判断哪些雇主是超越行业界限的"好公司"。他们从朋友、家人以及自己找工作的经历中了解到这些信息。由于投资银行、咨询公司，以及有竞争激烈的大型管理培训项目的企业（例如盖璞、谷歌、微软、宝洁）通常主导了顶尖本科和研究生院校的校园招聘，因此评审人也容易认为这些显眼行业的工作要比其他不太成熟的职业道路声望更高。就此而言，在这些校园里极其显眼的为美国而教（Teach for America）就是一份受到高度赞扬的非企业类工作。[24]

在我做研究那年，霍尔特发给评审人的简历筛选手册中，非常清晰地表明了对之前工作声望而不是工作内容的强调。在手册中，霍尔特指导评审人评估候选人的教育（用学校声望衡量）、课外活动和工作经历，也针对每一类别给出了如何衡量优点的参考。在工作经历这一项下，手册告诉评审人有三个层次的工作质量：卓越、不错和其他。同时，"卓越"的工作经历包括受雇于其他八家同等地位的服务公司（领域跨越银行、咨询和律所）和一家高科技公司；"不错"的经历指在另外六家专业服务公司、四家蓝筹*零售／科技／制造公司和一家非营利组织工作过。除此 20 家公司之外的任何工作都被分到了"其他"类别，并被认为不够出色。手册并没有说明如何评估应聘者实际从事的工作内容。

曾经通过筛选的信号

为什么如此强调之前雇主的地位？评审人认为，曾在知名机构工作过是一个信号，证明候选人成功通过了严苛的筛选，因此可能拥有很强的认知能力和社交能力。如此一来，他们不仅把筛选让渡给了大学的录取委员会，也让渡给了其他知名公司的招聘委员会。实际上，评审人把求职者毕业学校的声望和前雇主的声望合起来称为他的"出身"（pedigree）——在他们看来，这个词反映了求职者的成就与成功倾向。出身被视为个人价值和个人成就的最高标志。虽然有意义的全职工作经验在法学院学生中并不常见，但在蓝筹银行或咨询公司全职工作或暑期实习的经历很被看重，类似的还有竞争力强的法庭书记员。律师事务所合伙人黛安娜解释，公司之所以认为书记员的经历有价值，是因为这同样表明应聘者成功通过了竞争激烈的筛选："这就像是另一种提前筛选……有些法官，能成为他们的书记员是更有声望的事。这就像是进到了哈佛或耶鲁。你也知道，得非常优秀才能进去。"

---

* 指业绩优良的公司。——编者注

驱动力和行业兴趣的信号

此外，获得顶级公司的工作也被理解为显示了一个人有驱动力、对企业生活感兴趣。由于应聘者数量庞大，评审人称招聘中的一大难题是找出哪些人对工作真正感兴趣。他们认为那些真的"想要"或"渴望"这份工作（而不只是"做做样子"）的人如果被公司录用，更可能会接受，而且一旦开始工作就会至少待上几年。曾经有过 EPS 公司全职工作或暑期实习的经历，无论具体在哪个行业，都被视为"简历上"反映对企业兴趣的重要信号。咨询师帕特里克解释了本科在咨询公司或投资银行实习的经历传递给他的信号："显然，在我们这样的公司，甚至是投资银行实习过的人，至少说明他们……相比于其他在暑假做类似高中生做的兼职的人，有足够的动力去获得那样一个职位。"

从这方面来看，求职者越早到企业工作，看起来就对工作越"感兴趣"。咨询师内维恩讲述了在自己评估本科生简历时这种理解如何起了作用：

> 他们是否表现出主动性，在三年级甚至二年级的时候就出去工作？很多人没到三年级就去实习了……但我认为"去了哪里"有很大影响。你知道的，他们是去了杂货店实习，还是去了谷歌实习，我觉得这在我们心中是有差别的，我们知道进入谷歌不容易，也知道进入苹果公司不容易。尤其是如果他们去了另一家咨询公司实习，就好比是，"好吧，

这个人已经成功进入了另一家一流咨询公司实习，绝对是我们应该考虑一下的人"。

投资银行家凯文也同意：

> 我无疑想知道他们之前是否通过暑期实习表现出对金融服务业的兴趣……在这类事情上，哈佛的有些人就非常机灵，他们在应聘全职工作前就已经有了两份暑期实习。所以我会看看他们有什么样的经历，要是在华尔街干过，绝对是很大的加分项。

但重要的是，在"同类"行业或公司实习的经历之所以受到重视，是因为它能反映求职者的兴趣，而不是证明求职者拥有相关的工作技能。投资银行家劳拉总结了在金融行业实习的意义："你学到了什么不太重要，重要的是知道自己在干什么。"

也许曾经从事过相关工作确实表明了一个人的兴趣，但获得这些早期实习（大学一年级或二年级的暑假，或法学院第一年结束后的暑假）和获得某些法庭书记员的工作一样，主要依靠高地位的社会关系，因为这类工作的竞争常常没有正式的公开招聘流程，而是借由幕后的关系网或与公司及其客户早已建立的社会关系——常常是家庭关系——获得。而且，很多早期机会，尤其是大型蓝筹公司以外的工作都是没有薪水的。因此需要赚钱缴学费或者工作以获得学校助学金的学生通常无法接

108

受这类工作。[25] 总之，获得早期工作经历可能确实是反映一个人兴趣的有效信号，但并非所有候选人都能平等地获得这样的机会。此外，很有意思的一点是，评审人通常不会在意另一个所有人都能平等获得的、反映了他们兴趣的有潜在价值的信号，即应聘者在求职信中表达的对来公司工作的兴趣。

对工作声望看法的差异

当然，和其他评估标准一样，不同评审人在筛选简历时对工作声望的重视程度有所不同。曾经在蓝筹公司工作过的人比来自其他工作背景的人更强调工作声望。例如，咨询师乔丹之前在一个没那么出名的行业工作，他说自己在评估工商管理硕士的简历时，更看重求职者在公司的任职经历而非该公司的声望：

> 我特别偏爱在一家公司发展得很好的人。所以要让我看到你曾经［在一家大公司，类似我之前的雇主那样］工作了三年半或四年……这点真的会很吸引我……不用非得是在顶级公司……只要公司的名声不坏就行，但不用非得是在高盛或世界领军企业干了四年。你知道，那样当然好，非常好，我很喜欢，但只要让我看到你在一家**还不错的**公司干了四年，我就会想和你谈谈。

类似地，律师事务所的招聘主管维维安想起了公司的一位招聘合伙人，他在成长过程中一直在餐厅打暑期工，相信服务员、酒吧侍者或零售商之类的经历能够证明一个人有卓越的工作能力："他常说'他们懂客户服务！'"

同样，不同性别以工作声望为筛选信号的程度也有所不同。尽管男性和女性在使用其他信号筛选简历时差异很小，但相比之下，女性更少把在投资银行、咨询公司或律师事务所的工作经历当成优点的标志。出现这一情况可能是因为职业的性别隔离：女性常常集中在传统女性行业，而不是男性占主导地位的蓝筹金融公司和科技公司。[26] 尽管大多数来自投行的女性受访者之前都有金融服务业的从业经历，但我的研究样本中的咨询师，以及进入法学院前有过工作经历的律师，她们的背景更为广泛，包括传统上女性从事的工作，例如市场营销、广告、零售、政府部门、非营利组织等。无独有偶，女性和男性一样，也按自己的理解定义优点，不过，她们眼中有价值的工作经历更为广泛。但值得一提的是，女性使用雇主声望筛选简历的做法和男性差异不大（和行业声望恰好相反），无论男女，筛选简历时都十分强调雇主的声望。

通过制度化的文化资本进行筛选

在评估简历以决定谁能进入面试时，评审人最重视与应聘者父母社会经济地位高度相关的经历，尤其是名校的教育背景和协作培养的课外活动资历。以这些信号为主要的筛选手段，为富家子弟进入面试助了一臂之力，同时系统性地把没有经济特权的求职者——甚至那些名单校黄金通道内的求职者——挡在了门外，使其无法继续竞争 EPS 公司的工作。

其实，评审人可以从简历上获得一些对所有社会背景的学生都适用的特征，它们不受社会阶级的影响，也是预测一个人未来职业成功与否的可靠指标，但评审人通常不重视这些特征。成绩就是这样一个例子，它通常只是一个基本门槛，只要求职者过了这个门槛，成绩的作用就会被打折扣，除非评审人自己曾经学习优异。[27] 遵循类似的逻辑，仅有约 1/4 的评审人在筛选简历时依据求职者之前工作的具体内容，不到 20% 的人依据求职者上过的相关课程，只有约 10% 的人依据求职者的职业发展或晋升履历。

110　　相反，大多数评审人在评估简历上的优点时，想当然地认为上名校、参加丰富的课外活动是重要的资历，能证明求职者的智力水平、社交能力和道德素养。大多数人都没有意识到这些资历需要的社会经济基础。[28] 在他们眼中，这些资历是个人天资聪颖、工作努力、心怀壮志、社交得体的结果。

在很多方面，顶尖名校的学习经历和协作培养的课外活动履历相当于布尔迪厄所说的**制度化的文化资本**（institutionalized cultural capital）：与社会出身相关的高端资历，守门人据此分配有价值的经济和社会奖赏。在竞争全国薪水最高的入门工作中，拥有正确的社会资本首先决定了谁被允许进入竞技场，而制度化的文化资本则决定了谁可以留在场上等待选拔。

尽管如此，还是有一些个别情况，缺少正确的制度化文化资本的应聘者最终成功通过了简历筛选。最常见的情况是求职者的简历遇到一位更宽泛地定义优点的评审人。毫不意外，这些评审人常常自身来自经济不宽裕的家庭。[29] 但由于这样的人占少数，因此考虑到评审人的绝对数量，简历筛选更容易是精英再生产而非精英重建。但简历上缺少正确资质的学生，无论其社会背景如何，还可以通过另一条道路进入面试：社会关系。

转折点与通行证

拥有正确的社会资本能够弥补制度化文化资本的不足。对于在进入面试或被拒绝边缘挣扎的求职者来说，社会关系可以带来转折，改变窘境。已有的家庭关系、学校关系，或是在招聘活动中建立起来的关系都能把处于边缘位置的简历推进面试环节。

找到正确推荐人的求职者，事实上可以拿着通行证完全绕过简历筛选环节进入面试，但这只适用于有"高级"推荐的人：得到公司内部高层人士或重要客户推荐的求职者。这样的候选人尽管少有，但通常都会收到"礼节性面试"——意味着无论简历内容如何，他们都自动被安排面试——这是公司给高级合伙人或重要客户的"人情"。芬恩说：

> 我们会收到"推荐"。有些是必须要面试的……每年大概都有两个，或者三个，或者四个人，原话就是这么说

111

的，必须要面试。他们一般是客户的孩子，或是某些喜欢给别人打电话的重要人物的孩子，信息一路传达到人力资源，然后他们就自动被安排进了面试。但除此之外，他们绝无优待。他们或许能进入第一轮［面试］，但也就这样了。面试官不知道谁是……被推荐的，谁实际是招聘团队［内部］选出的人。所以，如果老爸是我们的客户，那么你能进入面试，但不一定能得到［我们公司的］工作。

需要指出的是，礼节性面试和"礼节性录用"是不同的，很多礼节性面试不能保证应聘者通过第一轮面试。然而，礼节性面试的做法表明，至少在进入面试这一点上，社会资本可以超过文化资本，它不仅可以弥补求职者缺少的种种信号，也为进入面试另辟了蹊径。这一发现在理论上很重要，因为在对文化、不平等和社会再生产的研究中，文化资本和社会资本通常是被隔绝开来分别考察的。[30]

通过简历筛选之后

如本章所示，简历评估中存在种种偏见，但尽管如此，评审人仍然相信简历筛选是招聘过程中最"客观"的环节。面试——接下来的一个环节，在最终的聘用决定中占很大分量——被视为一种高度主观的评价，依据的是应聘者的个性而非罗列在简历上的各项资历。投资银行家尼古拉尔解释说：

一旦你进了面试，简历就不起作用了。我的意思是说，你要知道简历上有什么，然后清楚、有说服力地讲述自己做的事，但像学分绩点、学校这样的因素在简历筛选之后就不起作用了。你可以来自得克萨斯大学，学分绩点只有3.2，但只要在面试中表现好，就仍然会被聘用。[31]

尽管从评估的角度看，求职者的学校背景在面试阶段形式上"不起作用了"，但教育声望其实还在间接地产生影响。为了在面试中"平衡竞技场"，公司大都会在面试前在顶尖名校举办大量鸡尾酒招待会和面试工作坊。上文引述的尼古拉尔为这样的做法辩护，理由是："要是所有优秀的人都不知道面试是什么样，那我们很难找到最好的。"在这类活动中，求职者有机会见到日后可能面试他们的公司代表，询问有关公司的事情，这可能在面试中成为"表现出兴趣"的有利条件。此外，求职者还可以得到有价值的面试指导，获得个性化的反馈。有家咨询公司甚至开通了一条热线，求职者可以在指定时间参加模拟电话面试，并立即得到反馈。然而，这些活动通常只限于招聘名单上前几名的学校。所以，顶尖名校的学生，尽管没有在面试环节被给予正式的优先考虑，但能从公司获得更多指导，帮助他们在面试中"出彩"。

从那张纸到那个人

在把竞争范围限定在拥有正确社会资本的学生中间后，公司通过教育、课外活动和工作资历来筛选候选人，而每一项指标都与父母的社会经济地位高度相关。[32] 评审人这样筛选简历不是故意要把经济条件略差的求职者排除在外。事实上，他们采用的方法印证了自己的成长经历、教育道路和职业轨迹。这种**照镜子一样的优点选拔**方式——即评审人根据自己的形象来定义、评估应聘者的素质——在下一个招聘环节中表现得越发严重。

第 5 章

为面试做准备

你不能真的只凭一张纸就做出聘用决定……除非看见真人，不然知道的东西很少。

——尼泰什，咨询师

在校园面试开始前几周一个秋天的早上，天气晴朗，我到了霍尔特的办公楼。这是一幢摩天大楼，矗立于市内一处炙手可热的地段。我要去观察一场员工培训，受训者即将在本季的校园招聘中担任面试官。乘坐电梯到达高层后，我沿着一条铺有地毯的走廊来到会议室，室内陈设简单。我环顾四周，看到了几十名霍尔特的员工。有些人坐着，另一些三五成群地站着。

我走进屋内，在墙边徘徊，想着应该坐在哪里。后排有几把塑料折叠椅，我选了一把坐下，然后开始观察聚集在这里准备接受培训的员工。我想让自己看起来很忙，所以时不时在黄色便笺本子匆匆写上几笔。我看到前排员工颈后的衣领完美地竖立起来，于是在本子的边栏处写道：熨平。由于我自己的衣领尴尬地是软塌塌的，所以坐在后排真是让我松了口气。一年后我才发现企业界这些显得精神的衣领之所以傲立挺拔，是因为主人使用了浆洗服务，戴了领插片，而不是认真仔细地熨烫。

索菲——一个三十四五岁，颇有魅力的女人——站在会议室前面，她的一侧是大屏幕，播放着标题为"伊斯特莫尔面试官培训"的幻灯片，另一侧是空白翻页纸，歪歪斜斜地挂在支架上。她身穿海军蓝套裙，在一片卡其色系扣领牛津衬衫配V领毛衣的人群中十分突出。到了早上8点，也就是既定的开会时间，人群的闲聊声才渐渐平息。我的主管扎克匆匆忙忙地跑进来坐在我旁边，手里拿着他的标志性物件——超大杯星巴克咖啡。"嘿，"他低声对我说，"我觉得这个［培训］会对你的研究有用。""谢谢。"我笑着回答。"她是谁？"我问道，朝苏菲那边努了努嘴。"［另一个分公司的］人力资源。"他做了个鬼脸，回答道。今天的会议是我第一次，也是最后一次见到苏菲。霍尔特的招聘和它的竞争对手一样，按学校和分公司分别进行。苏菲隶属于总部的人力资源办公室，很少与负责具体招聘活动的人员接触。"每个人都要参加吗？"我问，我指的是这种培训。扎克笑了："好吧，他们理应参加！"

"欢迎大家，"苏菲开口说道，并没有以清嗓子为开始，"感谢你们前来开会，我知道大家都很忙，所以我们就直奔主题吧。我保证，10:30 我会准时放你们走。"苏菲告诉我们，今天早上培训的第一部分内容主要是面试官的"最佳行为"，她采用了霍尔特式的操作导向的讲话风格，简短地列举了面试官应该做和不应该做的事，以使培训更符合创收人员的口味，毕竟这些人肩负着面试的责任。（我在研究中亲身体会到，这个群体对任何人力资源部的人都没有什么耐心或尊重。）培训的第二部分内容是面试的角色扮演。

苏菲在演讲中首先强调了霍尔特与伊斯特莫尔的历史关系。她指出，尽管公司只能接受不到 20% 的应聘者（本科生不到 5%），但霍尔特需要在拟定第一轮面试名单时体现包容性。她解释说："这对公司的形象有好处，能让学生们印象深刻，对霍尔特感到兴奋。"那种兴奋感是公司在校园维持良好声誉的重要方式。就像花哨的营销活动一样，顺利、和谐的面试过程有助于在未来几年吸引新的应聘者，同时让学生普遍对霍尔特产生"好感"。苏菲说，当伊斯特莫尔的毕业生日后在工作中需要霍尔特时，那种好感就会非常有用。突然，她一改先前明快、轻松的语调，严肃地说："要保证**所有面试者**都有积极的体验。"

她点击进入了第一页有实质性内容的幻灯片，标题是"伊斯特莫尔的招聘流程"。"你们可能还记得自己当年的经历，"她微笑着说，"一共有两轮面试。你的日程安排是一天面试大约 13 个人。面试前一天晚上，你会收到一份评估表，第二天早上会

115

收到［求职者的］简历。尽量看看这些简历吧。"听众发出一阵笑声。苏菲笑了一下，明显没有料到大家有这种反应，接着说道："许多人不看简历，这是个问题。"

她很快转变了话题，要求大家："圈出［简历上］你要深入问的内容。你有 15 分钟时间，可以［和求职者］随便聊简历上的事情。表现出感兴趣的样子，把它当成聊天。"听到这里，听众中的一些面试官开始在发给他们的印有霍尔特标志的本子上做记录。同时也能听到其他人在笔记本电脑上打字，或在智能手机上记录。

"下面一点非常重要，"苏菲顿了顿，以凸显接下来这件事的重要性，"**不要缩短面试时间**。通常在前十分钟（总共 45 分钟）你就能判断出谁不会拿到［邀请］，但你仍然需要完成整个面试……你会见到 13 个［学生］。其中有两个非常出色，还有几个你都不知道他们是怎么进入伊斯特莫尔的。"听众又一次爆发出笑声。"不过，仍然要确保他们有积极的体验。"话题转到评估时，她提醒说："在面试中最好**不要**做记录，这样才更像是聊天。但面试的最后要做记录，这样一天结束时你还能记住他们的面试表现。"她建议说，"如果可以的话，最好在［用餐］休息时填一下电子评估表，这样就不用晚走了，之后也能［在两人面试组聚在一起讨论双方都面试过的求职者时］有更好的交流。"

苏菲没有停下来接受提问，而是点击进入了"面试打分标准"一页，上面列出了面试官需要评估的四个维度。"领导力，"——

她把这个词与驱动力、上进心交替使用——可以通过求职者表现出的以成功为导向的行为来衡量。"这是最容易从简历上判断的，"她指导大家，"看看他们的活动，运动队队长就很不错。不过，深入探究他们简历上的东西是否属实很重要——有没有人能证明这些事？还是说这些都只是为填充简历而写的？你要找一些**有意义的**贡献，"苏菲强调说，"如果他们写了很多华而不实的东西，那么深入挖掘一下，比如'说说［你］在报社的角色'。你也可以从他们的工作经历中判断上进。也许他们之前不在［EPS 公司］，但开创了自己的事业。你要寻找他们成功一**以贯之**的证据。"

116

"接下来是看他们的仪态（presence）。他们看起来可靠吗？精力充沛、充满自信吗？"她问，然后继续说"积极聆听也很重要。问问你自己'我能在第一天就向客户推荐这个人吗？'如果不能的话，他们是否可栽培？你会遇到像山谷女孩（valley girl）*一样的人，也会遇到非常镇定应对自如的人，这些都好办。但［对于那些］介于两者之间的，你就会面临错误否决正确人选的风险……如果他们有奇怪的抽搐习惯，（听众发出一阵哄笑）我们没法让他们进入下一个环节。他们不适合我们。"苏菲打断了笑声，迅速补充道："不过，可别在本子上写下那个人抽搐。如果遇到类似的情况，口头说出来，这种事不应出现在永久性的记录

---

* 一种刻板印象，最初指 1980 年代洛杉矶圣费尔南多谷的中上阶层通勤女孩，后被广泛用于形容神经兮兮、头脑空空、热衷消费的女性。——编者注

中。"她压低声音提醒听众，"我们是政府合作商，所以不知道什么时候他们就会要求我们上交［招聘］记录。他们一紧张就会抽搐，这可不是我们拒绝聘用一个人的正当理由。"

接下来是面试的技术性内容——面试官会要求求职者思考一个霍尔特的客户可能提出的典型商业问题，然后给出解决方案——苏菲快速过了一遍面试官在评估求职者答案时应当牢记的要点："他们是否表现出了商业判断力？是否用了常识？是否有创造性？如果［他们的答案］不正确，给点提示。记住，不管怎样，你要让他们有好的面试体验。要让他们感觉是在聊天。你们的材料中有更多案例面试的建议，分组后你们将有机会练习。"

"最后是契合程度。契合与否是主观性的，"苏菲实话实说，"你可以用他们参加的活动来判断，或者［也可以］凭自己的感觉。但问问自己，你想让他们进入你的团队吗？想和他们花时间共处吗？……如果有人让你觉得厌烦，那么就别让他们通过。以上就是打分标准。"她停下来问："有问题吗？"前排一位看上去很年轻的男子提问说："一天下来，我们大概能摸到标准，知道衡量的尺度，我们那时候能回头修改打分吗？""可以，"苏菲回答道，"你可以等到全部结束的时候再对他们排序。"另一名坐在中间的听众——也是男性——大声插话道："我很同情当天第一个面试的人！"苏菲安抚众人："一天下来你们会对总体标准有个感觉。"

下一个提问的人声音小得多，不过也是一位男性，坐在屋子的侧边，我只能看到他身穿浅蓝色翻领衬衫的背影。"关于案例，我们多大程度上看思考过程，逻辑思考过程，多大程度上看他们回答得是否正确？""只看思考过程，"苏菲回答说，指引他参看一页幻灯片，上面列出了评估案例表现的要点。"还有问题吗？"她环视会议室问道。尽管有1/3以上的听众是女性，但最后一个问题还是出自男性："这些标准各自的比重是怎样的？""好问题，"苏菲点头说，"我们相信你们的判断。你们会对求职者有个整体的感觉。案例分析固然重要，但不要小看契合程度和仪态，它们绝对重要。"她又点了几页幻灯片，其中一页是求职者评估样表，需要面试官为面试过的每位应聘者填写。这些都是电子表单，幻灯片详细介绍了填完后如何通过招聘数据库提交。然后苏菲一步步地教大家如何使用数据库。

演示完成后，她说："现在，我们开始分组。两人一组，每个人和自己身边的人搭档，依据给定的案例角色扮演。请认真对待。每人都扮演过面试官和被面试者后，你们今天的任务就完成了。有问题吗？"整个屋子很安静，显然大家已经累了。"哦，还有最后一件事，人们会在面试后给你们发邮件表示感谢，他们希望能得到回复，即使很简短。这样做有利于我们的品牌建设。"她再次环顾四周，看有没有人提问。"现在，我们开始分组练习，祝你们好运！"

屋子开始变得嘈杂起来，一组的两个人纷纷向同伴介绍自己，调整了座椅的方向，以便正对着同伴。苏菲四处巡视以回答问题，不过因为大家的问题并不多，所以她大部分时间就站在会议室前面，和走近她的人聊上几句，时不时地看几眼她的黑莓手机。当扎克到前面去和苏菲交流时，我趁机观察了这些小组。有的组很认真地做练习，其他的似乎只在闲聊。有一组，其中一方很明显是在扮演一个自大的求职者。他靠在椅背上，双手交叉托在头后，语调戏谑，不同于一般的面试谈话，显然是想扰乱同伴。小组中，模拟求职者在说话时似乎总以数字开头，好像在回应苏菲幻灯片上的要点："在回答这个问题前，我想知道以下三件事情"，"我想讨论四个问题"，"有两个因素很重要"或者"利润有两个来源"。而模拟面试官则主要在点头、倾听、提问、肯定："为什么？""怎么做的？""不完全是。"尽管真正的案例面试每个都需要 25~30 分钟，但大约 45 分钟后，小组纷纷解散，人们陆续走出会议室，开始一天的客户工作。

把人和简历分开

和美国的大多数招聘者一样，研究中的受访者在做出聘用决定时更看重面试，而不是简历上的各项资历。[1] 评审人认为，评判一个人的优点，最好是评估"那个人"本身，而不是"那张简历"，他们不相信简历能够可靠地预测一个人的工作表现。高质量的应聘群体，以及求职者所申请职位本身大量的社交需求，使得评审人对于在见到求职者前就做出聘用决策十分谨慎。投资银行家多诺万这样解释自己对面试的强烈偏好：

我相信面试……远胜于他们在简历上精心构造出来的东西……[简历]告诉我他们可以精心构造出什么，但不能告诉我他们到底是谁……我在看简历时……老实说，我都不知道他们是不是说英语。我的意思是，他们完全可能有两个脑袋……他们的成就[可能看起来]很炫，但……我就认识学分绩点4.0，却不会系鞋带的人。而我需要的是既能替我[在客户面前]做报告，又能自己系鞋带的人。

　　此外，评审们都知道应聘者常常会夸大简历上罗列的各项成就。按照投资银行家布兰登的说法，简历上"废话连篇，因为这些废话帮助[求职者]让他们的经历非常好看。你也知道，那上面的东西看上去就像他们能治愈癌症，在公司里每次都能得到晋升。但当你和他们本人交谈时，情况完全不一样。当你问一些细节问题时，他们答不上来"。因此，评审人更信任面试中面对面的交流。例如，律师米娅在权衡了我给评审们的模拟简历上的优缺点后，决定还是要见见面试者，才能对自己的选择有把握：

　　这些人都挺符合要求的。他们都有很高的学分绩点，都有很好的教育背景，都有领导能力、课外活动和兴趣爱好。我觉得没有哪个人特别突出，能超出其他人很多，所以真的看面试，看看谁比较突出。我[在简历排序中]把布莱克放在最后，但面试完所有人后他可能排第一。

119

和苏菲在培训霍尔特面试官时强调的一样，简历上罗列的各项经历——尤其是共同的学校和业余爱好——被用作面试中开展谈话的起点，也让评审人预料到自己对特定应聘者会产生怎样的情绪反应。[2] 但最终，在招聘流程的这个阶段，面试中留下的印象比应聘者完全从简历中表现出的特质更重要，更能影响聘用决定。[3]

研究中所有招聘者都认为，招聘过程中的面试环节至关重要。那么，公司做了哪些工作让面试官知道什么构成了一个人的优点，如何最好地发现这些优点？[4] 如我将在下文详细阐述的，答案让人大跌眼镜：相当少，尤其是考虑到公司在招聘上投入的大量时间和金钱，以及他们反复强调的员工就是产品。

培训面试官：评估的人力准备

社会学对招聘的研究，常常把聘用决定——包括面试评估——描述为由专业的人力资源专员完成，他们对面试技巧、合法招聘有深入了解，然后据此建立决策模型。然而，在我研究的各家公司中，面试几乎全部是由全职的创收专业人员完成的，他们需要平衡招聘任务和客户项目。对他们而言，面试是次要的任务，经常是出于义务、对组织面试的人力资源专员的同情或好心而参加。对个人来说，聘用谁与他们利益相关，因为他们最终可能会（但也可能不会）和那些新人打交道或一起工作。所以，对执行面试的人来说，为组织招人和为自己招人之间内在地存在着一种张力。正如我在后面几章所展示的，后者在博弈中常常战胜了前者。

不同类型的公司在正式培训上的差异

面试官要接受多少正式的培训和指导，取决于面试中包含多少与工作相关的结构化测试。在律师事务所，面试的形式完全是谈话式的，因此面试求职者被认为是任何一个员工无需接受专门培训就可以胜任的任务。投资银行通常提供最低限度的培训。大多数投资银行发给面试官一些情况说明书或手册，内容涵盖关键的法律事项，以及对基本礼仪的提醒，如面试期间不要接听电话。另外，像霍尔特这样的咨询公司，一般会提供更全面的准备。下文描述了每类公司采用的培训方式。

咨询公司

咨询公司一般要求员工在去学校面试求职者之前，先参加本章开头所描述的那种案例面试培训。[5] 这是因为咨询工作的面试包括专业测试，面试官会提出一个商业问题，与日后可能在工作中遇到的问题类似，求职者需要详细阐述他们会如何解决（也就是苏菲在培训会快结束时，让霍尔特的面试官分组进行角色扮演的"技术性案例分析"面试）。一些咨询公司会为面试官提供标准化的案例问题，另一些公司则允许面试官根据个人经历和想象自己编制案例问题。然而，无论案例问题是否标准化，在面试中提出问题都被视为一项专业技能（有的咨询师

121

称案例面试为一种"语言"），需要练习才能成功运用。尽管专业人员在自己找工作的过程中已经掌握了这套语言，但成功地**提出案例问题**所需的技能被认为与成功**回答案例问题**不同。咨询师拉塞尔说："［作为求职者时］我们都知道应该怎么回答，但提出问题可不一样。"面试官和人力资源专员都认为，要想很好地提出案例问题需要一些训练。自然地提问很重要。这被认为有助于在候选人心中建立正面的"品牌认知"，让他们对公司产生好感。

由于应聘者数量庞大（再加上面试应聘者被视为一种荣誉，是年终奖的影响因素之一），所以这类培训会议每年至少举行一次。评审人在整个职业生涯中通常只参加一次培训。不过，需要指出的是，这种培训主要是教面试官如何顺利、连贯地主持面试，而不是怎样系统地评估求职者的回答，以及如何在他们的回答和其他品质、评估标准之间做出权衡。[6]

投资银行

投资银行常常采取一种更放手的方式。一般来说，投资银行会为前往学校招聘的团队提供正式的宣讲，介绍招聘重点和招聘任务。但是否参加会议一般是可选的。宣讲会一年举行一次或者更少，而且不会实质性地讨论面试官应该提出什么样的问题，或者怎样评估回答。此外，投资银行内部的奖励机制也使面试官培训的执行变得复杂。咨询公司和律师事务所都把参加校园招聘当成一项品牌建设活动，参与招聘的创收人员可以在年终获得奖励，而在投资银行，情况就不一样了，那里的员工觉得面试求职者是"浪费时间"、影响个人业绩的事。面试是次要的事，首要任务是处理越来越繁重的本职工作或客户需求。投资银行招聘负责人凯莉说，她经常要在既定面试日的前一天驻守在公司的门厅，"乞求"员工们去学校。她还常常要做一些利益交换，比如看一下员工推荐的朋友或家人的简历，以换取他们同意去校园。对一些男同事，她还需要稍稍挑逗一下。她解释说，讽刺的是，"他们经常提醒我，去面试是给**我**帮忙……根本不觉得我是在为他们招揽人才。他们不这样看……所以［这件事］常常是'你帮我，我就帮你'。"在这种组织文化中，培训经常半途流产也就不足为奇了。凯莉说：

122

> 我能做的就是给他们一张说明表，希望他们会读一下。他们未见得过关合格，能够盖章通过，表明知道自己在干什么。很多时候，他们被丢去面试，只是因为那天没有交易，或者那天可以去面试。

招聘经理斯蒂芬妮表示，她们银行的培训主要就是发放面试手册，和凯莉公司的类似，手册内容集中在招聘的法律方面：

> 手册包括面试的全部法律问题。我们能问什么、不能问什么，年龄啊，有没有结婚，家乡在哪儿等等——事无巨细，都写上了。还有几页［幻灯片］，写着我们要关注什么，

第5章 为面试做准备 | 161

如何举止等等，什么都有，比如不要在面试中拿出自己的黑莓手机，不要接听电话，因为那样很无礼。还有那些简单的事情，至少要跟有些人说一下……我希望他们能读一读。

投资银行的培训材料——如果有的话——和咨询公司的类似，都指导面试官判断求职者的分析能力、沟通能力、契合程度和内驱力。但是，不同于咨询公司，投资银行对分析能力的测试由面试官自行设计。评审人都有自己喜欢的问题，从让学生简单聊聊对当前某个经济问题的看法，到让学生演示某个财务核算。从投行员工的角度来看，如果培训除了提供说明表或手册以外还有别的内容，就需要投入时间和精力，但没人能抽出空来。投资银行家戴维总结了这一情况：

戴维：面试培训包括他们给我的一套材料，让我在去费城的火车上看，[我要到那儿去面试沃顿的学生]……很难让人真的按照上面的要求去面试，我觉得那种培训基本上注定是失败的。

劳伦：培训会耽误你什么事？

戴维：（皱了皱眉）嗯，干活儿？我的工作？我们的工作量很大，任务要持续进行，即使抽身离开一个下午都很难。

律师事务所

最后，鉴于面试求职者时会遇到一些法律问题，律师事务所对面试官的培训反而最不成熟颇出人意料。参与研究的大多数律所根本不对面试官进行正式的培训，少数提供培训的律所也是每隔几年才举行一次。正如前文所言，也许面试的结构使律师事务所不愿提供培训，因为面试官不必向求职者提出技术性问题。律师事务所的专业人员认为，面试只涉及"常识"，"只是一次谈话"，不需要正式的培训，尽管人力资源专员对此有不同意见。招聘经理布伦特批评了公司不进行培训的做法：

> 理想状态下——当然我们的情况不理想——我可能会对参加面试的同事做一些培训。顺便说一下，这根本不可能发生，因为他们会拒绝。他们会说："我已经面试十年了，不需要别人教我怎么面试"。我希望能坐下来，谈谈我们想在哪些方面宣传公司，如何在面试中推销公司，这样，面试官们对于公司很棒的方面就拥有了相同的信息。同样，这样的事永远不会发生，因为面试官们永远不可能一起坐在屋子里讨论。但我们确实做了一些事。我们聘请了一位顾问来做一些面试培训。然后到了培训前一两天，[律师们]看到日程安排上即将到来的培训，就问："这又是什么？"然后大家开始质疑。最后培训就取消了，因为大家的态度都是"我不需要这个，我不会去的"。

124

和在投资银行一样，律师们通常会收到一本招聘手册或一个资料包，可以在去学校的飞机或火车上看，但很少有面试官真正花时间去看这些材料。米娅在描述她接受的培训时说：

> 他们会发一个资料包，我觉得有点可笑。但我觉得对于之前没面试过的人来说这可能有用……类似你在面试中能做什么，不能做什么。但你也知道，我不得不说，我真心觉得对于暑期实习生岗位的招聘面试真的是非常非常不正式……［那］更像是"我怎样能了解你"的面试。

这是门艺术，不是科学

尽管不同公司的面试有以上诸多差异，但所有面试培训（如果有的话）的重点都是在教面试官该对求职者说什么，而不是教他们如何系统地评估求职者的各项素质。

大多数公司的确提供了一些官方评价指标，帮助面试官对应聘者"整个人"做出评价，包括与公司的契合程度、沟通技能、内驱力和智力水平。向评审人提供这些信息的方式是通过前文讨论的各种培训材料，以及书面评估表上列出的评估项目，公司要求面试官在面试后为每位求职者填写评估表。然而，怎样解读与衡量各项素质则通常留给了评审人。

大多数评审人并不担心各项素质缺少具体、统一的衡量标准。我的受访者经常将评估求职者的工作描述成"一门艺术，而不是科学"。事实上，公司有意围绕这样的原则组织评估，即衡量优点的最好方法是主观评价。律师事务所招聘经理罗茜在解释她的公司为什么对评估不做规定时说："我们的律师会把自己的风格带入面试……我们相信他们的直觉。"许多评审人和人力资源专员都坚信，评判求职者素质的最佳方法是主观判断。他们拒绝标准化的评估，理由是这种方法会导致错失"璞玉"——非常出色的求职者最终因为某些无关紧要的原因，在统一的打分标准下没有达到门槛。投资银行家阿丽尔坚持认为："我觉得我能挑出优秀的人……不应该根据简历上的内容就把人拒之门外。我面试过的很多人完全换了行业，而且没有相应的工作经验，但我的直觉就是觉得他们还不错。"

虽然许多受访者指出，没有哪种招聘是完美的，但半数以上的人认为，总体来说自己公司的招聘过程在找到人才方面做得不错。投资银行家比尔详细地解释道：

> 这些事情各家公司已经做了很长时间，所以我想他们花了很多时间和资源来搞清楚怎样的流程才有效……我觉得这些公司……太成功了，不可能没有有效的招聘过程，因为让招聘有效才符合他们的利益。

然而，也有一些人反对用这种主观性的、依靠直觉的方法来评估优点。律师事务所（那里的面试官接受的培训最少，面试的结构化程度最低）的评审人对此最持怀疑态度。例如，律师保罗对公司给每位评审人的自由裁决权很是疑惑：

真的没有任何官方指导［该怎么去评估求职者］。我们有一张表，上面有四大项，但说实话，内容很不明确……我很吃惊，项目类别居然这么少，涵盖面这么大，而管理又这么松。基本上只有四类评估项：学业能力、课外活动、个性、契合程度……这张表有四栏，在底部有三个选项："强烈推荐""推荐""不推荐"。没有指导……完全是主观的，还有点随机，就看应聘者那天怎样打动你。

律师事务所合伙人艾丹称整个招聘过程很"荒诞"，他指出：

　　我们跟你聊 20 分钟，不问任何实质性问题，然后［从毕业开始］聘用你两年，每年 16 万美元……通常没有固定的问题，如何判断求职者取决于面试官……但很难考查一个人的法律技能或法律知识，因为［法学院的］学生什么也不知道。这就是整个游戏，你什么也不知道，［而］我们每年会给你 16 万美元！

　　因为公司很少指导评审人什么是优点，以及应该怎样衡量优点，所以甄选人才很大程度上取决于每个面试官的判断。我将在后面几章探讨面试官怎样做出判断。但首先，基于我对霍尔特校园面试过程的参与式观察，我将描述伊斯特莫尔学生参加的这些重要会面的环境，并考察为第一轮面试所做的幕后准备。

校园面试

校园面试是一项需要大量资源投入的活动。短短几天内，每家公司要在指定学校面试几十位，甚至上百位求职者。公司会安排两轮面试。在每轮面试中，应聘者通常要接受两名面试官的面试，每场面试持续 30~45 分钟。[7] 所有通过简历筛选的应聘者都会被邀请参加第一轮面试，但只有得到第一轮面试官积极评价的人，以及在面试官小组讨论谁进入复试、谁被拒绝的会议上（第九章将分析这些会议）得到支持的人才会被邀请参加第二轮面试。公司常常会抽调几十名创收人员，让他们放下收费的客户工作，飞到学校主持第一轮和第二轮面试。[8] 在同一所学校，两轮面试的间隔时间很短，通常只有一两周。评审人把这些校园招聘马拉松称为"海选"或"选美比赛"，有些学生则把它们说成是"菜市场"。

准备场地

霍尔特每年在伊斯特莫尔举行两次校园面试，一次是秋季招聘全职员工，一次是冬季招聘暑期实习生，两种招聘我都进行了观察。在每个面试季，公司都会在著名的华威酒店租下两层半楼，用于持续一周的伊斯特莫尔面试。[9] 霍尔特将在此期间完成所有第一轮和第二轮（最后一轮）面试。第一轮面试安排在周一和周二。周二晚上会发出第二轮面试的邀请信。周三，学生和面试官都休息一天，人力资源专员在这一天安排周四、

127

周五的第二轮面试。录用通知和拒信会在周五晚上发出。

霍尔特在其他核心校和目标校的安排与此类似，但规模一般要小一些，因为一大部分面试和录取名额都分配给了伊斯特莫尔。[10] 华威酒店是面试的热门地点，大多数投资银行、咨询公司和律师事务所都选择在那里面试伊斯特莫尔的学生。在我进行观察研究的那个招聘季，霍尔特所在的楼层被它的主要竞争对手夹在中间，活像一个三明治。在我替面试官开锁面试房间时，不止一个人跟我开玩笑说，霍尔特的地位一定是下降了，不然房间怎么不在顶层。

在霍尔特那一层，走出酒店金晃晃的电梯，走廊两侧的墙壁上贴着墙纸，面试者跟着一系列指示标志可以来到公司的"接待套间"——一间独卧套房的客厅，它在这周要暂时化身为霍尔特的企业大厅。套房入口旁是一张铺着白色亚麻台布的桌子，两名人力资源专员在那里欢迎源源不断到来的伊斯特莫尔学生（他们都身穿正装，大多数人还拿着与之配套的黑色公文皮包），并在打印出来的签到表上画掉每个人的名字。每位学生都会收到一份个性化的面试礼包，包括一个光滑的海军蓝色文件夹，里面装着一个小册子，写着在霍尔特的职业发展路径，还有第一轮两位面试官的履历卡。（最后一轮面试的形式与此类似，只不过被邀请回来的求职者收到的文件夹中只有最后一轮面试官的履历卡。）签到之后，工作人员会告诉求职者在接待套间里不必拘束，可以自在一点。面试官会来这间套房领走他们的面试者，而面试者在面试结束后也会回到这里。

面试周的第一天开始得很早。我早上 7 点到了华威酒店，为 9 点开始的面试做准备。阿曼达和人力资源实习生艾琳已经在辛勤工作了，确保当天面试者材料包里的东西装放准确，并且已经按字母顺序排好。我朝她们走过去，阿曼达像扔飞盘一样扔给我一个提前印好的塑料名牌。我把名牌夹在我那套过时的橄榄棕色套裙的翻领上（上一次穿这套衣服还是在六年前，那时我还是一个去参加校园面试的应聘者）。我也加入整理材料包的行列，突然阿曼达发现，姓氏字母序排在后半部分的面试者资料包里少了面试官的履历卡。

"怎么回事，艾琳？"阿曼达厉声问道，"我只交给了你一件简单的事，你却搞砸了！"艾琳呜咽着道歉："我昨晚弄这些弄到很晚，我太累了。"阿曼达翻了个白眼，从艾琳手中一把夺过材料包，低声对我说："我什么事都不能信任她。"我们三人开始疯狂地整理，把履历卡分放到相应的面试材料包里。

7 点 45 分，扎克轻快地来到走廊——手里拿着他的星巴克咖啡——把我拉到一边，"劳伦，我需要你去楼下帮忙，"他严肃地说。当我们拐过弯，走到那两个人听不见的地方时，他笑了："我这是在救你。那些事是苦力干的，咱们去吃点东西吧，我快饿死了。"他上下打量了一番我的套装，但什么也没说。

我们乘坐电梯到达宴会厅那一层——霍尔特也把这里租下来一个星期——朝着丰盛的自助早餐走去。自助餐旁边的桌子上放着贴有面试官姓名的文件夹，按照字母顺序排列。每个文件夹里有面试官当天的安排，以及相应应聘者的纸质简历。我希望这些东西不要出什么差错，别重蹈楼上求职者资料包的覆辙。

我们一边聊着周末，一边沿着自助餐桌移动，扎克往他的盘子里堆满了炒蛋和水果。快走到尽头时，他被叫去处理楼上的紧急状况（阿曼达发现了艾琳工作中的更多失误，而安排今天早上要来的招聘实习生莉拉到现在不见人影）。我自己在大厅中间一张没人的圆形自助餐桌前坐下，打开座位上扇形的亚麻餐巾，小口吃着餐盘里的火腿蛋松饼。我从套装口袋里拿出一个笔记本，做点田野记录，也避免显得奇怪。

129　　终于，两名面试官坐在了桌子的另一边，一名白人男性和一名亚裔女性，看起来都三十四五岁的样子。两人都没注意到我的存在。他们简单聊了聊旅行计划和最近的客户工作。一阵静默后，那名男子——穿着白色系扣衬衫和炭灰色长裤——打开了面试文件夹。他的用餐伙伴听起来像是带着英国口音，开玩笑说："我根本就不需要看［那些简历］，我从他们脸上就能看出来谁合适！"他打趣道："我们应该量量他们的头骨。"然后他们聊了聊天气和共同认识的人。闲聊了大约十分钟后，那名女性面试官叹了口气说："也许我应该看一下。"然后把注意力放在了文件夹上。

面试官走进宴会厅时的清醒程度各异，有人的头发还湿漉漉的。8:15左右，一个高个子男人，头上新抹了发胶，犹犹豫豫地向我走来。他低头看了一下我的名牌，带着英国口音礼貌地说道："劳伦，打扰了。我不是故意要打断你吃早餐，我拿到了我的日程安排，但［文件夹里］没有简历，而我的面试马上就要开始了。"我差一点被英式松饼噎到。"非常抱歉,"我回答,试图让自己听起来镇定但紧急,"你叫什么?""奈杰尔·哈里斯,伦敦办事处的。""好的,奈杰尔,我保证你会拿到简历的。"我在自助餐桌那儿看到萨姆,告诉了他这个情况。"噢,该死,"他嘟囔着,放下手中拿着的银制餐叉。这是我第一次听到他骂人。他跑着离开了餐厅。

面试官的准备

8点半多一点,扎克开始用茶匙敲打装有橙汁的玻璃杯,以吸引整个屋子的注意。"大家早上好!"他愉快地说道。一些咨询师咕哝着"早上好",另一些则不予理会。"非常感谢你们抽身前来!有几件事情快速跟大家说一下。如果你还没有拿材料包,请到桌子那儿领取。"他指了指房间另一头,解释说,"那里面有你们的名牌、日程安排以及面试者的简历。中午这里有午饭,晚餐下午5点开始。面试结束后,**请务必**回到这里校准打分。请大家记住,今天晚上6:45将举行整个霍尔特的展示,如果可以的话,请留下来,这样我们能更好地代表公司。"他停了一下。"最后,拜托**请**各位回复你们收到的任何感谢信。去年我们在这方面收到了负面的反馈。即使感谢信上只有一句话,也请不要忽视。好吗?"他扫了一眼整个屋子,"好好享用早餐,开始干起来吧!"

几名听众鼓起了掌。萨姆刚刚回来,跑得满脸通红,硬生生地打断了掌声,喊道:"还需要简历的人来找我!"也许奈杰

130

尔不是唯一没拿到简历的面试官。聊天、吃早饭的嘈杂声再次出现。

萨姆直奔我过来，到我跟前对我说："这些是给哈里斯的简历。"他胳膊下还夹着一打简历和求职信，"如果还有［问题］告诉我。"说完他转身离去，再次跑向门口。在接下来的几天中，几乎每次看到萨姆时他都是匆匆忙忙的。我把简历交给了奈杰尔，他正在和商学院的一位朋友聊天。"给你！"我微笑着喊道。他点了点头，接过简历，继续聊天。

我本打算回去接着吃早餐，但下来吃饭的阿曼达给我安排了新的任务。"嘿，劳伦，"她冲我打招呼，"我需要休息一会儿。你能去看一下大宝、二宝（她给艾琳和莉拉起的外号，后者还没到酒店）有没有搞砸事情吗？"我离开宴会厅走向电梯。

我在霍尔特租用的那层出了电梯，沿着走廊向接待套间走去。一位红着脸的咨询师拦下了我，他看起来就像从兄弟会校友杂志中走出来的人一样。"你！"他叫道。我停了下来，有点吃惊，我从未见过这个人。我正想着他为什么要拦下我时，突然记起来自己戴着公司的名牌。"我被锁在外面了，"他说道，接着就命令我，"把我房间的钥匙给我。"只有在酒店套房——也用作面试房间——过夜的面试官才有房间钥匙，其他所有房间都要用酒店的一把总钥匙打开。

我回答说："很抱歉，先生，你在哪个房间？"

"只管给我。"他身体向前倾过来。

我本能地后退了几步。"给你什么？"

他走得更近了些："总钥匙。"

"呃，"我犹豫了，"我去找找萨姆，他应该拿着总钥匙。"

这位咨询师似乎有些厌烦地摇了摇头，脸色越来越红。我快速走向接待套间，他紧跟着我，只有几步的距离。萨姆手里拿着对讲机，正跑向电梯，我差点撞上他。

"萨姆，"我低头看了一下那位男子的名牌，说："这位巴特先生被锁在了房门外，你能把总钥匙给我用一下吗？"

萨姆有礼貌地告诉巴特："我刚把钥匙给了一个被锁在房门外的人，她几分钟之后就回来。"

巴特低声咕哝道："这可不行，"他提高了嗓音说，"我的面试十分钟之后就要开始了。我现在就需要钥匙，赶快去找她！"

"劳伦，快去找米歇尔·吴，76 号房间。我得走了，楼上洗手间出了点状况。"

我赶紧去 76 号房找米歇尔。她见到我不太高兴，也不愿交回钥匙："我不明白为什么不能留下这把钥匙，你们还有很多啊。"

"抱歉，我们只有一把。"

"好吧，这太傻了。"她反驳道，"我要是再把自己锁外面了怎么办？"

我渐渐失去了耐心："那么，最好的办法是用安全锁撑开门。"

"但那太吵了，"她反对，"我需要有隐私。"

"那再出现这种事，你再来找我吧。"我说，强挤出一个笑容。她极不情愿地把总钥匙递给我。

我回去找巴特，他在走廊里我们分开的地方踱来踱去，手指在黑莓手机上飞快地敲打。"让我给你开门。"我挥动着钥匙说。"终于有了,"他抱怨道,从我手上一把抢走钥匙。"真他妈离谱,"他大声发牢骚,怒气冲冲地大步走开。我正要开口叫住他,电梯门开了,里面站了一群身穿正装、手拿黑色外套的面试者。有几个在我们这层下了电梯。苏菲在培训会上的教导回响在耳边:"确保每个人都有好的体验。"现在还不到9点,这注定是漫长的一天。

在华威酒店参加面试的那一周,我第一次面对人力资源专员背负的污名。关于招聘的社会学研究中有一个常见的假设,即人力资源经理是公司内负责面试求职者、做出招聘决定的人。学者基于这一假设来预测并解释招聘决策是如何做出的。[11] 但这不是霍尔特或我研究的其他 EPS 公司人力资源的角色。在这些公司,人力资源专员们的地位低、威信差、权力小,在招聘中的决策权微乎其微。我们的工作不是做决策,而是要笑脸迎接求职者,确保招聘的前端工作顺利进行,保障后勤工作不出差错,各种失误隐藏得不露痕迹。[12] 我们既是秘书,又是用人、理疗师,也是面试官们的出气筒,他们经常用语言或行动提醒我们在公司等级中的低端位置。投资银行招聘经理凯莉的总结也许最好地描述了 EPS 公司人力资源部背负的污名:

> 我从这行知道,如果你所在的部门不赚钱,那么你就不太受重视。你没有每天赚钱维持自己的开销,你在消耗别人生产的东西。这可是原话。即使你真的在为他们引入

人才，但他们不会这样看，他们觉得你是累赘。

面试者的准备

在［暂时性地］安抚好巴特之后，我走向接待套间。面试者此时正在套间门外的走廊里排队，等候签到。他们努力展现自己最好看的笑容，和身边的人窃窃私语。我从人群中挤进套间。

屋里，有些求职者坐在双人沙发和单人躺椅上，因为座位不足，这些是酒店人员从别处搬来的，因此显得有些不协调。学生们紧张地（有些人比其他人更明显）反复看面试官的履历，和周围的人或人力资源专员聊上几句。能够俯瞰城市全景的大落地窗前有一张桌子，上面摆放着各种饮料（有咖啡、热水、茶包和鲜榨果汁）和零食。我在接待套间工作时得知，打领结的酒店员工每隔一个小时就会补充一点吃食，每隔两个小时就会换掉所有东西，以保证零食始终与当时的时间相称。上午是起酥点心、新鲜水果，中午有肉类熟食和面包，下午有奶酪拼盘，咖啡全天供应。很少有学生会拿自助小食。

当咨询师准备开始面试时，他／她会到接待套间来领人，同时抓起一杯咖啡或一把零食。然后，面试官和求职者一起前往指定的面试房间。他们还在路上的时候，面试就开始了。我在履行自己的职责时——打开房门、更换卫生纸和毛巾、寻找马桶刷（太多卫生间需要刷洗，以致华威酒店的员工忙不过来），听到了一些难免十分生硬的谈话——"飞得怎么样？""你什么时候来的？""天气真好，是吧？"

133

所有面试都在酒店客房里进行。霍尔特发动世界各地的员工前来面试伊斯特莫尔的学生。非本地的面试官就在他们过夜的房间里面试。由于面试开始时还没到酒店早上的打扫时间，所以有时候能在这些房间里看到一些私人用品，比如洗手间台子上放着开了瓶的剃须膏、地板上扔着用过的浴巾、衣柜夹着一片衣角、行李架上放着手提箱。在霍尔特租用的楼层，所有房间都采用同样的装潢，都有几件古典风格的家具和一幅先锋艺术画。这样的装饰让我困惑，像是白人清教徒的乡村风景与现代工业主义的一种不愉快的混合。

　　面试官和他的面试对象进入房间后，身后的房门重重地撞击门框，发出"砰！"的一声，十分刺耳，除非他们小心翼翼地关上门。进入房间后，面试官和求职者首先要从洗手间经过，然后从床和柚木色电视柜（上方挂着平板电视，但总让人觉得摇摇欲坠）之间穿过，最后来到房间尽头一对带有厚厚坐垫的天鹅绒高背扶椅边。扶椅看起来像王座一样，很不协调。两把椅子中间是一张木制小桌，桌上要么放着一瓶鲜花，要么摆着一罐迷你吧里常有的各式糖果。当面试官和求职者落座后，面试就正式开始了。

第 6 章

开始面试：找到合适的人

我喜欢自己愿意花时间跟他在一起的人。这不公平，但你无法避免。

——布兰登，投资银行家

在面试房间内，评估权掌握在面试官的手里。工作面试是一种特殊类型的社会仪式。面试官和面试者通常都要按照一套剧本行事，虽然不同的行业有不同的台词。[1] 在我研究的几家公司，面试剧本一共有四幕：破冰的闲谈、自我介绍的叙事、技术性测试以及自由问答环节。本章主要考察第一幕。

尽管面试官知道他们的公司想要挑选什么样的应聘者——聪明、有上进心、社交技能娴熟、与公司契合的年轻人——但通过什么样的方式来理解、衡量这些素质，则取决于每位面试官。由于没有系统性的指导，面试官只能依靠自己对什么是优点、怎样最好地识别优点的理解进行面试。而他们的这些价值观念，正如我在下文所解释的（以及在后面几章进一步探讨的），大都来源于且印证着自己的成长经历、生活轨迹和身份认同。

第一幕：破冰，找到一个合适的人

当我询问评审人面试的过程时，他们都毫不迟疑地承认，面试包括一些刻意的社交互动。[2] 为了减少可能的尴尬，他们立即找话题"破冰"，与求职者进行非正式的闲聊，从而使双方都感到舒适。

无论是在诊疗室、面试间，还是会议室，破冰通常都是聊一些与当前事情无关的话题。我访谈的评审人开启话题的方式常常是问应聘者业余时间喜欢干什么。但这种谈话可不是与评估关系不大的闲聊 [3]，而是面试官判断文化契合度这一关键指标的重要基础。[4] 纵观三类 EPS 公司，文化契合度被视为面试评估中最重要的三个指标之一。[5] 研究中一半以上的评审人将契合度列为面试阶段**最重要的**标准，排在分析能力和光鲜程度之前。律师事务所合伙人奥马尔说："我们首先要看的，也是最看重的，就是文化相容性。看看谁……契合。"由于公司一般都会要求面试官评估候选人的契合程度（以及技术能力和沟通技能），所以即使不看重这一标准的评审人，例如普里亚，也常常提及在评估时使用了这一指标。"我觉得［契合程度］根本不应该是［考虑项］，"普里亚对我说，"在我看来，这是个很美国式的东西（摇了摇头）。但这是［公司］想要的，所以我就得这么做。"

管理学学者探讨了以求职者的能力与工作需求之间的匹配度或"契合度"为基础进行招聘能带来哪些好处。[6] 此外，许多雇主也把组织文化当成激励员工的一种方式。人们常常认为，强大、清晰的文化能提升组织的生产能力、营利能力和创造力。[7] 于是，一些学者和从业者倡导在组织文化——一种共同的价值观，说明了工作中哪些行为是合适的——与应聘者稳定的个人特质（如外向型还是内向型）和工作价值观（如喜欢独自工作还是合作）相匹配的基础上选拔新人。[8] 这种匹配能提高员工的满意度、改进工作表现，也能留住员工。[9]

但我的样本中的评审人以一种不同的方式评估契合程度。他们寻找的是**玩耍风格**（play styles）上的相似性，即应聘者在工作以外如何行为，而不是工作风格或工作技能上的相似性，特别是寻找求职者和公司员工（包括面试官自己）在业余爱好、背景和自我表达风格上的匹配性。[10]

此外，他们将契合视为独立的标准，不同于直面客户的职业所需的社交和沟通技能。后者是另一种（同样很重要的）评价指标，被称为光鲜程度（我会在下一章详细讨论）。契合和光鲜的区别在咨询师尤金的评论中表达得十分清楚：

当你在判断一个人［看］是否想让他接待客户时［光
鲜的主要方面］，要看他们的行为是否专业……你需要的
是说话方式能赢得你的信赖，能有理、有力地表明自己观
点的人……但说到契合，就是我们想让这个人加入我们的
项目团队……你想找的是能让你觉得舒服、你们愿意一起
玩儿的人，［这个人］能在遇到困难的时候保持头脑冷静，
让艰难时刻也变得有趣。

契合被认为是求职者稳定的个人特质——一个人要么契合，
要么不契合。不同于此，许多评审人认为光鲜可以通过学习或"训
练"获得。对光鲜的初步印象是破冰环节的一部分，但评审人
通常更在意契合与否，而把对求职者光鲜程度的仔细考察留到
面试的自我介绍叙事环节。

业余爱好、背景和玩耍风格上的相似性对评审人来说至关
重要，因为这类公司都属于时间密集型工作。那里的人普遍认为，
工作应该是玩儿，文化上的共通性有助于带来乐趣，这点咨询
师爱德华说得很清楚："［招聘］就像是在不断扩张的竞技场上
挑人组队……如果挑对了人，那么工作就是玩儿，而在一个团
队中玩儿乐趣多多，要是挑的人像你一样思考，这个团队就更
好了。"而且，由于员工常常有大量时间待在办公室或在路上，
因此文化上相似的同事即使不能让工作更高效或更成功，也可
以让严格的日程安排变得更愉快一些。律师阿瑟解释说："你永
远不想早上 4 点还在会议室鏖战，但如果不得不这样的话，你

138

肯定希望自己很享受跟周围的人在一起。"长时间的工作常常默认把同事变成员工主要的社交对象。鉴于此，各个级别的评审人都提到，希望聘用的人不仅成为得力的同事，也有可能成为他们的玩伴或朋友。正如咨询师兰斯所说，面试官希望找到"哥们儿"：

> 我们似乎**总在**工作。晚上工作，周末工作，我们差不多一直在办公室或出差。如果身边的人是朋友的话，就会有趣得多。所以，当我面试的时候，会找……我想了解、愿意花时间在一起，甚至在工作以外还交往的人……能和我成为哥们儿的人。

此外，评审人常常认为他们公司的工作只需要很少的专业技能。尽管公司在向未来的员工和客户宣传时强调他们只聘用最优秀、最聪明的人，但评审人常常描述自己的工作"不是什么尖端科学"，并指出公司会对新人进行全面的培训，这降低了他们入职前掌握的技术知识对工作成功的重要性。

所以，一旦求职者通过了对认知能力的初步筛选（最常见的是在简历评审阶段根据学校声望判断），在面试中，契合程度常常就会被赋予比成绩、修习课程、工作经验更重的分量。[11]投资银行家尼古拉尔说明了自己重视契合度的理由：

> 这份工作中很多地方看的是态度，不是能力……契合

真的很重要。你知道,你见到同事的时间会比见老婆、孩子、朋友、家人的时间还要长。你可以是最聪明的人,但我不在乎。我需要的是每天和你一起工作很舒服,我们可以一起被困在机场,出来之后一起去喝杯啤酒。你要让我有感觉。那个人不仅要聪明,而且你得**喜欢**他。

然而,契合不只是评审人为了提高自身的工作愉悦度而使用的个性化标准,它也是蕴含在官方招聘政策中的正式判断依据。我曾请受访者解释,为什么契合会被正式纳入对求职者的评估中,大多数人从契合度与员工留任的关系给出回答。大部分新人会在受聘四年内离职,相当一部分两年之后就会离开。这个离职率是构建在很多 EPS 公司的晋升体系内的。[12] 但也有很多员工是自愿离开的,他们去了其他公司或别的行业,以寻求更好的工作—生活平衡、更有智力挑战的工作,或者去了对冲基金和私募股权公司,以获得更高的经济回报。[13] 因此,公司试图把契合作为一种选拔工具来减少离职。他们认为与公司文化上相似的求职者更可能享受工作,受同事喜爱,因此留在公司的时间会更长。投资银行主管马克承认:"我们试图规避风险。通过招聘,我们希望找到……能够与公司契合的人,一旦进来了就不会离开。"但也有受访者指出,高离职率恰好证明了招聘过程并没有找到真正**契合**工作的人,即那些与工作最匹配的人。投资银行家费尔南多评价道:

［求职者］在整个招聘过程中表现很好，不一定意味着他们在工作中也会做得很好。事实是，30%～40%招来的人会在两三年内离开，要么是自主选择的，要么有其他原因。这也就是说招聘并不是一个特别成功的过程。

面对高离职率，雇主把营造一个由志同道合的人组成的关系密切的工作环境当成一个有助于继续吸引新人的卖点。我访谈的人力资源经理强调性别和种族异质性是招聘中的优先考虑项，而 EPS 公司也的确投入了大量资源来增加应聘群体的人口学多样性。[14]然而，这些经理同样也把新人中存在基本的文化相似性看成招聘成功的表现。律师事务所招聘经理朱迪吹嘘：

> 新暑期助理来这儿的第一个星期，我们会安排一次周末外出活动。其中一个人第二周回来后跟我说："虽然在很多方面我们都很不一样，但可以看出来，我们都是因为有同样的个性才被招进［这家公司］来的。很明显，我们都是同类人。"

本质上，公司寻求的是应聘群体在表面上有人口学多样性，而新员工在深层次上有文化同质性。[15]另外，正如我在本书第三章所说，这些公司对潜在应聘者的吸引力，一部分就在于工作很有趣，因为在那里工作的人很有趣。招聘者反复向学生保证，

140

他们在进入公司时，就会获得现成的玩伴和朋友圈子。

在面试中衡量契合度

招聘者特别强调挑选在文化上和在职员工相似的求职者。面试官以自己为指标，评估求职者的文化契合度。他们相信，如果应聘者与自己很契合，那么一定也同其他员工契合。律师卡洛斯解释说，底线是"你……以自己为尺度来衡量［契合度］，因为这就是你要做的一切。"评审人以自己为指标，有两种方式。第一种是面试前几分钟对求职者的情绪反应，尤其是"来电"的感觉。"我能想到的最恰当的描述是，"一位名叫贝弗利的律师说，"就好像你在约会，你大概**知道**和对方配不配。"[16] 除了对"匹配"无形的感觉外，大约 4/5 的评审人会使用人力资源专员常常推荐的一种叫作"飞机测试"（airplane test）的启发式方法。评审人在描述这个测试时勾画了一系列在机场受困或飞行受阻的情况，而投资银行的主管马克斯一语中的：

> 我的一个主要评价标准，我称之为"机场受困测试"。我愿不愿意在暴风雪天气里和他们一起被困在明尼阿波利斯的机场？如果我要出差两天，必须要和人一起吃晚餐，我愿意和这个人在一起吗？当然，你必须有一些基本的标准，技能和聪明之类的，但是你知道，在我看来，他们能否通过那个测试才是最重要的。

第二种方式是在面试的破冰环节有意寻找经历上的相似性。对面试官来说，这样做的目的是看能否产生与文化契合相联系的匹配感或"感觉"。评审人说，面试开始时他们会扫一眼简历，看有没有相同的经历可聊。通常他们找的是课外或职业外的共同点。"我一般从和法学院无关的事情开始，"律师杰米告诉我，"我快速看一眼他们的［课外］活动，看看都有什么，一般会挑一些我觉得有趣的……我知道一些的，或者能让我想起其他事情的内容。"业余活动的相似性对契合的感觉尤其重要，投资银行家桑迪普评价道：

> 我经常会问这个问题：他们会出于兴趣做什么事。如果他们回想一下然后说"哦，我读《华尔街日报》"之类的话，那么很抱歉，那不是我要聘用的人……没人以读《华尔街日报》为乐。我不在乎你是谁。你读报纸可以是出于习惯或出于需要，但不会出于兴趣读报纸。如果他们想不出什么是出于兴趣做的，那他们就完了。

投资银行家尼古拉尔举了一个他认为契合度很高的例子，这一判断是基于他自己和求职者业余活动的相似性做出的。"我在简历上看到她是一名潜水员，我也是。所以我从问这件事开始，然后我们非常愉快地讨论了如何在泰国考潜水证……我们之间产生了碰撞的火花。"尼古拉尔把这位面试者排在了那个招聘季所有求职者的第一位，在面试官商议时也力挺她。投资银

第6章　开始面试：找到合适的人　|　185

行家阿丽尔回忆和一位面试者"瞬间建立了联系"。和她一样，这名面试者也参加了纽约市的马拉松，也和阿丽尔一样"喜欢在纽约追逐名人"。如果非正式的聊天没有清晰显示出一对一的匹配，那么有些人会像投资银行家奥利弗一样，开始有针对性地试探：

> 我会问一堆范围宽泛的个人问题，比如"你喜欢做什么"。希望我不会得到一个**编造**的答案，比如"噢，我喜欢选股票，或者是看金融类的书"。对我来说，最好是"噢，我喜欢水肺潜水或徒步"……或者我会问"你关注学校的篮球队吗？""你在哪儿长大的？""在高中参加什么运动项目吗？"就是能快速了解对方的问题，看你们有没有什么联系。

相似的业余活动能够带来契合感，同样，缺少可以觉察的共同点或者有太多不同点会在面试早期破坏契合感。律师诺亚讲了一个例子："她进来前几分钟，我看了一下她的简历，看看有什么能问的，我经常这么做，但没什么让我有共鸣的。我看了她的课外活动，马上意识到我们**没什么可聊的**。"他回忆起那位面试者有"非常好的成绩"，也是个"聪明的女孩"，但他没推荐她进入第二轮面试。"我不能让她通过，因为我不想让［办公室里的］其他人无聊死。"[17]

经历上的相似性，尤其是课外活动和业余活动的相似性，是很强的社交润滑剂，能够瞬间产生亲近感、碰撞出火花、感到心意相通，评审人把这些解读为文化契合的证明。咨询师凯特琳试图找到某种方式概括评审人如何识别契合，她说："那似乎是种……建立亲近感的能力。这种东西很难准确地说出来，但大体上就是这样。"她停了一下，接着说，"你也知道，你肯定想看到和自己有点像的人。"

契合的相对重要性

有人提出，契合可以被视为因工作的社交需求而人为创造出来的标准。越是需要团队合作、面向客户的工作，挑选契合的人看起来就越是一种合理的方式，因为这样能立刻与同事和客户产生关联感。但我的发现并不支持这种解释。当我比较各类公司把契合放在首位（我要求他们对自己评估候选人所使用的标准排序，把最重要的品质排在首位）的评审人所占比例时发现，契合在律师事务所最重要，而这里第一年的工作对人际互动的要求是最少的；契合在咨询公司重要性最低，而在那里员工第一年的工作对人际互动的要求最多。

研究认为结构化的面试形式能够减少评估中的主观性，与此相应，如果面试中包含技术性问题，则契合的重要性也会降低。[18]最强调契合的是律师事务所，它们的面试基本没有结构，技术性测试即使有也很少。紧随其后的是投资银行，它们的面试有一条底线，即熟悉基础的金融学原理。咨询公司最少仰赖契合程度，它们的面试常常包含高度结构化的业务问题。在某种程度上，面试包含结构化的问题和技术性测试会减少评估中对契合度的使用，因为这些问题和测试为评审人提供了评价优点的指标，使他们不必再依赖文化相似性以及个人对面试者的情绪反应。内维恩说，在咨询公司，"即使某个人与公司特别契合，但如果彻底搞砸了案例，也得出局"。

然而，人们普遍的观念——并且也得到了公司政策的支持——认为，理想的员工不仅要有能力，而且要与公司在文化上相似，这意味着技术性案例面试会减少招聘中对文化契合度的使用，但不会彻底消除它的存在。[19] 大约 40% 的咨询师称自己把契合度排在第一位。卡伊描述了案例表现和契合度之间的紧张关系："就像是空气和水，你真的两样都需要。"一旦候选人表现出了基本的能力，对契合度的感知——而不是绝对的案例表现——通常会主导评估。咨询师佩里回忆道：

> 在契合度方面，我［在评估表上］写下……"将很快成为每个人的好朋友"……这就是我说的很契合。说实话，他的案例表现并不是最好的。但他的性格和仪态实在太棒了，所以我推荐他［进了第二轮面试］。

因此，面试形式和对什么是理想求职者的看法，影响了评审人在评估时会多大程度优先考虑文化相似性。

契合与不平等

这些公司的大多数评审人是社会上层或中上阶层的白人，他们判断契合与否的方法为与他们背景相似的求职者创造了优势。同样，他们也给背景不同的求职者制造了障碍。有趣的是，评估过程不会自动导致女性应聘者处于劣势。尽管很多评审人参加体育活动和通常认为带有男性气质的课外活动，但应聘群体中不少女性也参加这类活动。正如我在第九章说明的，男性求职者的契合程度比女性更常受到质疑。

但是，契合的确强化了评估中的社会经济偏见。正如前面几章所说，业余活动的协作培养是社会富裕阶层的标志。[20] 评审人参加并看重的活动同时也是白人中上阶层文化中流行的活动。因此，尽管评审人将其表达为想找玩伴，想让工作变得有趣，和社会阶层或社会再生产的联系并不明显，但以契合为筛选指标给那些与公司多数员工背景不同的求职者制造了隐含的障碍。律师托马斯是一位白人同性恋者，他总结了契合与不平等的关系：

> 我认为多样性学生处于劣势。我不觉得是肤色、种族、性别、性取向本身的问题，但我确实认为，公司所谈论的契合，部分是……指来自同一个地方。而我觉得来自一个不同群体的人……没有相同的经历让你与其他人联系在一起。所以我觉得，我觉得这是个很微妙的问题，而且可能更多是阶层的问题。

认为自己与常态不同的评审人更能理解契合如何成为一种排斥机制。但并非所有不合传统的专业人员都认为契合在招聘中是个问题，关于这一点，西班牙裔律师卡洛斯说得非常清楚。他成长于工薪家庭，是家里第一个上大学的人。他说：

> 我们公司有 700 名律师，只有七个是拉丁裔。但我不怪公司，不觉得招聘有什么问题……合伙人和律师只是想要一起共事的人在工作之外还跟他们有共同点……那是他们要聘用、不会炒掉的人。但我觉得这是很自然的事。我是说，当你在找性格契合的人时，其实是在找跟自己有共同点的人。我也这样做。我觉得这很正常。

* * *

一旦进入面试房间，对求职者的评估就掌握在面试官手中了。他们的第一要务是破冰，制造一种社交上的亲和感。大多数面试官通过非正式地聊一些与工作没有直接关系的事情拉近距离，尤其是面试者在业余时间喜欢做什么。然而，这些初步的交谈远不是无关紧要的闲聊或社交上的客气话，而是招聘评估的重要基础。面试官用它们来判断一个正式的评估指标：文化契合度。他们想找的是能让自己感觉"来电"，与自己在成长经历、生活方式和娱乐风格上有相似之处的求职者。由于多数面试官是白人，来自富裕家庭，他们在面试中的自我再生产（self-reproduction）为展现出追求昂贵的、白人喜欢的、典型男性化的休闲活动和生活方式的求职者提供了便利条件，由此促进了社会再生产。因此，契合度不仅是在筛选同道中人，也在筛选应聘者的文化资本。[21] 从很多方面来看，面试开始的一段时间是一个守门人和应聘者匹配文化资本的过程。如我在后面几章将进一步揭示的，面试的最初阶段很重要，因为它不仅能制造一种"来电"的感觉，评审人据此评估契合度，也制造了第一印象，而评审人对面试其他部分的判断都有赖于此。

第 7 章

继续面试：求职者的故事

我只是和他们聊天，从中了解到他们的生活、背景还有动机，而不是问"怎样计算资本成本"之类的问题。

——克莱夫，投资银行家

当面试官开始让求职者进行自传性的叙事，介绍他们过 147
去的经历和未来的职业目标时，面试的第一部分——关于课
外活动和业余爱好的破冰谈话——就结束了。接下来的部分
一般被称为求职者的"故事"。尽管评审人在面试的第二幕中
还会继续评估契合度，但故事有另一个重要作用，它们是评审
人评估求职者动力、上进心、对公司的兴趣，以及光鲜程度的
工具。律师事务所合伙人托马斯（上一章中指出，他对把契合

度作为招聘标准持保留态度）描述了在通过非正式的闲聊对契合度有个"感觉"后，他如何推动谈话进入面试的讲故事环节：

> 我会问他们娱乐时喜欢做什么，以此对他们是否契合有个感觉，看他们是否只是工作机器……然后我会转到这个人是谁……我会问一些非常开放的问题，比如"你喜欢法学院吗？为什么决定上法学院？"他们为什么要选择我们公司？为什么坐在我的办公室和我聊天？

在我研究的公司中，评审人认为，简历上一系列令人印象深刻或与工作相关的成就并不足以反映一个人真正的上进程度和对工作的兴趣。为了准确判断，面试官需要亲耳听求职者有说服力地讲述他们打动人心的人生经历。"［这些求职者］都符合资质要求，"咨询师贾斯廷承认，"但是，"他继续说，"我想知道他们的**故事**。"在律师丽贝卡看来，成功的叙事能让她看到简历背后的那个人。"如果他们成绩很好，为法律评论*写过东西，那么我知道他们有能力做这份工作，"她说，"但我想知道更多。我想看到他们有没有能力谈论自己，以及**自己到底是什么样的人**……我想知道是什么让他们有趣、特殊。"

---

* 与国内法律评论作为专业学术刊物不同，在美国，法律评论通常为法学院学生组织出版的刊物，因此学生在上面发表文章并不罕见。——编者注

第二幕：给我讲讲你的故事

叙事不是存在于真空中。它们塑造着广泛的文化和社会习俗，也被这些习俗所塑造。叙事表达了区分自己人和局外人的标准，告诉其中的人什么该关心、什么不该关心，也说明了哪些行为是恰当的，哪些是不恰当的。叙事远不只是创造性的发明，更是解读社会环境的重要认知框架，它们为我们提供了行为地图，展示了哪些行为是可行的，哪些是值得做的。此外，研究已经表明，叙事能再生产社会中现有的社会关系，例如分层体系，也能推翻它们。[1]

在美国，通往权力和地位的机会不是只根据考试分数或可量化的成绩分配。申请人在提交给大学的"个人陈述"里，或在工作面试中回答招聘者的问题时，要叙述自己过去的经历以及对未来的规划。守门人根据这些故事判断他们的优点，决定哪些人可以进入高地位的通道（无论是在教育还是商业的竞争中），哪些人要被淘汰。[2] 从这个意义上讲，叙事在社会选拔和分层中扮演重要角色。

但社会学家迈克尔·舒德森（Michael Schudson）指出，并非所有叙事都强有力到可以驱使人做出行动。他解释说，当故事满足特定的标准时更有可能影响行为：当它们诉诸群体符号或群体价值，或者容易想象或记住，或者以一种强有力的措辞表达，例如打动人心的奉承或令人信服的信息，或者已经在社会群体和社会结构中被制度化，或者以行动为导向时，更可能

149

影响行动。[3] 在我研究的各家公司，能够让面试官有所行动的故事确实具备舒德森总结的那些特点。那些促使评审人在面试中给求职者打高分的叙事（有些时候还让评审人在之后的招聘委员会商议时支持候选人），不论故事的内容还是求职者选择的叙事形式和风格，常常都更符合美国中上阶层的理想，即追求个人主义、自立和个人成就。然而，舒德森认为与群体（而不是个人）产生共鸣能鼓励人们做出行动，与他的观点不同，我发现，在面试中重新印证评审人自己的故事，同样——即使不是更有力——是激发行动的有力动机，进一步加剧了评判契合度时发生的那种自我再生产。好的故事也是鲜活的。它们利用情绪性的语言激起评审人的兴奋感，使他们在商议时更容易想起求职者。

有力的叙事包括两个不同但相互关联的内容：应聘者过去的经历和未来的发展道路。面试官用过去的故事评估求职者的"动力"，这个评估标准融合了上进心和强烈的工作责任感；用未来的故事评估求职者对公司的职业发展有多大"兴趣"。在评估这两项内容时，面试官也会判断求职者的光鲜程度，注意他们在引导或跟随话题转变时是否放松、自信、自然。

动力：你去过哪里？

好的故事既要简明扼要，又要令人信服地概述求职者是如何一步步走到今天、进入面试的，即他们达到今天这一事业转换点所经过的社会、教育和职业路径。面试官探究求职者过去的故事，以此感知他／她潜在的动力。咨询师莱斯莉称这一过程包括"检验一下他们的生活是什么样的……只要听人们描述自己真正热爱的事情，真正受到吸引的事情，你就能知道他们是什么工作风格。"投资银行家维沙认为关于动力的叙事很重要，对此，他是这样解释的：

> 我说："给我讲讲你的人生故事。"这能显示出他们对 150
> 自己、对自己的目标和目的有多大热情。如果他们讲了一
> 个好故事，我会很高兴。我喜欢挑战自我的人，不喜欢自
> 负的人。你可以坐在沙发上怡然自得，但别对你的生活太
> 自得。然后我会看他们怎样做决策。

面试官寻找的是他们觉得有足够动力的人，用投资银行家特里斯坦的话说，应聘者不仅"完成工作"，而且"在意工作"。评审人相信，能做到这一点的应聘者在生活的其他方面也会表现出这种内在的驱动力，且这种驱动力在他们过去的故事中一目了然。

一般而言，评审人将动机或动力概念化为一种稳定的属性，人们会自动将其带入任何工作或情境中。人们要么雄心勃勃，要么懒散怠惰；要么动力十足，要么骄傲自大；要么努力争取，要么消极等待。一套关于过去的有力叙事能令面试官相信，求职者天生就是一个有雄心壮志、有动力的争取者，因此也会在工作中表现出同样的品质。不是所有面试者的故事都能成功地

在动力方面得到评审人的高分。这虽不奇怪，却是问题所在。因为这意味着，面试中**有技巧地讲述**自己的经历比（简历中列举的）**实际经历**更重要。咨询公司合伙人格雷丝说："关于他们在那些地方具体做什么，我们谈得比较少。我觉得，更多是看这些人是不是真实的人？他们能不能对自己曾经做过什么讲出**可信的故事**？"在下面的小节中，我将讨论一个可信的故事包括哪些关键部分。这包括一系列构成连贯、流畅叙事线的决定；能激起听者的情绪反应、让人兴奋的叙事；要么描述了与面试官极其相似的经历，产生个人层面的共鸣，要么情节极富戏剧性、动人心弦、不同寻常。

叙事技巧：把多个决定融为一条情节线

现实中的教育经历和职业经历，尤其是那些代表了一个年轻人的标志性经历，可以说就像一部短篇故事的汇编。其中的情节是由可获得的机会、实验性的冒险，以及成年人引导（或成年人要求）下的长期决定所塑造的。不过，面试官更青睐那种类似小说的叙事风格。他们期待面试者在自传性叙事中讲述自己通过一系列连贯、有意义，并且（理想情况下）循序渐进的步骤实现一个或多个特定的目标。咨询师乔治解释说："这就像是讲一个关于你自己的合情合理的故事。这大概是最贴切的描述……你需要有一个令人信服的、连贯的故事情节。"投资银行家布里奇特认为，即使经历不连贯，求职者也要设计出一个令人信服的情节。他们讲述的故事应该"把［简历上的］点点滴滴串联起来"，揭示出"他们的经历如何相互勾连"。一些评审人知道，现实中的教育和工作轨迹并不总是遵循一条整齐规范的路线。但他们仍然强调，求职者需要让自己的过去在面试官眼中看起来如此。投资银行家布兰登进入华尔街走的就不是一条笔直的道路，他建议说："他们的故事说得通吗？即使讲不通，就像我自己的经历，你也要能把它推销出去。"

讲述一个能达到预期效果的故事，一个重要部分是把自己的经历呈现为一系列个人决定的结果，而不是由偶然的环境因素造成的，例如侥幸或运气，或者获得了（或没有获得）宝贵的机会。另一名投资银行家多诺万解释说："我只是跟他们聊聊他们曾经做过什么，为什么要做出那样的决定，对什么感兴趣，这在他们的生活中是如何表现出来的，以及由此展开的种种。"针对为何选择某所本科学校或研究生学校，为什么选择某份工作或暑期实习的问题尤为常见。咨询师凯特琳表述得更具体，她告诉我："很多时候要追到事情背后的**为什么**。这样，在被提问时才能考虑周到地回答，你知道，为什么我在大学选了这个专业。"

讽刺的是，公司在吸引求职者时，利用的是名校生对高地位奖赏的渴求（见第三章），但在招聘者眼中，最好的故事却是将人生道路和价值观描绘为受到内在动机而不是外在激励的指引。[4] 例如，尽管公司会优先考虑参加过有声望的教育活动、课外活动和职业活动的人，但求职者最好把自己对高端发展道路的追求表述为在内驱力、热爱和价值观激励下做出的决定，而不是用外部动机来解释，例如需要赚钱、取悦父母或维持在

152

同伴中的地位。评审人特别警惕那些至少表面上看是只为了提高地位而追求奖赏的人。咨询师兰斯皱着眉说："我能很快分辨出一个人是不是真的对某件事情感兴趣，会不会像上学时或做其他事情时一样努力探索、学习，还是这份工作只是他愿望清单上的一个条目。"基于外部因素做决定会在品格上亮起红灯。招聘经理维维安提供了一个十分生动的案例：

> 有个人告诉我说他其实不想上法学院，他想去读博士，研究中世纪文学中伟大人物的变态性行为，但他父亲不愿意付钱……他出现在这里只是因为他老爸不愿意给他交研究生院的学费……没搞错吧？还有些人说他们选择上法学院是因为不知道除此以外还想干什么……这样的故事真的会让你怀疑他们的动机。

律师基思讲述了一个更常见的为什么选择法学院的叙事，同样毫无说服力："[在回答'你为什么选择这所法学院'时]一个不好的答案是'这是唯一录取我的学校'。（他一脸嘲笑。）拜托。"我请他详细说一下什么是一个好答案，他回答："他们可以说想在纽约是因为能离大公司近一点，或者特意缩小选校的[地理]范围是为了给家里生意帮忙，或者其他理由。我不知道。但'我没被其他学校录取'可不管用。"管用的故事是把求职者描绘成一个主角，为了追求内心的热爱一步步做出战略性决策。用兰斯的话说，好的故事把求职者描述成"对某个问题有非常、非常强烈的热情……然后倾尽全力去实现那种热情。"

热情可以有多种形式。尤其对于刚毕业的本科生或者没有工作经验的法学院学生来说，热情可以是知识方面的。"我们想找的求职者要能够聪明地解释自己的决定，"投资银行家汉克解释说，"比如他们怎样选择自己的［专业］。如果他们正在写毕业论文，你会希望他们能告诉你为什么对那个话题感兴趣，不是因为导师给了他们这个题目，或者碰巧选了这个题目。你想看到有某种程度的思考，或者某种智力上的好奇。"热情也可能表现为某种潜在的成功取向。这种取向的人，其行为的动机不是达到某个地位获得有实际意义的奖赏，而是成为赢家给个人带来的快乐和满足。咨询师艾伯特"想看到他们［面试者］有成功的取向，并且过往记录能证明这一点。他们在做过的所有事情中一直力争成为最好的，而且不断推动自己更上一层楼"。

对工商管理硕士来说，关于职业热情的故事更被看重。尽管许多投资银行家将简历上显示出的浓厚创业兴趣视为一个危险信号（他们认为这种兴趣与投行文化等级分明的本质相冲突），但费尔南多描述了一位求职者令自己印象深刻的叙事，其中突出强调了他对个人热情的不懈追求：

> 他曾决定创业。我对他想要做自己的事、检验自己的创业愿望，努力尝试自己做事情印象深刻。他去做了，而且做得很好。尽管做得不错，他还是想办法找了一些——雇了人管理他的业务，然后重新回了学校……他令人印象

深刻。第一，他花了时间去追求、去做自己的事情,［第二,］
他成功了。

好的故事也要强调求职者从自己经历中获得的个人成长和
意义。故事中的每一个推进都不只是一份工作或一项成就，而
是求职者自我实现道路上的一步。咨询师阿米特的评论表明，
面试官常常认为，这个成熟过程的重要意义是不言自明的。

阿米特：我想看到某种成熟，看到一些深刻的见解和反
省。我想看到有人真正思考自己做过的事、那些
事如何影响了他们、他们又从中学到了什么。基
本上就是他们从以前的境遇中获得了什么。

劳　伦：你为什么觉得这个重要？

阿米特：（停顿了一下）我认为，在企业环境下，成熟非
常重要，是的。要能够与人共事，能够面对压力、
处理危机。除此之外，我觉得光是与别人打交道
就需要某种成熟、敏锐。（笑）因为你问到这些
问题，我才真正开始想我为什么要看这些方面。
我真的不知道！但这很有趣。

评审人喜欢的那类叙事风格包含四个重要的社会经济维度。
第一，它假设候选人有唾手可得的选择，而且是有吸引力的选择。
但并不是每个学生都有的选，即使某些知名学府的学生也不具

154

备这样的条件。第二，研究表明，基于个人的热爱或自我实现的愿望选择工作或学校，是有经济特权的人看待生活选择的方式。[5] 能够在选择时不受约束地把外部因素和实际考量排在靠后位置，不是每个人都拥有这种奢侈。第三，心理学研究表明，社会经济地位较低的人容易认为自己的经历与他人有关，且受到结构性的外部因素影响，而不是一系列孤立选择的结果。强调个人选择、自由和独特性的叙事风格是一种更符合中产阶级和上层阶级的世界观。[6] 第四，认为一个人能直接掌握自己的命运是典型的美国式建构世界的方式，这会使那些来自不太强调个人主义的国家或文化的求职者（无论其社会经济背景如何）处于劣势。所以，从很多方面看，能够称为好故事的是那些能在文化上引起评审人共鸣的故事。这些叙事印证了更广泛的美国中上阶层的理念，即个人主义、个人命运和自我掌控。不知道故事要满足这些标准的求职者被视为缺少动力，且为此付出了代价。

叙事的力量：“激发”情绪

合格的故事把个人经历呈现为一系列循序渐进的决定，而促成这些决定的是内在的动力以及对个人热情和意义的追求。但最好的故事同时也会激发情感。正如投资银行家莫莉所说，好的故事能“打动人”。

在社会生活的方方面面，包括招聘，情绪几乎都是我们对不同可能性进行比较、评估和选择时所依赖的重要基础。[7] 在

155

人类的各类情绪中，兴奋感是最能促使人做出评价、推动行动的情绪之一。[8] 赞赏也是推动做出人际评价的重要动力。[9] 那些被认为优秀的叙事能激起强烈的、积极的情绪反应，"激发"听故事的人。它们能拨动面试官的心弦，让他们感到兴奋、产生赞赏之情，甚至发出惊叹。[10] 如果求职者的故事无法唤起面试官的积极情感，通常就会被"刷掉"（拒绝）。咨询师南希描述了这样一个例子："这个女孩显然很聪明，成绩一流。［她］也进到了终面……但从面试中她［自传式］的个人经历来看，我不知道，就是没那么**振奋人心**。"南希在第二轮面试中拒绝了这名候选人。

简历上列满有趣的经历并不足以获得积极的评价。要想成功地打动评审人，求职者必须把这些经历讲述成能够激发情感的故事。律师诺亚回想起一份简历，上面的经历有点意思，讲成故事却变得没那么有趣了。"我面试的这个人在简历上写了些高赔率掷骰子的事，我觉得'太酷了！'但他在讲述中没能让我兴奋起来。这其实是个非常有意思的内容，聊起来应该很有趣，但他就是没法让我感到兴奋，或者让我有'哇'的一下的惊叹。"有两种叙事内容更容易"打动"或"震撼"评审人：一种是与评审人相似的个人经历，一种是极其生动有趣的故事。

叙事共鸣：你中见我

尽管舒德森认为，能否引起群体共鸣更好地解释了一个叙事的成败，但在招聘面试中，个人层面的共鸣是叙事力量的一个重要来源。特别地，讲述一个与评审个人经历相似的故事，能够为求职者在动力一项上赢得高分。"动力不只是像大多数人想的那样，当社团主席或成为运动员，"咨询师尤金透露，"动力可以有很多种形式。例如，克服新文化带来的挑战。"后来，当我让他描述当前招聘季最优秀的求职者时，他给我讲了一个越南女孩的故事。在她很小的时候，她们一家以难民身份来到美国，这点和尤金的家庭很像。他指出这个女孩在克服强大的文化和语言障碍时表现出的不屈不挠，预示着她以后也能在咨询业获得成功。从这点来看，和与自己有相似经历的面试官分到一组，能让那些"非典型"的求职者获益。

　　总体而言，基于相似性的共鸣常常给有社会经济特权的学生带来优势。由于大多数面试官有特权背景，所以出身类似的求职者有更多可资利用的相似之处来建立情感联系。不过，面试本质上是一个人际互动的过程。就像什么属于契合很大程度上取决于面试官的认识和身份一样，对故事质量的看法也是如此。如果被分到一位自身有不同寻常故事的面试官，那么经济条件较差的求职者也能获得一条进门之路，我将在第十章深入讨论这一现象。

叙事的戏剧性：制造生动的图景，克服"不可思议的困难"

　　虽然叙事的相似性能有效地让评审人对求职者的动力做出积极评价，但如果候选人的故事生动有趣，让评审人感到振奋，那么叙事的差异也可以成为优势。一般而言，人们更看重出自本能的、容易想象的事件和图景，情绪上也更容易受这些东西影响。[11] 在工作面试中，那些足够激动人心、独特，甚或奇怪的情节能激起评审人强烈、积极的情绪反应，让他们感到振奋、惊讶、赞赏或者好奇。咨询师莱斯莉指出，最好的故事可以归为两种类型：人际共鸣型和故事生动型。她解释说：

> 我注意到［有］两种理念，至少在我们公司是这样。一种是珍视"璞玉"式的人，他们喜欢听奇特的故事……虽然有些求职者的背景与这份工作完全无关，但珍视璞玉的人会觉得，天啊，要是他们能来工作，他们一定特别棒。另一派非常依赖头脑中的某些既定认知……可能真的执迷于某种特定的人生路线。

莱斯莉把自己归为喜欢生动故事的那一类。她认为："不一定非得是最明确、直白的那种故事。我喜欢奇怪的。"

故事可以因为内容离奇、独特或极具戏剧性而变得生动，这样面试官能轻松地想象那些情景，［日后］也容易向别人描述。在高度发自内心地热爱的事情上全身心地投入，是激发面试官情绪的一种故事形式。咨询师爱德华面试的一名候选人讲述了一个"非凡的"故事：

> 他有工商管理硕士学位，还有其他东西，但他在职业中还做了些很有趣的事情。他提前六个月从商学院毕业，

想看看自己愿不愿意当一名厨师。所以他提前毕业了六个月，在三个不同的三星级餐厅工作……他搬到了一个特别的［艺术型］社区，为的是参加那里特有的一个食品集市。

戏剧性的情节也能打动评审人。咨询师纳塔莉想起了最近面试的一个人，她有一个"很棒的故事"：

> 这位女士告诉我说，假期结束后她决定继续留在印度，那里刚遭到海啸袭击，她觉得自己必须得留下。她帮助村里被大水吓破了胆的渔民，为失去孩子的妇女提供心理治疗——诸如此类，极好的事情。她在描述这些的时候依然谦逊，对自己做的事情充满热情……我立即意识到我**一定得**要她。

纳塔莉给这位面试者打了最高的面试分数，后来公司也聘用了她。

总体来说，评审人被极度投入的故事激发情绪，感到赞赏，有时候甚至是惊叹。生动讲述的追逐梦想的故事，例如为了满足成为甜点师的愿望在法国蓝带厨艺学校（Le Cordon Bleu）学习六个月，可以让评审人印象深刻，而为支付账单长期在不起眼的工作岗位上坚持劳作却不会。热情地投身于一项事业或一种个人实现的追求，需要一段时间不从事有报酬的工作。资源较少的求职者在叙事上可能处于劣势，因为他们的故事可能更 158

多包含平淡无奇的经历，而较少能激起面试官的情绪。

经济条件和社会条件最差的候选人可以讲述个人克服重重困难的极富戏剧性的故事，这样的故事有广泛的吸引力，因此让他们处于有利的位置。面试官们觉得寒门贵子的故事特别鼓舞人心。有家公司现在把这类故事称为"毅力要素"，对叙事符合这一标准的求职者给予额外加分，原因是研究表明，克服重重困难的人在面临挑战时更有韧性，应对能力也更强。[12] 维维安描述了她在面试一位和自己背景完全不同的求职者时感到的兴奋：

> 他给我讲了自己如何移民美国的故事，令人惊叹。他是从越南坐船偷渡来的，给我讲了航行中的事儿，还有越南的海盗……他说："我从不会说英语到现在成为本科毕业生代表。"我想说，这类故事太震撼了，一个人独立奋斗，从底层一路上来。

生动的故事比面试中的其他方面都重要，尤其是在律师事务所，因为那里没有技术性案例的讨论以及其他工作相关知识的测试来平衡个人叙事的作用。律师事务所的招聘合伙人黛安娜回想起一名求职者，他的故事有力弥补了其他方面的不足：

> 他在面试中表现得不是特别好。我是说，他没有很泰然自若……他是白人，但是在［洛杉矶］南区（South

Central），类似康普顿（Compton）那样的地方长大的。*
许多校园枪击案就发生在那个地方。他是单亲家庭，和母
亲一起住，是家里第一个上大学的人。大学毕业后，他回
到了南区，在当地高中教了几年书，有点回馈社区的意思。
他有一个非常棒的故事，但他这个人并不突出。我们最后
还是给他发了录用通知，不是因为他的成绩很好，也不是
因为他在面试中表现出色，而是因为他的**故事**。

值得注意的是，要想这类叙事为求职者助上一臂之力，故
事最后必须有一个积极的结局。被困难绊住或持续陷于困境的
求职者有使面试官情绪低落的风险，也可能会被认为"扫兴"
或"抱怨狂"。

依靠个人努力获得成功的叙事，其戏剧性的情节更容易让
面试官兴奋，就像那些极度投入的故事一样，常常让面试官感
到惊叹或赞赏。但这些叙事本身也提供了更微妙、更不易察觉
的情绪刺激。法国社会学家涂尔干（Émile Durkheim）对社会图
腾重要性的研究表明，对社会理念或社会符号的确认常常引起
人的兴奋感。[13] 同样，寒门贵子的成功故事证实了美国精英统
治和个人主义的理想，而这些理想反过来又确认了美国社会的
基本价值。这样的叙事认可了把 EPS 公司面试官送到全国经济

159

---

* 康普顿是洛杉矶县南部的一个城市，是非裔和拉丁裔聚居区，以治安较差闻
名。——译者注

最顶层的机制，以及面试官在社会结构中享有特权地位的合理性。所以，非常规的求职者或多样性求职者如果能生动地描述自己如何克服困难，便可以在面试官心中激发积极的情绪。从很多方面来看，这些求职者似乎并没有那么偏离常规，因为他们确认了评审人所秉持的一般文化理念。

不过重要的是，圈外的求职者一定要提前知道讲述自己故事的重要性，而且要给每位面试官讲。律师丹妮尔对比了她面试的两位社会经济地位较低的黑人求职者的命运。第一个人"知道讲自己的故事"，而第二个人不知道：

> ［第一位候选人］上的是一所非常小的学校，佛罗里达一所非常小的法学院，后来转去了［一个排名前20的法学院］……他很不容易……他是家里第一个上大学的人，我记得，好像有段时间还被人收养，然后还说了相关的事……他有一个**非常好的故事**，自己从零开始，一路走上来，而且决心要做到最好……他的家庭靠救济金生活,［他］尽力支持家人，做兼职，做能做的一切事情。他一开始给我讲这个故事，我就感觉"你会得到这份工作的，任何那样投入的人，愿意竭尽全力靠自己成功的人，绝对是我想与之共事的人"。

160
> ［第二位候选人］来自尼日利亚。他13岁左右的时候只身一人来到美国。从那时候起,［他］就靠工作养活自己，供养在尼日利亚的家人，在读大学和法学院期间全职工作，

自己挺过这一切……我感觉，任何一个愿意那样努力工作的人，**你绝对**想让他为你工作。我不敢相信［招聘委员会中的］每个人都不同意我的看法……他给我讲了他的故事，但我不知道他有没有给其他人讲。［第一位候选人］给其他人讲过他的故事……我就说："这［第二个］人真是太了不起了。他给你们讲那些故事了吗？告诉你们那些事了吗？"结果其他人都一副"我们不知道"的表情。

结果第一位求职者收到了录用通知，第二位没有。生动的故事能打破招聘中存在的社会经济偏见和种族偏见，但求职者需要知道"讲述自己的故事"。他们必须明白把自己的经历组织成一个有说服力的克服困难的故事，并在情绪上俘获评审人的必要性。但这其实是个悖论，因为这类知识是植根于文化的，不是所有社会经济阶层的人都能知晓。通常，背景较差的人不想表露自己的出身，担心会被"踢出局"，也担心因为局外人的身份或和他们的面试官背景不一样而得到不好评价。[14] 同样，之前的研究表明，社会地位较低的人，尤其是社会经济背景较弱的人和少数族裔，更少在工作中披露自己的个人信息。这些人通常认为工作和私人生活是两相分离的领域，以为专业人士应该用一种正式的、非私人的、与工作相关的方式进行沟通、呈现自我。[15]

正如我将在第十章讨论的，在社会经济背景较弱、非白人的求职者中，那些在面试中深度披露个人信息的人更多来自较为知名的名单校，或者已经从业内人士那里得到了个人或组织的指导。因此，虽然激动人心的故事能给处于不利地位或背景有问题的候选人带来优势，但实际上这只能帮助到更熟知、更适应社会上层和中上阶层自我表达和与人沟通规则的人。

职业兴趣：你为什么来到这里？

好的故事是一项精心打造的证明，显示了求职者有强大的内在动力。它把求职者过去的经历呈现为一系列决定和成就的结果，它们肯定了美国的个人主义理想，呼应了面试官个人的生平，或者特别生动，足以打动面试官。不过，除了证明动力以外，面试的叙事部分还要实现第二个重要目标。面试官期待求职者能够有力地解释，为什么他们未来要在专业服务公司发展，并具体地说明为什么会选择他们正在面试的这家公司。

对行业的兴趣和对公司的兴趣都是关键的评价指标。由于公司广泛撒网，要面试成百上千的名校生，因此评审人努力筛掉那些抱着随便试试心态来的应聘者，只关注对招聘职位真正感兴趣的人。"我想知道这个人为什么对咨询感兴趣，尤其为什么［是我们公司］，"咨询师贾斯廷说，"他们说［在最有名的商学院］，1/3 的人是咨询师，1/3 的人将要成为咨询师，另外 1/3 的人也会走一遍［咨询公司的招聘］流程，不过只是去碰运气。"咨询师桑妮表示同意："这么多名校生来参加招聘，因为丢份简历和求职信，然后什么都不做，这太简单了。这样做很容易，因为别人都这么做，他们根本不认真想'嘿，我真的**想要**这份工作吗？'"

评审人认为对行业和公司真正感兴趣有三个主要的好处。第一，真正感兴趣的求职者更有可能接受工作邀请。把精力集中在这些人身上，而不是认为这份工作可有可无的人，可以减少招聘资源的浪费，也能提高公司的邀请接受率——虽然官方不会公布这个数字，但它会影响公司在业界的地位，也是核心校学生谈论的话题。第二，虽然这些职位很大程度上被认为是临时的，但招聘者相信，真正对这份工作和公司感兴趣的求职者，一旦被录用，会愿意更加努力地工作。咨询师亨特解释说，评审人用兴趣来识别哪些学生"对留在这里充满激情"，在繁重的日程安排下仍然愿意努力工作。律师奥马尔开玩笑说，这样的人在进入工作后不会像其他人"那么凄惨"。投资银行家希瑟概括了评估求职者感兴趣程度的重要性：

> 　　在我看来，另一件事是对这个行业的热情或兴趣。否则，你明明可以做其他事，为什么要做这个？我是说，我觉得从这些学校出来的孩子有的是选择，几乎想干什么都行。如果他们不是真的对这行感兴趣，那么我不建议他们来。他们不会喜欢的，这对公司和个人来说都是在浪费时间。

　　回答面试官"为什么选择我们"这个问题时讲的故事对所有求职者都很重要，但对于简历与投资银行、律师事务所和咨询公司的典型应聘者不太一样的人尤为重要。有趣的是，那些"不走寻常路"的应聘者并不会被减分，只不过评审人会更看重他们的叙事中对"为什么选择我们"的阐述。咨询师杰克描述了他在面试非典型求职者时如何评估他们的兴趣程度：

> 如果［简历］看起来不是很适合咨询业……我可能会在"为什么选择咨询业"这个问题上多问一点……没什么是我不能接受的。如果面试者——我不知道——曾经在［一家旅行杂志］或类似的地方工作，类似这种毫不相关的经历，也不会让我丧失兴趣。我只是想要更仔细地听他们回答"为什么选择咨询业"。

对于商学院想要转换行业的人来说，尤其重要的是清晰地说明过去的故事与他们在 EPS 公司渴求的未来之间的联系。"他们过去也许是医生、是音乐家，或者是律师。无论什么。他们需要说服我，为什么咨询适合他们，为什么喜欢我们公司。"咨询师卡维塔说。后来，她给我讲了一个例子："有位女士，曾经做过记者，非常正能量，非常优雅自信……她知道自己的故事是怎样的，也知道自己为什么想做咨询。她真的能用一种非常有说服力的方式讲述自己的经历。"卡维塔让她进入了第二轮面试，这名求职者最终被录用了。不过，即使求职者简历上的技能资历与当前的工作有关，如果不能有说服力地回答"为什么选择我们"，也可能被拒绝。希瑟讲了一个例子，她就因为这个原因拒绝了一名本科毕业的求职者：

他非常聪明，是班里的尖子生，经济学专业。但他就是看上去没太大兴趣。我们问他："好吧，你为什么想干这行？你将来想在哪里工作？"他的回答是："嗯，随便吧。我只是觉得能来这儿就特别好。"他没有那种真正的激情。我们拒绝了他，因为他没有一个好故事。

正如在讲述过去的经历时，有些类型的故事更能打动人心，同样，有些关于兴趣的叙事也被认为更令人信服。特别地，评审人通常更喜欢出于个人原因而不是职业或物质上的考虑想要进入公司和行业的人。他们非常看重从私人关系或亲身观察体验中萌生的兴趣，而不是从公开的、人人都可获得的资料中产生的好感。评审人认为拥有内部消息很好地表明了一个人的兴趣，他们也偏爱那些与自己的职业动机相似的故事。

工作是出于渴望，而非需要

评审人希望挑选的是出于某些类型的原因而对工作感兴趣的求职者，许多人把这称作"正确的原因"。正如在过去经历的叙事中，他们想要找到出于个人热情而做决定的求职者，在这一环节，面试官要寻找的也是把自己对 EPS 公司的兴趣表述为出于内部动机而不是外部奖赏的求职者。他们在评估兴趣时遵循的阐释逻辑类似于布尔迪厄提出的**非必需性**（distance from necessity），即较富裕阶层参加活动主要是看重它们的美学品位、符号意义和表现力，而不是活动直接的实用价值。[16] 评审人更

喜欢那些进入公司是为了借助工作本身或社交环境进一步追求

个人成长、个人满足和自我实现的人，而不是为了实现工具性目标的人，例如高薪水、高地位或职业晋升。[17]

具体来说，尽管许多受访者在访谈中承认，EPS 公司的工作已经成为美国青年精英的重要资历，但他们在做评审人的时候，并不喜欢那些"想要这份工作"只是为了在简历上增加一项高大上的经历的人。例如，投资银行家海迪讲述了自己如何倾听求职者描述"是什么鼓励他们进入这个世界，而不是因为'我以前在这行工作，下一步就是进入贵公司'"。投资银行家凯文比较了什么是好的动机，什么是差的动机：

> 你在找的是整体上感兴趣的人……他们不只是随大流。他们来到这里不是因为别人想让他们来——父母想让他们来，朋友想让他们来。所以，你可以通过一系列问题大致感觉到，他们是不是真的对这份工作感兴趣，会不会尽职尽责地工作，是否真的知道自己会面临什么。那是我想要看到的。我想要看到热情，看到某种程度的自我认识：我为什么在这儿？这真的是我以后想做的吗？我认真想过了吗？……我想确认……他们应聘我们公司不是因为这儿的名气大，是个好去处，也不是因为钱多。我想要从他们眼中看到一丝对金融服务业的兴趣。

也许是因为太多人把华尔街与光鲜的、球星式的生活联系在一起，所以投资银行家特别反感"为了钱"进来的人。克里斯托弗在描述他想在求职者身上看到的兴趣时，非常明确地表达了这种反感：

> 我想知道这个人是怎么来到我面前的。是因为跟着当投资银行家的叔叔长大，所以一直想成为一个投资银行家？还是因为他们看了报纸——看了《财富》(*Fortune*)杂志，然后发现投资银行的薪水最高，所以决定要干这个？有的人是从小就想成为投资银行家，所以朝着这个方向规划自己的人生，有的人是发现这里的薪水不错，这两者之间是有很大区别的……如果吸引他们的是钱，那么他们不会坚持太久，他们坚持不下来。在那儿工作，坚持下来，而且坚持把工作做好的人是因为他们热爱自己所做的事。

各家公司的评审人都坚持认为，想要一份工作最好的理由来自求职者自己，包括对公司的业务有知识上的兴趣，或者喜欢公司里的那类人。苏珊娜描述了一个表现出良好动机的求职者：

> 他们表现出对这个职位非常真诚的兴趣，但又没有太过激进……他们给出了非常好的理由，说明自己为什么想要这份工作，为什么觉得它符合自己长远的职业目标。不是因为钱，也不只是为了进入一家好公司，而是觉得这份

工作真的很适合自己——自己有兴趣，符合自己的职业目标，而且与其他人的业余爱好也比较合拍。这是他数年来的兴趣所在，并且已经为抓住机会做好了准备。

被"正确"的原因激励

与评审人自己进入公司的原因相似是一个有力的评价指标，可以用来衡量求职者是否对公司感兴趣，以及是否出于"正确"的原因。咨询师霍华德提到最近面试的一位求职者，她在兴趣上的得分不错："我问她为什么对［我们公司］感兴趣，她的回答事实上就是我会给出的那种。她经历了与我选择职业时同样的思考过程。"评审人以自己的动机为正确的动机，对此，投资银行家劳拉提供了另一个例子：

我上大学的时候，根本不知道自己想做什么。我选择投资银行，是因为这看起来是件值得做的事儿，［我觉得］即使我讨厌这份工作，我依然可以花两年时间从非常聪明的人身上学到很多有用的技能。这些一进来就知道自己到底要做什么的求职者，你知道的，就像"我真的想做买方房地产金融"。我的感觉是："什么？！一个 22 岁的人怎么会知道这个？"我只是觉得那类求职者太过光鲜。我是说，感觉他们像被**训练过**一样。我更喜欢比较**真诚**的候选人，有正确的原因进入这一行的人。

166

后来，我让劳拉描述一位那个招聘季她比较看好的人，她说：

> 我问他"为什么选投资银行"时，他给了我一个非常诚实的答案。他告诉我，他非常想要学习一些金融技能，也渴望和那么聪明、有趣、有才华的人一起相处几年……他想来这儿的理由很好，而且很真诚。

同样，如前文所说，选择对公司的工作类型和工作环境表现出兴趣的人，有助于筛掉那些入职后很快就会感到失落的人。但面试官认为什么样的动机能反映一个人的动力和兴趣，依据的是其所在阶层对动机来源的理解。评审人想找的动机是个人的热爱、个人主义和个人成长，而不是回馈社区或在经济上养活自己和家人。

通过提前调查和获得内部消息了解情况

在评估"为什么选择我们"这个问题的回答时，评审人也会留意求职者的叙事流露出多少对工作、公司以及职业生活的了解，以此判断他们对公司的兴趣程度。换句话说，评审人会留意求职者是否"做了功课"。投资银行最强调这种前期研究的重要性，其次是咨询公司，最后是律师事务所。要达到最低的兴趣要求，求职者必须熟悉通过简单搜索就能获得的公开信息。有些评审人很幽默地（有些则带着鄙夷地）回忆，有的求职者叫错了公司的名字，有的则对公司根本不存在的办事处或业务领域表现出兴趣。律师哈里森讲了一个有代表性的例子，这样表达兴趣是不被接受的："他们给我一个任何人都会说的垃圾答案，说什么'我真的很喜欢国际律所，国际仲裁听起来真酷'。我不想听到这样的东西……我想要的是与这不同的内容。"强有力的答案包含了关于行业、公司及其员工难以获得的缄默知识，反映这种知识的信息一般是从行业内部人士那里获得的。投资银行家加亚德丽告诉我，她要找的是这样一些迹象，能表明求职者"真的知道自己为什么来，是否真的要从事［投行业］。如果他们真有这个心，那他们做了什么来证明这一点呢？"加亚德丽认为有说服力的证据是求职者已经"和人聊过了"，具体说，就是"和其他高级或初级分析师聊过了，［并且］对行业做了点调查"。投资银行家克莱夫强调了有力地证明兴趣与求职者享受工作并在公司工作较长时间之间的关系：

> 你真的知道在这儿要做什么吗？顺便提一下，你可能知道……投行的工作非常严苛，你真的是要把自己的生活献给公司。这很难。所以，我们不想让动机没那么强的人进来，他们不愿意长期经受那样严苛的生活。所以，那些表现出真正对这份工作做过研究的人，他们知道这份工作需要承担什么，最好是［学校里］有几个高一两级的朋友正在经历这些，告诉他们在这里工作是什么样子。你知道，愿意真的进入这行，愿意努力工作、不断学习。

克莱夫的评论清楚地表明，非正式的社交圈和社会资本可以为某些求职者提供重要信息，它们会被评审人解读为对公司有浓厚兴趣的证明。有趣的是，评审人并不认为这种内部信息会在招聘过程中带来不平等，尤其不会给名校学生带来不平等。咨询师桑妮谈及知名核心校和目标校的学生："又不是说你们学校过去两年只有一个人进了咨询业。每年都有很多人来面试。你应该有机会找到人，机灵点，了解一些情况。"

然而，同一所学校中，并不是所有学生都能平等地获得这样的社会关系。在招聘中"机灵点"需要投入大量的时间。一些受访的求职者称，参加包括面试在内的招聘活动所花费的时间，相当于额外上了一门学术课程；工商管理硕士表示，参加招聘几乎和一份全职工作一样。经济条件有限的学生需要（或者学校要求）从事大量有偿工作来支付学费和生活费（或者负担家人的开销），他们常常无力每天再花 1~3 个小时全身心投入在招聘上。此外，关于公司的内部信息通常在运动队、兄弟会或姐妹会，以及（本科生的）秘密社团中最为自由地流传，而这些地方主要由富裕学生占据。[18] 一所知名商学院的就业办公室负责人讲述了一名学生如何研究心仪的公司，这个例子很好地突显了学生的时间投入、金钱投入以及社交圈怎样帮助他们正确地做功课："她真的走出去对学生和那家公司的员工进行了焦点团体访谈，为的是获得更多关于公司的信息。"这名学生把人们分组聚到一起，让大家分享自己在公司的经历，她则提供食物和一点报酬作为答谢。"她最后收到了录用通知。"负责人

168

告诉我，语气里透着骄傲。

对工作干劲十足，令人信服地兴奋

　　面试官知道，求职者的兴趣故事，和他们对过往经历的叙事一样，都可能是假的。"有很多求职者想要编造自己的故事，"投资银行家乔希承认，"你懂的，这些年无论做了什么都能说成是为这个工作做了准备，是很好的加分项。我就是想看看他们能吹成什么样，看看听上去有多［可信］，或者在多大程度上把你们公司的名字换成业内其他公司也成立。"出乎意料的是，如果编造出来的兴趣能让评审人对求职者产生信心、信任，就不会被认为是个问题。投资银行家多诺万笑着说："我希望伪造的那面看起来也像是真的。"

　　在求职者回答"为什么选择我们"时，评审人试图通过他们有没有表现出兴奋和活力戳穿编造的故事。当我问咨询师卡伦她如何判断候选人感兴趣的程度时，她回答说：

169　　　　你能看出来他们在讲的时候是真的兴奋，还是只是应付一场面试……他们的声调、在面试中的表现——很多时候比他们说的话更有用。还有就是他们对你的项目、你的经历有多少兴趣。特别是别人在跟我说话的时候……我想看到他们真的有兴趣，真的感到兴奋。

　　她举了一个例子，其中的候选人在面试时就对公司表现出了强烈的兴趣：

> 当我问他关于咨询的事儿时，他对这份工作的前景很
> 兴奋，你可以看到他绝对是对公司非常感兴趣。可以说——
> 这听起来很虚——他身上有一股**火花**，对我们正在做的事
> 燃起了一股火花，很感兴趣。而且［他］对我做的事、我
> 思考的事以及其他东西非常感兴趣，这和其他求职者太不
> 一样了……人们经常说如果你想要某个人的话，你会知道
> 的。他是第一个，也许是为数不多的几个让我感到"是的，
> 这个求职者不错"的人。

与此同时，求职者如果表现出太强烈的兴奋也可能被认为
"太渴望"甚至"怪异"。咨询师安波尔回想起一位对可能进入
公司感到"太高兴"的求职者："他［对公司］太兴奋了，当然，
这很好，我也想让人充满热情，但他［对进入公司］感到太高兴了。
他似乎看到［在公司的］整个生活摆在他面前，所有事情都确
定了。"律师娜奥米在概括应当怎样正确平衡兴奋与矜持时，讲
了一个"超级狂热"的求职者，尽管这个人显然"真的想在公
司工作"，也"什么都知道"，但最终还是没有拿到邀请。"这就
像一段恋爱关系，"娜奥米解释说，"没人希望对方成天围着你转。
每个人都喜欢难追的人。"安波尔和娜奥米的评论表明，要想成
功，求职者需要在兴奋与矜持之间把握平衡。维持这种平衡的
能力是光鲜这一人际指标的重要方面。

光鲜：表现得体

专业服务是以客户为中心的行业，在这些行业里，让客户满意不仅需要提供有吸引力的整套服务，还需要高质量的呈现。适当的光鲜或"仪态"（评审人在谈及求职者的沟通和自我表达风格时，经常交替使用这两个词）是非常重要的、与工作相关的要求。公司寻找的求职者要在社交上与其他员工契合、有足够的动力、对工作表现出真正的兴趣。此外，当评审人在和面试者交谈，听他们讲自己的故事时，其实也在寻找那些咨询师乔丹口中"表现得体"的人。

评审人直言不讳地承认，几乎所有的面试者都"足够聪明"，能够胜任工作。毕竟，"藤校的这些人还是很聪明的，"另一名咨询师斯特拉指出。"但问题是，"她继续说，"他们的举手投足得体吗？"在所有面向客户的工作中，面试官对求职者社交能力和人际交往能力的看法都在面试中起着非常重要的作用。在我研究的顶级公司，面试尤其强调光鲜。这是因为新员工大都很年轻，通常只有20多岁，而公司的客户常常年纪较大、地位较高，事业上已颇有建树。他们常是行政高层（"总"字开头的职位）、常务董事，或是百万或上亿资产跨国公司的总顾问。这些客户每小时要支付每位被派来为自己处理金融、法律和战略性问题的新员工几百美元，而有些新员工几乎没有直接相关的工作经验。纳塔莉解释道："在理想状态下，你手下有专业成熟的人，可以直接带出去见客户。你知道他们面对一屋子年龄是自己两倍的人也能自信地掌控全局，但又不会自信过了头。"缺乏正确光鲜技能的新员工会让客户注意到双方的年龄差距和经验差距，从而对公司失去信心。咨询师埃玛说，光鲜不足会让新员工"看起来太孩子气"。

从公司内部来看，光鲜也很重要。新员工要能在团队项目上和其他成员有效地沟通。投资银行家希瑟解释道：

> 很多金融工作是需要团队合作的……在为大型投资银行工作时，你需要定期和客户打交道，也要定期和团队里的人打交道。会有很多团队项目，所以你必须得和人打交道。你要能很清楚地跟客户沟通，也要能清楚地跟公司里的其他小组沟通。

虽然研究中面试官们一致同意光鲜的重要性，但他们难以向我解释在面试中如何识别、评估一个人的光鲜程度。维维安描述了一个她认为特别光鲜的人："就是法语里那种难以描述的特质。我说不好那是什么，但他们就是有那种气质。""和他们交谈你就是会有一种很好的感觉，"律师利亚姆说道，"好像你会感到有信心，你知道的。这是最贴切的描述了。"投资银行家蕾切尔将光鲜比作色情书籍，笑着说："这种东西，你一看到就能认出来。"

研究劳动力市场的学者经常把沟通技能描绘成一个人天生的、非此即彼的品质——员工要么有很强的人际交往能力，要么没有。[19] 然而，实际情况是，恰当的互动风格和标准因人因地而异。例如，服从权威在许多蓝领工作中被视为优点，而独立和自我表达在中上阶层的管理性工作中则备受重视。[20] 甚至不同类型专业职位的标准也不尽相同：穿彩色袜子、系窄领带去硅谷参加创业公司的面试可能会被认为有创造力，是个内行人；但穿着同一身打扮去面试华尔街的律师事务所可能就会被看作不尊重。因此，各类公司的评审人都爽快地承认对光鲜的评估是主观性的，也就不足为奇了。

在下一节中，我将仔细探究顶级公司的光鲜到底包含什么内容。这样的系统研究在两个方面非常有用。第一，它能帮助我们认清在高薪工作的竞争中，哪类互动风格最有优势，以及哪些候选人最可能表现出这种风格。第二，更广义地讲，它能帮我们阐明，在顶级美国公司中，什么被算作互动的文化资本，这一问题一直困扰着研究文化和不平等的学者，至今未有定论。[21]

衡量光鲜："一连串微妙的平衡"

从上文引用的评论可以看出，许多评审人一开始说不清楚光鲜包括什么内容。不过，随着我探询的深入，这一品质的组成要素逐渐明晰起来。光鲜包括在让面试官感到放松的同时，自己看起来也很放松；能够跟上谈话的节奏、遵守轮流发言的规则，同时控制谈话的走向；在此过程中表现出兴奋，同时把兴奋控制在一定范围内；让自己看起来有信心，又不致太自负。

展现个人的风度

社会学家西莫斯·可汗（Shamus Khan）在研究封闭式寄宿学校圣保罗中学时提出，在谈话中，尤其是当双方地位不对等时，既让自己看起来放松又让别人感到放松的能力是当前经济精英的一个文化标志。可汗以及其他对不平等感兴趣的社会学家认为，能够在与他人互动时营造一种放松的感觉，不仅有助于扩大社交圈，结识较富裕、受教育程度较高的人，也能与组织中各个层级的人建立起一种积极、信任的关系。社会学家邦尼·埃里克森（Bonnie Erickson）发现，后者对一个人在公司内部成功晋升尤为重要。[22] 类似地，求职者社交时的放松程度以及让面试官感到放松的能力，也是评审人判断其光鲜程度时最常用的指标。放松包括两个要素：一是候选人需要表现得冷静（评审人也称之为"风度"），二是他们要能够让面试官感到放松。投资银行家费尔南多描述了这两方面如何共同起作用：

> 我认为光鲜或仪态更多是一种天生的和别人打交道的 173
> 能力，这种能力极其重要。一个人和刚认识的人交往时是否
> 感到放松，是否让刚认识的人感动放松，这非常重要。有能
> 力不尴尬地加入谈话只是其中一个方面，另一方面是有没
> 有……自信的气场，就是让人觉得你了解自己在讲的内容，
> 甚至在不了解的时候也给人自信满满的印象……你对此感觉
> 良好，并把这种自信传递给别人……［主要是］笃定一点，
> 对自己有把握，表现出你能反应迅速，而且很自信。

评审人一般通过语言或非语言的迹象判断求职者的镇定程度。他们想找的是在交流时身体、声音都表现非常自然、不紧张的人。咨询师尤金在谈论他如何判断光鲜时特别强调了非语言迹象的重要性。"他们在和我打招呼时给我什么感觉——你知道，姿势、眼神交流，他们有多少信心。"投资银行家瑞安也赞同这一说法："当一个人走进来时，我注意他的各个方面，无论是他们有没有信心，还是握手、眼神交流……因为现实世界就是这样运转的。"相比之下，面试者的身体有时候也会背叛他们，投资银行家特里斯坦指出：

> 我首先想要看到的是镇定。那些一上来就很紧张或对自己没信心的人，我觉得他们自动就让自己处在了不利位置。我知道控制紧张情绪很难，但你知道面试就是这样。有时候面试者后来适应了，这很好。但如果他们一直紧张兮兮、坐立不安、眼睛不敢看我、四处乱瞟，这绝对不是好的表现。

帮别人感觉舒服

放松的第二个要素与自信地展现自我密切相关，即能够让别人感到放松、舒服，这是光鲜方面高分求职者的特点。他们不仅让人感觉更镇定，而且有更强大的精神力，比如能做到"轻松自如"。已有研究表明，心情和感觉会在人际互动中相互传染。[23]一位镇定的面试者，他舒服自然的感受通常也让面试官感到放松，而紧张的面试者紧绷的神经则会让面试官感到不耐烦。事实上，互动中任何让评审人分心、感觉不快的东西都会降低对求职者光鲜的评价。"我［最近］遇到了一个人，他看起来非常聪明，［对我们公司］也真的很感兴趣，"律师安德烈娅说，"但是他一直在眨眼，和他说话时很难不为这个分心。我感到很抱歉，但我觉得［我们无法］……让这样一个人去面对客户。"类似地，说话习惯在对光鲜的评价中也占据一定分量。错误的开头和语言中的不确定经常会被视为缺乏信心，因此也就缺乏光鲜。投资银行家卡尔文面试了一个人，他的语言表达差得令人难忘："那个人在开始前三分钟就说了 20 次'那个'。"

评审人期待面试"自然"，更像是一场谈话，而不是审问。他们觉得面试者应当积极地引导谈话，或者用他们的话说，要让面试官在个人层面上参与到谈话中，从而"掌控谈话"或"推动谈话"。光鲜的求职者擅长保持一种看起来很自然的谈话节奏，让评审人感到舒适、放松。光鲜程度最高的求职者能在不知不觉中颠倒传统面试官—面试者的等级结构，反过来面试起面试官。[24]"最好的人会从问*你*问题开始面试，"咨询师乔治告诉我，并举了一个例子：

> 我们从求职者等候的屋子出来……朝面试的房间走……她立刻开始问我简历卡上的经历……我觉得这样开场非常有用，也就直接进入了我说的那种对话，因为这立即颠倒了传统面试官—面试者的关系。像是直接从面试官开口回答问题开始了。

光鲜的候选人一步步营造并维持一种双向的对话，有意寻找与面试官的共同之处并在此基础上展开谈话，而不是顺从地遵循提问—回答，呼叫—回应的节奏，即使这种节奏在求职面试中似乎更合适，因为评审人和面试者的权力不对等。投资银行家贾森的话清楚表明了评审人更喜欢对话形式的面试，偏爱积极发起对话并将其进行下去的求职者。"你不会想要只回答问题别的什么也不说的人，"他强调说，"面试应当是一场对话，你想有一种舒适感，不想［谈话］很快就结束。但我知道，很多时候面试者很紧张，只是等着回答下一个问题，希望能答对。"咨询师夏洛特自己对光鲜的定义是："有能力展开对话，能够应对话题转换……你问一个问题，他们回答，然后你可能会说，'哇！那很有趣，我做过这个'，然后这个孩子还能再跟你聊两句。"

严格遵守提问—回答模式的面试者，尤其当他们给出的回答简短直接时，会被认为阻碍了对话的流畅性，而且把继续对话的负担转移给了面试官。律师玛丽也是律师事务所的招聘经理，她评论道：

最难熬的面试是遇到沉默的人，他们什么也不说，你问他们问题，你觉得那些问题不是只用是或否就能回答的，但他们就回答你是或否。他们的答案只有两三个词，然后你又要重新开始盘算问点什么。所以这些绝对是最不好面试的人。

　　然而，面试者需要小心地区分积极参与对话与垄断对话。咨询师内维恩抱怨："有些人根本不会倾听。他们不停地打断你，不让你说完自己的想法。"因此，投资银行家萨山克解释，谈话的**时机**也是衡量光鲜的重要尺度：

　　　就是知道什么时候开口，什么时候要安静……知道什么时候进入谈话，什么时候退出。知道——这份工作很大一部分是知道如何推销自己。因此，即使我没有直接询问，求职者也要能够传达出一些信息，或者至少让人觉得，这个人懂得一些谈话的技巧。

　　投资银行家克里斯托弗给我举了一个光鲜的求职者的例子，他也特别强调了谈话的时机：

　　　他懂得说话的时机。当你和一伙人吃饭时，其中一位是常务董事，你希望他觉得舒服，有一场舒服的谈话。你不想有人脸上写着他们正等候时机进入下一个议题……这个人很放松，很自信。他虽然年轻，非常年轻，但很自信。他跟随着谈话的节奏，但我观察了，他非常冷静，即使在闲聊中也能让我看到他想要推销自己的内容……"噢，真的吗？那和我［在本科学校］的经历非常像，我做了什么什么事。"

总之，平衡领导谈话与跟随谈话之间的张力，遵循恰当的谈话节奏和时机，是成功展现光鲜的必要方面。

在有限范围内表现出兴奋

光鲜也需要表现出正确类型的情绪，达到正确的强度。社会学家指出，特定的行业和组织有不同的情绪文化，决定了在工作中应当和不应当表达哪种类型的情绪，以及向谁表达、何时表达。[25] 我把 EPS 公司求职面试中正确的情绪流露称为**有限的兴奋**。与特别看重满意或和谐的文化不同，美国人更偏爱他人表现出的兴奋感。[26] 因此，在与面试官的互动中，求职者不仅要表达对工作的兴趣，还要展现出基本的兴奋感，面试官通常称之为"活力"。[27] 在被问及如何判断求职者的活力水平时，评审人很难说出具体的标准。在我进一步询问后，他们提到了几个要素，如姿态镇定、目光坚定、语调抑扬顿挫，心理学家已经证明，这些表现会让人产生亲切感，并觉得对方有能力。[28] 咨询师帕特里克在评估活力和光鲜水平时，主要关注求职者释放出的非语言信号："他们是靠着椅子坐，类似自言自语，不太关心自己是否能通过，还是真的对整个面试很投入，充满活力？"咨询师凯特琳认为对光鲜的判断更复杂。"一部分是肢体语言，要有眼神交流，身体向前倾，表示对说话人正在讲的内容感兴趣。"她承认，"但说老实话，这恐怕不存在科学成分……很重要的一部分是活力。"

求职者表现出活力很重要，因为根据情绪传染的相关研究，活力也能够感染评审人。一个带着兴奋进入面试的求职者常常能"激发"评审人，让他们对进一步的互动感到兴奋。相反，如果面试者没有展现出兴奋，则会"拉低"面试官的活力水平，产生负面的情绪反应，最终可能让面试官觉得求职者"乏味"。咨询师内维恩描述了一位因缺乏兴奋而被他拒绝的求职者："他的活力水平非常低，超级低，感觉你得**晃一晃他**，因为［他］真的对什么都没有热情……所以，他没过第二轮面试。我只是觉得如果让他去接待客户，客户不出两分钟就会失去兴趣。"

在社交互动中没有表现出兴奋的求职者，也会让评审人怀疑他们对工作、对公司兴趣的真诚度。不过，平衡——在有限范围内的热情——至关重要。布尔迪厄指出，特权阶层的特点之一是他们表现出**距离感**和情感上的抽离。[29]此外，最近的实验研究发现，较高社会阶层的人在人际互动和情感上都更为超然。[30]因此，在 EPS 公司里，表现出太过兴奋意味着缺乏光鲜。正如前文引述的娜奥米律师所言，"没人希望对方成天围着你转"，顶级公司对过度热情的求职者像对乏味的人一样不感兴趣。咨询师乔丹举了一个例子，这名面试者在兴奋和矜持、展现渴望和"保持冷静"之间流畅地实现了"一连串微妙的平衡"：

> 他给人的第一印象非常好。我进入等候室叫走他。他马上表现得很有活力，但又不是过分热切。他不是那种你觉得会把事情搞砸的人。他会说："嗨，很高兴见到你。我很期待这场面试。你今天怎么样？"……我一下子就觉

得［和他在一起］很舒服。在面试中，他非常专心，非常有礼貌，没有无精打采，没有慵懒地靠在椅背上……这就像一个光谱，在某一个范围，你就太紧张了，在另一个范围，你又过于放松。处于正中间才是好的。

然而也要强调评估中人际变量的重要性，什么是好的且不过分的活力水平，因具体面试官的情绪水平、情绪表现的不同而有所差异。求职者的活力水平与面试官相当才能吸引面试官。例如，贝弗利是一位活力四射的律师，这样评价她认为最好的候选人："她非常精力充沛，还很搞笑、有趣……她特别有抱负，情感特别强烈，而且特别聪明。"相比之下，较为平和的律师米娅则认为，面试者需要调整自己的情感水平来达到面试官的状态："我觉得如果你去参加面试，面试你的人非常放松，那么你也要达到他们的状态。如果你去面试，面试你的人非常严肃……那么你同样需要达到那种状态。"因此，光鲜需要正确地平衡兴奋和冷静，同时机灵地匹配面试官的情绪水平。

自信但不自负

还有一个标志着光鲜的更微妙的平衡：表现出自信，但不至于自负。在评估者看来，自负是一个非常严重的危险信号。特别是对男性面试官，自负会激起他们的愤怒，可能直接导致拒绝。投资银行家康纳告诫说："你不会想要自负的。过于自信，没问题。谈过去做的事、怎么做的，也没问题。如果你因为做了这个或那个而自豪，但说出口时变得很自负，好像什么都知道，那会让我反感。"有趣的是，尽管研究表明，在面试中自我吹嘘的女性求职者常会引起面试官的强烈反感，尤其是女性面试官，但在我的研究中，面试官无论男女，都更常把男性求职者描述为自负或傲慢。[31]

评审人把自负等同于过分吹嘘。律师摩根区分了"对自己的能力感到满意，对公司表现出兴趣"和强调"自己多么出色，是［班里的］尖子生，学习法律颇有天赋"（低声笑了笑）。此外，有些面试官把候选人不遵守轮流发言规则或试图主导面试谈话解读为自负的表现。咨询师贾斯珀在回答如何判断一名求职者是否自负时说："举个例子吧，如果那个人在面试中开始长篇大论，这经常会发生，你只能接两三句话，就是自负。"相比之下，投资银行家克莱夫描述了一位求职者，他成就斐然，又在自我推销和谦逊稳重之间拿捏得当："他没有吹嘘自己的成就……我一直对表现出一定程度谦逊的人有好感。"咨询师乔治总结了理想中平衡的举止包含哪些要素，他说候选人应当"有吸引力，说话简洁明了又妙趣横生，话不多，不要太热情，也别太害羞"。

光鲜与权力

表现得体是一项重要的业务技能。但什么构成了恰当的自我呈现植根于广泛的社会认知，而那种认知与物质结构和符号权力交织在一起。具体而言，光鲜与美国式的、基于阶层的互动风格有关。主导谈话、主动问面试官问题、掌控对话的走向，这些都是富裕阶层互动风格的特点。相比之下，工薪阶层出身的人更习惯服从权威的谈话模式。[32]这对美国之外一些国家的人也成立。

此外，想要面试成功，求职者不仅要知道光鲜表现的正确剧本，还要以一种自然、毫不费力的方式表现出来。布尔迪厄认为，人在年少时养成的带有阶层色彩的语言风格和互动风格，会随着成长成为一个人最自然的行为方式。[33]尽管人长大后也能学会正确的互动规则（对这一现象的讨论，参见第十章），但在内部人眼中，他们表现出的这些风格可能是不自然、不真实的。投资银行家克里斯托弗强有力地论证了阶层与光鲜的关系：

> 阶层有影响吗？当然有。你一开口和别人说话，你的交谈方式、遣词造句、衣着打扮、给人的总体印象就暴露了你的阶层。你在成长过程中学习一举手一投足该如何表现。你知道，我父亲是投行行长……所以商业就融入在我的成长中。我的意思是，那是我父亲和我每天都谈论的内容。所以，我不仅明白商业如何运行，也懂得如何让它成**为生活的一部分**，因为我就是在它的包围下长大的。我知道应该如何自信地和首席执行官、首席财务官交谈，因为我们经常请这些人来家里吃饭，我就是做着这些事儿长大的。所以，我觉得这很不一样。如果你成长的家庭不说标准英语，你不知道如何打扮得职业，也从来没有接触过那样的人，那么你绝对处于劣势。在这些最顶尖的行业，例

> 如投行和律所……人们非常注意你怎样表现自己，你穿的
> 是什么，如何打扮——相信我，他们能**看出**是不是自然。

    光鲜还有一个与性别相关的重要方面。人们对能力的刻板
印象认为，女性的沟通技能强于男性。类似地，我对霍尔特的
面试评分表做了分析（面试官为其面试的每名求职者填写），结
果表明女性在光鲜方面的得分确实高于男性。有些刻板印象是
人们能意识到的。在我参加的一场女性专场招聘会上，一家顶
级公司的高级合伙人强调，咨询是一个"女性的行业"，非常倚
重"女性式的"沟通技能和同理心。然而，研究也表明，在工作中，
人们更多根据女性在社交情境中是否显得友善来评价她们。面
试中，没有表现出友善迹象——例如微笑、点头——的女性求
职者，一般会受到严厉的惩罚——通常来自女性评审人——得
到的分数较低。[34]

    和性别一样，种族刻板印象也影响着人们对光鲜的看法。
在霍尔特的面试报告中，非裔和西班牙裔求职者（尤其是男性）
在光鲜上的得分比白人或亚裔低得多。评审人觉得非裔和西班
牙裔不够光鲜，可能是出于刻板印象，以及对少数族裔无意识
的负面情绪，或者是因为这些求职者在面试中的实际表现。[35]
此外，投资银行家瑞安观察到，种族和社会经济地位会共同作用，
降低求职者在光鲜方面的得分：

> 你多聪明都不管用。即使你来自中产阶级或中上阶层，

也很难和老爸是高盛合伙人或者对冲基金经理的人竞争，那些人就是聊着投资长大的。当然，那样的人来面试时，他们会更光鲜，更了解商业，也能更有见地、更清楚地回答问题……如果少数族裔的高管很少，那么少数族裔高管的子弟数量也会很少，所以这些孩子从出生第一天起就已经遥遥领先。

非裔和西班牙裔不是仅有的被认为不够光鲜的族裔。与亚洲人消极被动的种族刻板印象一致，亚洲求职者（但不包括亚裔美国人），尤其是亚洲女性，常被认为比其他求职者更"沉闷"，表现出来的活力水平"太低"，并经常因为这些缺点而遭到拒绝。

* * *

面试官在评估求职者时特别强调人际互动能力和主观的品质，一方面是因为公司招聘的这些岗位需要团队合作、面向客户。但除了工作需要之外，还有别的原因：公司给予评审人自由裁决权，缺乏从上至下的整体指导，告诉评审人什么是优点，如何评价优点，这些都促使评审人以自己——自己的情绪、生平经历和刻板印象——作为衡量优点的尺度以及给求职者打分的基线。这样做时，他们对求职者个人素质的定义和衡量常常受到阶层的影响，使出身特权阶层的应聘者处于有利地位。这种自由裁决权也延续到对求职者认知能力和技术能力的评估中。

第 **8** 章

结束面试：最后两幕

你只需要有最基本的学习能力……这里不是图书馆。

——维沙，投资银行家

在面试剧本的前两幕——破冰和讲故事中，评审人的重点是确认求职者的人际能力，即他们的契合程度、光鲜程度、内驱力和对公司的兴趣。在第三幕，他们转向评估求职者是否有（投资银行家马克斯在第六章所说的）"技能和聪明"来完成工作职责。在招聘决策的传统社会学模型中，认知能力和技术能力占据中心地位，招聘者主要基于对求职者这些能力的评价做出决策，挑选他们认为在这些领域能力最强的应聘者。前两章讨论的社交能力和人际能力常被视为次要因素。[1]

然而，在 EPS 公司的求职面试中，招聘者经常更看重求职者的人际能力而不是认知能力。这并不是说招聘者不关心或不重视后者。事实上，他们倾向于拒绝那些对考查认知技能的面试问题回答得不好的求职者，也确实这样做了。然而，无论何种公司，评审人都认为只需达到基本的能力门槛，用他们的话说，要找的求职者在认知上"过关"即可，不必表现最好。

为什么会这样？前文已经提及，这些公司的工作需要团队合作，而且要面向客户。因此，人际互动是重要的工作技能。尽管这些因素会导致面试官更看重人际和社交方面，但还有一个更老套、从面试流程角度给出的解释：时机。面试中即使有考查认知能力或技术性知识的问题，一般也是在破冰和讲故事部分结束后才会被提出来。到面试官问这些问题的时候，许多人已经决定是否要聘用求职者了。根据已有的研究，在面试早期形成的初始印象很难改变，而且会影响评审人对求职者在后续环节中的反应和行为的看法。[2] 咨询师夏洛特总结了这一现象：

> 人们在面试开始不久就会形成对求职者的看法，并且最终影响他们对求职者所说的一切事情的看法。他们只是问一些问题来验证自己对求职者的看法是对的，而不是真地利用问题来考查、检测求职者的优缺点。

此外，第一印象影响面试官会向求职者提出什么类型、什么难度的技术性问题，这在结构化较弱的投行和律所面试中最为明显。投资银行家马克斯承认："你知道的，如果我真觉得他们［求职者］不错，我就不会给他们那些数字算，因为我不想看到他们出错。我希望能回去［对招聘委员会］说'一切都很顺利'，然后让他们通过。"相反，搞砸了面试前几幕的求职者几乎没有机会翻盘。实际上，评审人称他们会特意"去除"这类人。所有其他求职者则需要在这一环节证明自己达到了基本的能力要求。但正如我在本章说明的，面试官把技术性问题问到什么程度影响了技术性标准的高低。

衡量技能和聪明

评审人究竟如何衡量一个人的技能和聪明？相比于求职者的技术能力或专业的工作技能，三类公司的评审人都更看重聪明。整体的智力水平比专业技能更受重视有三个原因。第一，大多数评审人都信奉一种基于特质的个人主义智力观。他们认为智力是一种稳定的、与生俱来的特质（"原生的智慧动力"），人们在面对各种情境时都会带着它。"我们最终要找的是聪明人，"投资银行家迈克尔告诉我，"如果他们聪明，就有能力把这种聪明转化到工作中去。"不同于工作技能，智力是没法教的，求职者要么有，要么没有。律师事务所合伙人洛伦引用了传奇篮球运动员比尔·拉塞尔（Bill Russell）的话："你可以教篮球，

185

但你教不了身高。"他解释说，自己更强调聪明而不是技能的原因与此类似："我认为你可以教法律，但［你］教不了头脑。所以我们想要有头脑的人。"

第二、三类公司的大多数评审人都认为，基本的智力水平（而不是任何专业技能）足以胜任新员工第一年的各项工作任务。投资银行招聘主管斯蒂芬妮明确表示："我们的理念是，如果你很适合公司，能和人友好相处，和面试官聊得来，此外也建立了一些良好关系，那么你就可以进入我们的大门。我们可以提供你需要的训练，让你成功。"可以看出，招聘者的目标不是聘用应聘群体中最聪明的人。面试官们反复强调，名单校的学位就已经保证了他们想要的智力水平。由于绝大多数求职者进入面试时就已经完全达到了基本的智力门槛，所以面试官可以把注意力集中在他们的契合度、内驱力和光鲜程度上。投资银行家多诺万解释说：

> 大多数时候，这份工作对智力的要求并不高。是的，你需要有基本的智力水平。不能是个傻子或白痴，但基本上每个进入一流商学院的人都有做这份工作的头脑。他们是否有动力、有毅力，是否具备人际能力，这才是有待讨论的。

第三，评审人指出，招聘过程早早开始，使他们很难根据特定的工作知识来筛选求职者（有些人没有在业内工作过）。顶级本科院校和法学院的课程较为抽象，理论性强，不够实用。因此，咨询公司和投资银行的本科生招聘和在法学院的招聘并不指望招来的学生已经掌握了复杂的技术技能。即使对工商管理硕士而言，招聘也开始得太早了——经常是在第一学年的冬季，学生们只上了一个学期的课——很少有学生有时间深入发展各项工作技能。

虽然三类公司都优先考虑整体智力水平较高的求职者，而不太注重对特定技术能力的掌握，但不同类型公司在评估求职者是否具有完成工作的智力水平时采取的方式存在差异，且各有用意。此外，与其他评估指标相比，面试官究竟多重视认知能力，也因公司类型不同而有所差别。我在下文将会解释，这些差别深受评估结构的影响：面试中包含的结构化认知能力测试或技术能力测试越多，这些品质在评估候选人时占的分量就越大。

律所：智力等于光鲜

与投资银行和咨询公司很像，律师事务所很大程度上也把对智力的评估让渡给了名校的录取委员会。由于律师事务所通常采用比另外两类公司更严格的成绩要求来筛选应聘者，所以律所的评审人确信进入面试的求职者都达到了基本的智力标准。[3] 律师米娅概括了这种被广泛认可的观点："在他们……面试的时候，我差不多发现，他们明显很聪明，明显很有才华，明显能够胜任工作。"

尽管认为法学院的好成绩能充分证明一个人很聪明，但评审人也认为法学院的课程通常过于抽象，教给学生的是法学理论，而不是如何运用法律。所以，他们在面试中既不期待求职者展现出扎实的法律知识，（通常）也不考查这些知识。此外，尽管律师事务所的工作要求一个人有基本的逻辑能力和分析能力，但研究中，只有少数几名律师在评估求职者时主动提及，而几乎所有咨询师和半数以上的投资银行家都提到了这两种能力。

187　　　面试官对求职者智力的判断既不是通过测试法律知识，也不是通过考查分析能力，而是通过评定他们的光鲜程度。毫无疑问，光鲜是一项工作技能，对诉讼部门的律师来说尤其如此。然而，大多数进入顶级公司的律师永远都不会知道法庭内部是什么样子。进入公司各个部门的新人在工作头几年（对大多数人而言，这就是他们从事这份工作的全部时间）可能与客户有一些互动，但不会太多。而且，社交天赋和认知能力是两种相互独立的特质：精于社交的人不一定聪明，而非常聪明的人在社交上也可能很笨拙。然而，在面试环境中，律师们经常把光鲜等同于智力。丽贝卡把求职者的自我展示看作判断他们认知能力的指标，并且似乎没有觉得不妥：

　　　　很多人觉得这是份很光荣的工作，但实际上这工作相当简单枯燥，你不用是个超级科学家也能做。但［求职者］确实要聪明点。我怎么能看出他们聪不聪明？我会问自己：

"他们的表达有多清楚？"我也说不好。就是看他们怎样展现自己。

利亚姆表示同意："我认为从一个人的言谈、举手投足、表达自己的方式，可以很大程度上了解他的智力水平。"

少数有意想要考查技术能力的面试官通常会让求职者谈谈他们自己写的一篇文章或论文。洛伦描述了自己的办法：

> 我让他们谈……一个案例或者讲讲他们为法律评论写的文章，诸如此类。我觉得，因为那是他们选的题目，所以应当能够为自己的立场辩护，周全缜密地分析，就是说，如果我问到了点子上，他们应该知道怎么回答，至少思考过问题的大多数答案。要是……我问了一个他们没想过的问题，我希望他们能够想出答案，只凭借自己的分析能力，给出一个合理的答案。因为这是考查法律分析能力的方式。

律所招聘经理罗茜曾经多次参加公司的招聘委员会，但根据她的经验，洛伦的那些问题很少见：

> 你会遇到一些人，他们根据你简历上的东西问深入的问题……如果你就某一案例的判决写了论文或在期刊上发表了文章，他们会让你解释自己的观点。他们也可能让你为另一方辩护。但这是最难的面试，说实话，这不常见。

188

投资银行：确认基本能力

与律所常见的非结构化面试不同，投资银行的面试通常涵盖考查工作相关知识和技能的基本问题。评审人期待看到的品质包括分析能力、压力下的敏捷思维，以及了解工作的实际需求。同时，由于投资银行一般会把具体问什么面试问题留给评审人自行决定，所以如何衡量这些品质，以及相对其他标准而言有多重视这些品质，不同评审人之间有很大区别。

通常，评审人想要的求职者要表现出基本的问题解决能力（常被称为"分析能力"）。对于本科生，他们最强调逻辑推理能力，因为，用凯文的话说，即使在常春藤高校，"文理学院也没有金融类的课程，所以你不能指望本科生知道那些东西，反正他们可以在工作中学到"。因此，投资银行家一般会让本科生回答一些专门考查问题解决能力的开放性问题。"我们给他们一些基本的问题，看他们怎么思考，"迈克尔告诉我。但这些问题是基于面试官的个人偏好提出来的，而且不同群体所提的问题差别显著。有些面试官，例如芬恩，会问经济时事：

> 如果你是经济学专业的，我问你"当前哪些宏观经济趋势正在影响现在的金融市场"，你却不能很好地回答这个问题，那你就完了……有成百上千件事可以谈。有时候你发现他们一脸茫然地看着你，那时候我会想："你他妈的一定是在跟我开玩笑。这孩子是怎么进来的？"

其他人，例如比尔，也会提一些宽泛的、开放性的商业问题，让求职者一步步解决。给本科生的问题一般不涉及任何量化分析。面试官则根据回答评估他们"思考过程"的质量。例如，比尔表示他喜欢"抛给求职者一些他们没想过的问题，看他们的反应多快，能想多全面"。他最喜欢问求职者，如果要在纽约买一间公寓他们会怎么选：

> 思路较窄的人会说："这个，我想离工作近一点，这样可以走路去上班，不用在通勤上花太多时间。"就只是这样。聪明的人会说："嗯，纽约的一间公寓。那么，我会在一天中不同的时间段去，看看交通状况。我想知道它离学校近不近，附近有没有消防站，免得每隔 15 分钟就被吵醒一次。我想知道那儿离商场、杂货店有多远，邻居是什么样的人，还想知道能不能把房子分租出去。"

这也许有点出人意料，毕竟投行工作的实质是量化计算，而评审人却在面试中更重视求职者的思考过程，以及他们过去有胜任数字工作的经历，胜过了对计算能力和金融建模能力的测试。在解释为什么不考查本科生的技术能力时，特里斯坦说：

> 我对技术能力看得非常轻。我的意思是，有时候我会问一些基础性问题，一些基础的金融问题……我只是觉得，如果……他们上过一些数学课，成绩还不错，也学过一些

量化方法，比如上了一门课，表现还不错，那我觉得他们就能做这份工作。

不过，需要注意的是，投资银行的面试官在测试女性的量化能力时常常加大难度，这很可能出于他们有意或无意的刻板印象，即女性的量化能力不如男性。有些评审人公开承认对女性的这些偏见，另一些人对女性求职者量化能力的高标准在小组评议中一览无遗（参见第九章）。

投资银行对工商管理硕士的分析能力要求也更高。这些硕士面试者被要求当场进行财务计算（或至少能够讲清楚每步该怎样具体计算）。然而，面试官是否会要求求职者完成计算因人而异，那些要求计算的，求职者给出的答案占多大分量，不同面试官的标准也不同。有些人，如萨山克，重视对概念的理解强过数学计算的准确性。他说："我不会说数字决定了一切，因为我觉得任何人，只要进了商学院，就有足够的量化能力胜任这份工作。这份工作不只是数字本身，而是要知道数字意味着什么。"其他面试官，尤其是有量化背景的，例如阿丽尔，惯常会问一些金融问题，而且十分看重求职者答案的准确性。"我遇到过一些孩子，如果我问技术性问题，他们真的很难答上来。"她说，"我通常会问很多财会类的问题，因为我的背景就是这方面的。结果有一个孩子，他真的出了一身汗。"她因为那位求职者对技术性问题的回答拒绝了他。

总而言之，尽管投资银行面试一般包括对分析能力的基本测试，因此与律师事务所的面试相比，对技术能力的要求提高了，但对分析能力的测试有多深，在录用决定中起多大作用，仍然因面试官的个人偏好和背景而有不同。

除了分析能力，投资银行的评审人还希望求职者表现出"敏捷的思维"。他们认为"才思敏捷"，或者能够在几秒钟内逻辑清楚地回答始料未及的问题，是智慧的重要标志。相比于仔细沉思、深谋远虑或深入分析，评审人一向偏爱敏捷的思维。正如贾森所说："我们绝对是一群实干家，而不是思想家。"和客户（特别是挑剔的客户）打交道时，以及在应对瞬息万变的金融市场时，才思敏捷被看作一个重要的优点。多诺万认为，"通过打面试者一个措手不及来测试他们的思维敏捷度很重要。听起来就像我给他们设了一个陷阱，但［我］其实是想看他们能多快注意到"。[4]

最后，投资银行家们也在面试中寻找证据证明求职者对工作的实际需要有切实的了解。"知道将会遇到什么"不只被视为兴趣的标志——例如在律师事务所和咨询公司——也是取得成功必不可少的技术能力。在很多评审人看来，明白这一点比懂得经济原理、了解金融市场或掌握建模方法更重要。在解释他们为什么如此强调要对工作有了解时，很多评审人提到了投行工作的本质——时间密集，要么全身心投入，要么一无所有。评审人想要确认应聘者知道工作中等待他们的是什么，从而一旦开始在公司工作，就不会很快离职。"这份工作强度很大，"马克斯解释道，"你想确信他们知道自己即将面临什么。所以，你有点像要询问他们的意图，询问他们对工作的了解。因为我们不想有人来了……结果工作了两个月就说：'天啊，这太糟了。我不想干了，我要离开这儿，我要辞职。'"有些面试官会让求职者讲讲分析师（本科生）或经理（工商管理硕士）每天都干些什么，以此考查他们对工作的了解。显示出自己明白未来工作的样子的求职者通常也表明，他们的知识来自私下里与现在或曾经在投资银行工作的人的交流，问过在投资银行工作以及业余生活是什么样子。汉克谈论了他期望本科生在面试中展现出的知识：

> 人们希望知道，你仔细想过了分析师的角色……想过了他们未来会怎样，也许你已经和一位比你大一岁、经历过这个过程的同学聊过，也许你认识在投资银行工作的人，了解过他们的工作是怎么一回事。你应聘的这份工作不会带来最好的生活方式——工作和生活的平衡。我们希望面试者非常非常清楚这一点……每天晚上，甚至周六晚上，都要工作到凌晨一两点，这可不容易。

需要指出的是，在时间和工作要求方面，投行员工的生活方式与咨询公司或律师事务所的员工非常类似。但只有投行的面试官认为"明白工作中会面临什么"不仅体现了一个人的兴趣，也是一项重要的、与工作相关的知识。

咨询公司：测试解决问题的能力

研究表明，律师事务所和投资银行使用的非结构化面试，尽管受到招聘方的喜爱，但无法准确预测一个人未来的工作表现。一些学者建议采用较为结构化、标准化的面试问题，特别是模拟工作任务的问题，因为这样可以提高面试选拔的准确性，减少偏见。[5] 但另一些学者持相反观点：对能力的标准化测试实际上会增加偏见。[6] 如何解释这种看起来矛盾的结果？结构化面试中发生了什么，既提供了公平竞争的环境，又让竞争对一部分人有利？

咨询公司为我们审视这一问题提供了有趣的案例分析。尽管律师事务所、投资银行和咨询公司在很多领域非常相似，但它们在招聘中有一个重要区别，即面试的结构化程度不同。不同于投资银行和律所，咨询公司的面试官会提出半结构化的案例面试问题，大约持续 20 分钟，其间求职者被要求口头解决一个他们可能在工作中遇到的商业问题。案例面试的目的是让面试官真切地看到求职者的技术能力。他们这样做，某种程度上是为了避免评审人对简历普遍的不信任（这与聘用"那个人，而非那张纸"的框架一致）。此外，由于每位求职者拿到的都是一套相似的问题，所以面试官可以以之为标准化的测量工具，比较求职者的表现。在下面几节中，我将分析评审人在案例面试中如何判断候选人的优点，揭示为什么面试中采用较为结构化的考查方式，既会减少又会加剧评估的偏见和不平等，特别是与求职者学校声望、社会经济背景相关的偏见和不平等。

这里再次说明，咨询公司要求所有面试官进行一种专门的案例面试。面试中，他们要向求职者提出一个类似客户会问的商业问题，然后求职者要详细地告诉面试官自己将如何解决问题。成功地回答咨询公司的技术案例问题，需要求职者表现出对商业问题的基本了解，懂得数学计算，同时又镇定自若，用一种让面试官感到放松的谈话风格进行交流。

193 　　案例问题不是凭空提出来的。面试官通常会在破冰和自我叙事环节之后提出案例问题。在破冰闲谈中，他们判断了求职者的契合度；在叙事部分，判断了求职者的动力和光鲜程度。在进入案例环节时，面试官已经对求职者形成了实质性的印象。如果之前的谈话很愉快，评审人常常不愿意进入案例环节（亨特回忆起自己曾对某个聊得非常投机的求职者说："我想我们不得不进入那个部分了"），因为他们正在兴头上，或者他们对当前的信息交流和彼此的印象很满意。卡维塔解释说，如果一开始的谈话没劲或很尴尬，过渡到案例环节是个转移或消解负面情绪的机会："如果谈话［一开始就］真的进行不下去了，我会直接进入案例环节，在那上面多花点时间。或者你知道，要是面试者对案例说不到点上，我会早点结束。"

　　尽管在我研究的三个行业中，案例面试包含了对工作技能最系统的测试，但它的目的不是筛选已经掌握了哪些工作相关知识，而是辨别哪些人展现了解决问题的通用技巧。在评审人看来，问题解决能力能证明一个人天生的智力水平。"我们不指望他们是任何一个领域的专家，"埃玛告诉我，"实际上，我们不希望他们那样。所以，我们根本不在乎那个，但他们真的能深入钻研一个问题吗？"智力被视为一种稳定的、与生俱来的品质，与此相应，评审人也认为求职者要么有解决问题的能力，要么没有，而拥有这一能力的人能将之应用到工作中。

讽刺的是，一般意义上的问题解决能力是通过一种高度专门化的方式判断的。案例面试包括一种高度程式化、仪式化的互动。咨询师经常把案例面试说成与其他类型的面试不同，要想取得成功，求职者需要遵循一种特定类型的互动剧本（下文会讨论）。他们需要熟练掌握并自如运用评审人所说的独特"语言"。从很多方面来看，那种"语言"就是光鲜各要素的增强版本。

迈出技术案例剧本中的第一步

案例面试就像一场精美雅致又小心翼翼的舞蹈，包含了倾听与发言，知晓与隐瞒，提问与回答，停顿与跳跃，引导与跟随。即使面试者已经从其他种类的工作中积累了丰富的经验，但如果不熟悉这套互动的脚本，也很容易在案例面试环节迈错脚步。一个典型的案例面试是，面试官介绍一家公司或一款产品，给求职者提供一些背景信息，然后描述该公司正在面临的一个问题（例如是否要进入或离开某个市场）。[7] 接着，面试官会问求职者将如何解决这一问题。例如，当我还是耶鲁的一名大三学生时，曾去面试过几家咨询公司，我遇到的其中一个问题是纽约公共交通系统引入一种电子卡（即现在的纽约地铁卡）是否明智。这个案例面试中非常关键的一个方面是面试官掌握着额外信息，如果求职者要给出面试官期待听到的答案，那么这一信息必不可少，但面试官有意暂时不告诉求职者这个信息。所以案例面试的节奏几乎是半推半就的，双方都不想过早地亮出底牌，以免踏错舞步。因此，成功的案例面试的第一条原则是，**不要立即回答问题**，否则面试官会认为这代表了冲动或不成熟。相反，求职者应当聚精会神地倾听、点头、保持眼神交流，然后换一种方式复述面试官的问题。

面试官期待求职者口头总结一下问题，同时在心里基于案例中的事实进行推理，努力想出一个让面试官觉得对客户有利的"好决策"（在咨询业，好的决策一般意味着能带来利润）。回到公共交通电子卡的例子，比如求职者可能会说："我从你所说的得知，纽约地铁正在考虑让支付和收费系统自动化，你想知道这个冒险是否有利可图，是否值得长期投资。"面试官的回答可能只是简单的是或否。随后，面试者特意沉默一会儿，表现出整理头绪的样子，然后勾勒出一个"结构"或"框架"，向面试官展示一个路线图，或者提出一系列在给出答案前需要解决的问题。

建构解决案例问题的正确结构

一般来讲，求职者的答案要由 3~5 个要点组成一个结构，少于三个会被认为思维浅薄，多于五个则意味着回答缺少焦点或欠缺组织。咨询师纳塔莉简洁地描述了一个合理的结构："'这是你要我解决的问题。是这样吗？'我回答说'是的'。然后他们说，'好的。我将至少从 3~4 个方面讨论这些问题'，随后把每个问题分解，这样就基本上搭好了结构。"尤金详细解释说：

> 当我们问"你觉得这项业务能带来利润吗？"，理想的答案是结构性非常强的。就像是："如果这项业务有利润，我想看看什么能带来收入，什么是成本。在收入中，我会想知道什么决定数量，什么决定平均价格。"所以，[求职者应该] 一步步地向我展示非常结构化的思考。这个过程对我们非常重要。

从很多方面来看，给出正确的"结构"比面试者所说要点的质量或准确性更重要。乔丹说：

> 结构很重要。重要的是运用一些框架来回答问题。需要当场想出精彩、全新的结构吗？不太需要：那样当然好，但重要的是他们是否……用了某种结构来回答问题。比如说，一个问题是"我们要怎样提高利润？"[他们要说，]"好的。从根本上来说，利润取决于两件事，收入和成本，我们先来谈谈收入"……这个回答 [思路] 其实没什么新颖的……[但] 这没问题。

面试官认为结构很重要，原因有二。其一，它是一个标尺，衡量求职者多大程度上能够成功地与客户交流复杂的想法。兰斯指出，即使"非常聪明的人"也可能不擅长提供简单的解释，"他们会把头脑里想到的所有事情一股脑儿地抛出来，而不能一步一步地给我讲清楚。"正如安波尔所说，"客户指望你把问题结构化"，所以有必要筛掉答案难以理解或逻辑不清晰的求职者。面试官也认为求职者是否表现出结构化的思考，可以反映他们潜在的智力水平和伦理品质。答案中展现出框架，或用几名受访者的话，"按要点回答"，这些被当成结构化思考的证据，表明一个人有能力归整复杂问题，透过现象看本质。不按这种方式组织答案的求职者则被批评为"东拉西扯""乱七八糟"，甚至不成熟。

优雅地穿过决策树

要想在案例面试中取得成功，一个重要的部分是知道面试官在有目的、有计划地考查某些问题。一位咨询师将案例面试描述为一个"决策树"，其路径由面试官决定。求职者最开始提出的3~5个要点通常作为一级菜单，面试官从中选择一点展开讨论。好的求职者在给出结构后会特意停顿一下，让面试官做出选择。"我们来谈谈收入，"面试官可能会这样说，以此结束停顿，并引导求职者继续。此时求职者必须提出一个次级结构，如"在收入方面，我想解决以下三个问题"。然后再由面试官在三个选项中做出选择。

求职者的任务是向面试官提问，后者的回答很可能微妙地指示了求职者应该继续的方向。"开放地接受提示"是有好处的。

如果求职者开始偏离正轨，面试官通常会用言语努力把他们引回正道。"通常……没有人能全部答对，"普里亚谈起案例面试时说，"但你会给他们很多提示，有些人能明白，有些人就好像一点都接收不到。前一种差不多就是你要找的人——社交中能够更好地理解提示，我觉得是这样。"在埃拉看来，不能根据提示行动是一个危险信号："[如果]我觉得我在教他们正确答案或是努力推动他们继续多说一点，而他们没有明白我的引导，或非常顽固地坚持'我的答案当然是正确答案'，那么就有点危险了。"同样，当求职者很难改变思路时，凯特琳也会特别注意。"你试图引导他们用另一种方式来解决问题，但他们就是不明白，也没有能力调整自己的思路重新计算，而是变得慌乱紧张。"求职者会变得"慌乱"，这一点也不出人意料，因为即使他们注意到"提示"，抓住了面试官给出的微妙线索，也依然期待自己能积极地引导整场谈话。那些最成功的面试者可以提出有针对性的问题，请面试官提供有助于正确解决案例问题的信息，用组织清晰的语言按要点回答面试官的提问。相比之下，被动、"像木头桩子一样"坐着、耐心等待信息或面试官指导的人一般过不了关。

案例面试中的互动高度程式化，而应聘者要想表现好，就需要在互动中表现出真诚、自然的一面，这点非常重要。面试官根据交流的顺畅度判断他们的回答是"自然的"还是"死记硬背的"。南希描述了一位求职者，她本来很有竞争力，但因为回答都像是预先排演过的，显得不太真诚，所以南希降低了她

197

的分数：

> 很明显，她很聪明……问题是她看起来有点书呆子气。她背下了所有正确答案和正确的做事方式，但她对这些东西并不真正感到兴奋，或表现出创造力，在案例分析解决问题时也是这样。她给出的答案框架很明显，就好像是背过的："好的，面对这类问题，我会这样回答。"

求职者表露出的情绪也会影响评审人对他们在案例面试中互动的自然程度的评价。卡维塔评论说："我给他们案例［的信息］，真的有那么一刹那，有的人害怕，有的人兴奋，这很能说明问题。"对此，格雷丝也表示同意：

198

> 我觉得可以看出来一个人是当场思考，享受解决问题的过程，还是按部就班地完成每一个排练好的步骤，得出一些浅显的答案，并没有真正地钻研问题。如果钻研进去，会有一些火花、创造力之类的东西迸发出来。你知道吗，我觉得这些是可以**看见**的。

数学计算与案例总结

随着案例面试按部就班地进行，在某个时间点面试官会要求求职者粗略地做一个或几个与正在解决的技术问题相关的基本计算。[8]明显的错误会让求职者无法进入下一环节。"如果他们连基本的百分比都算不对，那会亮起红灯。"阿米特说。小的错误通常无伤大雅（不过，如我在下一章的讨论将表明的，男性比女性有更大的犯错余地），出现这类情况时面试官经常会给出一些提示。[9]露西强调，评审人更重视结构，而不是数学计算的准确性：

> 他们能不能把问题结构化？结构化之后，他们把问题拆成几个部分，有逻辑地进行分析，然后［能不能］有很好的概念思维？有没有商业嗅觉，能看出在这一特定的商业形势下将发生什么？如果你看到他们始终在结构化地处理问题，即使偶然有一点小错误也没关系，因为你没准儿可以教他们。他们以后会用 Excel，很快就能学会，［而且］如果他们没有商业背景，以后也要学那些东西。但是我觉得，首先你会想看结构怎样。

从很多方面来看，求职者理解自己所做计算的含义，包括能够"凭感觉检查"那些数字，确保它们在问题情境中有意义，这比计算本身更重要。"问题不在于，"佩里解释道，"他们能不能算出总和，会不会加减，或者会不会看图表，是否能从数字的角度理解那是什么意思，而是他们能不能在更大的全局视角计算？他们是否总能认识到问题的本质，还是仅仅在做数学题？"

计算完成后，面试官会要求求职者基于这些数字做出决策。最后一步是回到原初的问题（在我经历的那场面试中，就是回

199

答引入电子卡是不是个好主意），做出回答（是或否），然后分三个要点概括理由。这被称为"电梯游说"或"首席执行官总结"（CEO summary）。在这个环节，就像乔丹的评论表明的，评审人也偏爱结构和逻辑胜过内容：

> 我真的不在乎他们的回答是否完全正确。我在乎的是他们得到一个答案，得出一个有实际意义的结论，答案展现出结构，并始终遵循这个结构。如果他们没有解决案例问题，我不在意……能解决当然很好。但是，[我在意的是]他们遵循一定的模式，回答时有逻辑，懂得提问、倾听，切实回答了我提出的问题，而不是他们自己在头脑中编造的问题。

跨过门槛即可，不必表现十分突出

对咨询公司而言，案例面试提供了重要的对分析能力的考查，可以平衡三个行业都很常见的较为主观的人际评价指标，例如文化契合度、光鲜和驱动力。案例部分表现糟糕的求职者一般无法走得更远，但这一环节表现突出也不足以抵消负面的个人特质亮起的红灯，例如自负或不够契合。对此，埃拉举了一个例子：

> [这名求职者]绝对是我面试的最聪明的人，他完全解决了案例问题。但是……当他出现错误的时候，他对面

试官有些不屑。简单说，［我和其他面试他的人］对教导
他和他潜在的傲慢有些疑问。他在第二轮［面试中］也表
现出了类似的危险信号……这样的人即使非常聪明，即使
从工作的角度看可能会带来很大的价值，但长期来看，不
值得要一个有可能毒害整个一届［新人］的人……

到了案例分析环节，大多数评审人只需要求职者达到基本
的能力要求。贾斯珀把案例表现称为一个分析能力的"门槛，
每个人都要通过"。在许多面试官看来，相应的标准是"跨过门
槛"，而不是"表现突出"。他们把对案例表现的评价视为二元
的——要么是，要么否，要么赞成，要么反对。咨询师乔丹详
细解释了这一点：

　　　对于案例，就有点"是或否"的意思了……其他的［指
标］相对更灵活。所以，如果你在案例中表现不好，那么
我们就不会在"可接受的答案"那一个方格中打钩。那个［可
接受的答案］方格意味着：（1）使用了结构；（2）认真听
取面试官的讲话，表现为你抓住了线索，并确实解决了面
试官提出的问题；（3）最终得出了某些具体的建议。如果
你没有做到这些，那么无论你的回答多么流利，你本人多
么风趣，也还是不能成功过关。所以……你要在案例部分
做得**足够**好……没有什么能替代——如果你搞砸了案例，
没有什么可以弥补。你可以在案例上表现得非常好，［但］

如果你冷漠、傲慢、自负，那么也一样通不过。第一位的是案例，它基本上是看你有没有做得够好。

相比于对其他素质——例如契合和光鲜——的评价，面试官会在多大程度上优先考虑案例表现本身（而不只是简单的赞成或反对），情况因人而异。正如评审人会在与自己教育背景相似的人身上看到更多优点一样，他们也会根据自己的强项是分析能力还是人际能力来给案例赋予或高或低的比重。但面试官的个人背景也有影响。我的研究样本中，女性大多是非技术性专业出身，这样背景的人倾向于不强调案例。夏洛特毕业于文理学院，她认为自己的强项在于人际互动，而不是分析能力。她的评论表明了个人背景和性别如何共同影响了面试官对案例表现的回应，以及在评审时对它的重视程度：

201

> 如果一个人在分析时出现了明显的错误，那就很难再为他说话了……但我觉得我可能更看重人际能力和契合程度，胜于［分析能力］，因为我觉得有时候分析能力，你知道的，比如有些人是英语专业，他们可能在这方面就没有太多的经验……如果他们的思维能力和逻辑都很强，而且看上去会和主管以及案例团队一起取得成功，那么我更愿意给他们一次机会。

因此，对什么算作优点的有意识的信念，以及对如何评价求职者品质的无意识的偏见，共同影响了案例多大程度可以平衡面试其他部分对人际能力的高度重视。

使表达风格成为障碍？

大多数咨询师把案例面试看成"伟大的调节器"（the great equalizer）——一种标准化方法，使所有求职者都站在一个公平的竞技场上。的确，包含直接与工作相关的、较为结构化的问题，确实可以充当一种重要的平衡力量，抵消其他较为主观性的指标的影响。然而，案例面试自身也会产生不平等。

对于案例问题来说，回答的好坏基本取决于是否采用了正确的回应风格。几位面试官都描述，案例有其自身的一套表达风格。"这绝对是一项后天学习的技能，"普里亚特别指出，"［在］第一次面试时，基本上所有人都表现得不太好。如果这是你第一次面试，不管你多优秀，你一定表现不好。"[10] 内维恩指出，案例面试可能错过一些有才华但不熟悉这种回答风格的求职者：

> 案例面试是一种很严格的考量。对一些人而言，那种方式很自然，但对另一些人来说，那样回答问题很不自然。当然了，练习可以让人做得更好一点，但仍然无法达到完美。所以，我们遇到过案例面试中表现出色，有很强分析能力的人，也遇到过分析能力同样出色，但觉得那样回答问题很别扭的人。因为案例面试是那样开始的——你提出一个非常宽泛的问题——他们应该问你一些事情，如果他

202

们不问，你不会主动说。你试着引导他们走上正确的道路，但如果他们完全遗漏了一整块内容，或一个观点，我们也不会打断说："你想过这个吗？"因为我们想看他们能想到什么，想看他们的思考过程。

了解案例面试是什么样子的，以及在不同情况下怎样回答是适宜的，需要有懂得这些东西的人提供指导。而且，评审人期待看起来自然的回答，掌握这种风格需要大量的时间投入。我采访的几位工商管理硕士称，他们在准备这些面试上花的时间能够完成学校里一门课程整个学期的作业。现在甚至出现了一个产业来帮助学生准备这类面试。市面上有面向大众市场的图书，以及由顶尖学校的学生报刊和校园团体编写的实用手册。就业网站提供案例面试的成功秘诀，通常要收取一定费用。近年来，免费的博客如雨后春笋般涌现，让更多人看到行业内部人士的建议。这些指导列出了问题类别（例如引入新产品、估算市场规模等）、问题样例，以及答案样例。最近，公司也开始在自己的网站上发布类似的信息。

公司也在校园提供培训，帮助学生学习这种表达风格，**但仅限**顶尖学校。学校越顶尖，公司提供的准备培训就越丰富。这类培训类型多样，既有简短的午餐会，公司概要地向学生展示问题的类型以及恰当的回答形式，也有全天的工作坊，面试者有机会和咨询师练习案例面试。在最顶尖的商学院，咨询师在招聘季全天驻守在校园里，与请求帮助的学生练习案例面试。

露西是公司在一所核心校的全职校园招聘代表，讲述了公司在培训最顶尖学校的学生方面投入多大："我们真的为被选中参加面试的人举办了工作坊。我花了大概两周的时间，每天四个小时，给一小部分人提供每次长达一小时的面试培训。"当我问她公司为什么要投入这些培训求职者时，露西回答说：

> 我觉得是为了让比赛公平一些……所以我认为它能 203让……学生接触到咨询公司的面试……这样它［独特的案例面试形式］不会遮盖了他们的真实能力……我们也不想让人望而却步。我们希望人们认为，我们期待他们成功，并且愿意为他们提供工具。这是我们秉持的态度。我们想要确保你做好了准备，成功与否取决于你的表现。

除了公司提供的这种官方培训外，顶尖学校的学生还有非官方的机会，即和同学一起练习。例如，顶尖商学院的新生班级里满是曾经的全职咨询师，名牌本科院校的校友群也是一样。对于本科生来说，学生可以拜访认识的校友或者能够从通讯录联系到的校友，请他们帮助自己准备面试。在名校就读更容易接触以行业、公司为基础形成的社交圈，从而加强了招聘中因学校带来的不平等。格雷丝承认：

> 我认为每个人都有公平的机会，但一些人有更多的机会准备。所以，如果你有朋友在［我们公司］，或者你所

在的学校有个很棒的咨询社团，那么你就有机会更了解招聘过程，也能有更多机会练习，而我觉得练习是有帮助的。

如此一来，尽管案例面试可以平衡对优点的纯主观性评估，但恰当回答所需的高度程式化的特质，给非核心校的学生，以及社交圈有限或圈子不够精英的求职者额外制造了不利条件。

总而言之，各行业的评审人寻找的求职者只需具备他们认为的基本智力水平。但是和其他评价指标一样，他们常常根据自己的形象来定义和衡量聪明，在评估求职者时着重考查自己擅长的领域。此外，在面试中如何定义、衡量智力，以及智力在整体评估中占多大比例，不同行业的评审人也有重要区别。律师事务所非结构化的面试鼓励评审人主要从光鲜程度来评判求职者的智力水平。与之相比，咨询业高度结构化的面试则让面试官更看重求职者的智力水平和分析能力。然而，由于特别强调回答的风格，以及能够在案例中使用某种需要内部人士指导的语言进行交流，而不是看重答案的内容，因此案例面试的形式加剧了顶尖工作竞争中已经存在的因学校而造成的高度不平等。

第四幕：问答

面试的最后环节是简短的问答。以面试官回答求职者对工作或公司的疑问作结。这一环节虽然只有几分钟，而且有时会因其他环节超时而直接跳过，但却不是无关紧要的闲聊，本质上也是在评估。评审人将这一环节称为"问答"，虽然这一阶段的表现无法让一个人从不通过变为通过面试，但足以让人失去一个快要到手的录用邀约。

和面试的其他几幕一样，问答环节也是一种仪式化的互动，好的演出需要遵循一套特定的剧本。首先，面试人必须问面试官一些**问题**。投资银行家布里奇特详细解释道："最糟的就是结束面试时……我问：'你有什么问题要问我吗？'结果他们说：'没有，我没什么问题。'我心里就会想：'你不是在跟我开玩笑吧！'这可是面试的第一法则！"在面试官眼中，提出关于公司或工作的问题表明对公司真正感兴趣，而不提问题则意味着求职者不是真的"想要"这份工作。投资银行家瑞安说：

> 这点很重要……他们问什么样的问题。我的意思是说，他们是否问了与业务相关的、经过深入思考的问题？……你想要看出他们对公司做了多少功课。我觉得如果你要跟某人有一场 30 分钟的会面，你之前可以花 30 分钟搜索一下他们最近都达成了什么类型的交易……这能表现出你的兴趣……我认为如果有人来这里并［在公司］参加面试，他们应当能够针对宣传最多的三四项交易提出一些问题。如果做不到，那或许意味着他们没有那么认真地想进入这个行业，或者对来这里工作没有多在意。

　　同样，正如在面试的其他几幕，以及采用其他评价指标时一样，评审人对什么样的问题是好问题有自己的偏好。有些人，例如前文提到的瑞安，喜欢听到关于公司的问题。另一些人，比如咨询师莱斯莉，则更偏爱关于个人的问题："有一些人，他们大概会问……'我们聊一聊你为什么喜欢做这个吧，你为什么做咨询做了十年？'而且他们有点想更多地了解你的整个经历，完整的经历。这更像是我要找的。"

　　而错误的问题则是打探这些工作需要投入的时间。例如，问太多关于出差要求或工作时长的问题会让面试官质疑求职者对工作或公司的忠诚度，以及他们内在的个性。前文提到的莱斯莉继续说：

　　　　我认为人们［在问答环节］问的东西……非常能说明问题。有些人一直追着你问生活方式、出差、工作时间一类的事情。在一定范围内这是可以的。但是有些人真的紧追不舍，不停地问"你们将会给我什么？"

　　好几位女性评审人，主要是律师，表示非常反感应聘者——主要是女性——在面试中问工作生活的平衡或探亲假的问题。律师米娅描述了一个不好的问答表现：

　　　　有的人进来问我一堆关于产假和弹性工作时间之类的事，这不太好。因为我觉得这不是要进一个公司应该有的态度。那些是重要的问题……［但］给人的感觉是，"你真的想工作吗？"

她接着讲了一位应聘者：

她问的都是兼职、弹性工作、产假之类的，还问了整年的平均时薪和工资，她非常关心自己的利益。她根本就没试图打动我们。感觉就是，"噢！你们要来打动我，我来这里面试是你们的运气"这样的态度……这很无礼，也很让人觉得冒犯。

所以，问答环节是面试的一个重要部分，面试官会在此时确认或修正对求职者动力、对公司的兴趣，以及个性的印象。 206 在这一环节遵从正确的剧本，对于塑造评审人对求职者的最终印象十分重要。不过，求职者在问答环节也无须表现特别突出，因为面试其他环节的表现更能影响评估结果（除非求职者因没有提问或问错问题而搞砸这一环节）。

第二轮面试

第二轮面试在结构上和第一轮几乎一模一样。每名求职者至少要分别接受公司两名创收人员的面试。面试过程也遵循同样的四幕：破冰闲谈、故事叙述、评估认知能力和技术能力，以及问答。评审人也采用同样的评价指标来评估求职者——契合、兴趣、光鲜和智力。[11]尽管如此，第一轮和第二轮面试还是有两个关键的区别。首先，在第二轮面试中，评审人对任何一个环节的不佳表现都更少宽容。在第一轮面试中，如果求职者在某一环节表现平平或优缺点同样明显，可能会被刷掉，若是评审人看到其他特别突出的优点，也可能再给他们一次机会；然而在第二轮面试中，评审人以更为严苛的标准考查求职者。正如咨询师格雷丝所解释的：

> 我感觉在第一轮面试中，有时候你会对不好判断的人网开一面，而在第二轮面试……我们尽量不这样做。你知道的，第一轮面试就像，"好吧，不同的表现大概就是这样"。所以我觉得你更可能给出好分数，给差分数时会特别小心。而在第二轮面试，我觉得情况更像是"好了，这是你最后的机会了"。你让他们通过时就没那么有底气了。标准虽然一样，但是执行的严格程度不同。

其次，三类公司的评审人在第二轮面试中都比第一轮面试更注重主观的和人际的指标。这部分是因为评审人默认对分析能力的评估已经交给第一轮的面试官完成了。再加上本已觉得名校生都具备公司要求的认知能力，评审人进一步认为能进入第二轮（终轮）面试就证明了求职者已经具备了工作所需的分析能力。在第九章，我将讨论面试官以及招聘委员会如何根据第二轮面试的印象，最终决定录用还是拒绝。

多样性：被忽视的评价指标

无论是在对求职者的面试中，还是在整体探讨评价指标时，都有一项指标出人意料地没有出现，那就是多样性。尽管公司会在多样性招聘活动上投入人员和资金，但它们一般不会指导评审人在第一轮或第二轮面试中考虑这一指标。咨询师乔治表示："看重或不看重多样性，或者什么算作多样性，我这一级的面试官显然没有收到任何指导。根本没有指导……就我们被告知的而言，面试主要是我们认为求职者有什么强项和弱项。"当我问他在评估求职者时是否会考虑多样性时，他的反应是："什么？多样性？不得不说，我不太考虑。不考虑。老实说，它不是我头脑中首先想到的。"

很多评审人更强有力地反对把多样性作为合理的招聘标准，声称仅是考虑多样性这一行为本身就意味着"降低标准"。投资银行的招聘主管马克斯直截了当地说："对于多样性求职者，我们只能做这么多了。"如咨询师露西所说，进入面试阶段的多样性求职者"得到和其他人一样的待遇"。大多数评审人认为，招聘过程既不偏袒也不损害某一特定人群的利益，例如女性或少数族裔。他们在评估优点时对不同肤色或性别一视同仁，强调多样性求职者想要进入第二轮面试或收到工作邀请，需要在面试评价的各个方面表现出和常规求职者一样的水平。这种态度在咨询公司最为明显。"种族、性别之类的东西，它们不会——
这样的东西**不起作用**，"咨询师凯尔断言，"真正起作用的是一个
人在案例上表现多好。"卡伊也是一名咨询师，他指出，在面试

208 中，多样性"不会被提及，也就是说，经过一段时间之后，如
果我们挑出了最优秀的求职者，那么他们将是全球人口一个有
代表性的样本……不过公司还没达到［那一步］，但希望我们日
后能够达到"。正如我在下一章将要解释的，对多样性的缄口不
言，使得评审人受种族、性别和国籍的刻板印象影响而对求职
者的素质做出的判断，在后续的招聘环节中不会受到质疑。

不过，一些评审人的确承认，面试过程和人性中存在着偏见。
这些人会努力推动"处于边缘的"多样性求职者收到复试或工
作邀请。律师托马斯称：

> 我们意识到我们的职场缺少多样性——女性、少数族
> 裔和 LGBT 学生没有在这一行业得到应有的代表。公司积
> 极地向外接触多样性求职者，而且我们确实在做招聘决策
> 时会考虑多种因素，多样性是其中之一，至少我的经验是
> 这样……如果我对几个人不确定，其中一个是多样性求职
> 者，那么这个人会收到复试通知，而不是背景差不多的非
> 多样性求职者。

此外，有些受访者自称支持多样性（托马斯就是其中一个）。
他们通常同情不合常规的求职者。一般来讲，这样的评审人自

身来自多样性背景，并且感到多样性给自己带来了劣势，或者因亲朋好友的遭遇而意识到偏见的力量。但需要注意的是，支持多样性不等于整体上喜欢与自己同属一类的求职者。从面试分数来看，与关于招聘的社会学文献常见假设不同，本研究中的女性评委并不总是喜欢女性求职者，非白人面试官也并不总是偏爱其他非白人。实际上，已有证据表明，人们在性别和种族上存在外群体偏爱（out-group preference）。[12]

相比于非裔和西班牙裔在知名本科和研究生项目以及在总人口中所占比例，他们在 EPS 公司的新员工中远未得到充分代表。女性在投资银行的比例严重偏低，尤其是在工商管理硕士层面。但是，多样性作为一项招聘指标很少得到关注。大多数评审人都坚定地认为，招聘过程成功地识别了"最优秀的"求职者，根据一个人的表现、努力和能力做出了正确的筛选，而不论求职者的种族或性别。但是这种不考虑多样性的方式为性别和种族偏见铺平了道路，影响了面试官在每轮面试之后的集体商议中如何比较并最终选择求职者。集体商议的会议将是下一章的重点。

209

第 **9** 章

畅所欲言：评议优点

当面试官[从面试房间]走出来时，你会听到他们讲故事……有的人出来后完全被某个学生打动了，然后其他人面试了同一名学生，却完全没有留下很深的印象……真的差别很大。但人们就是这样。

——布伦特，律师事务所人力资源经理

在我所研究的几家公司，面试并不标志着招聘过程的结束。虽然面试官的打分对求职者的命运有深远的影响，但是，最终决定谁进入复试和被录用的，不是单独的面试官，而是招聘委员会。社会科学家对招聘委员会如何达成决议所知甚少。出于保密的考虑，研究者难以接触到招聘委员会幕后的谈话，因此也限制了其他进行系统研究的机会。[1] 于是，关于招聘的实证模型通常以简历特征或面试分数来直接解释聘用决定。然而，从投资银行家到助理教授，许多白领工作的最终聘用建议都不是由某个人做出的，例如招聘经理或部门主管。相反，这些决定是由招聘委员会做出的。[2] 在拟定最后一轮面试名单和做出最终的聘用决定时，招聘委员会必须协调不同评审人对应聘者给出的各种常常相互矛盾的印象，以更大范围的招聘目标和目的来平衡对应聘者的不同看法。

在本章，我将提供一个内部视角，观察 EPS 公司的招聘委员会如何完成这一复杂任务。我的目的是掀开招聘委员会讨论的黑匣子，阐明公司如何缩小候选人短名单的范围，在多名"过线"的求职者中进行区分，以做出最后的聘用决定。在这一阶段，评审委员会可以用几种不同的方法挑选应聘者。其中，效率最高、效果最好的办法是计算每个人的面试平均分，然后选出得分最高的求职者。[3] 然而，我的受访者拒绝采用这一方法，认为它太不近人情。对求职者的评估很大程度上被视为一门艺术，而不是科学，优点在他们眼中也远不是冷冰冰的数字求和。找到最优秀、最聪明的人，需要评审小组在一个安德烈娅律师所说的、可以"畅所欲言"的环境中，对每一位求职者进行讨论。这类商议的目的是提高与每位求职者有关的信息的质量和数量，抵消个人偏见。的确，这类对话确实略微约束了某些另类的偏好。但是，正如我在本章所表明的，小组讨论实际上**放大了**因求职者所属群体而产生的评估偏见，例如性别偏见和种族偏见。之所以出现这种情况，是因为刻板印象提供了一种统一的滤镜，人们透过它来看待应聘者的加分项和减分项，同时它也是一种统一的语言，人们借此来讨论那些优缺点。

第一轮面试后协调不同印象

霍尔特在华威酒店的第一轮面试于当天结束。接待套间中的大群学生已经散去，只留下我和阿曼达。我们一言不发地坐着。过去几小时里，我一直面带微笑地和等待面试的求职者简单交谈，（穿着高跟鞋）跑来跑去处理无数突发事件，诸如开门、刷洗厕所、安抚不高兴的面试官，此刻我身心俱疲。阿曼达闭着眼靠在椅背上，穿着尼龙丝袜的双腿直直地伸了出来，我疲惫地在鸡尾酒餐巾纸背面草草写了一堆田野笔记。

扎克一阵风似地走进房间，让我们开始收拾东西，结束这一天的工作。我看向阿曼达，等候她的指令。她耸了耸肩作为回应，我开始收拾散落在套间桌子上、椅子上，还有地板上吃剩一半的点心盘，把它们摞在一起（从某种程度上看，自助餐变成了下午茶）。我感觉像到了半夜，但当我扭头去看墙上的表时，还不到下午5点。我拿起餐桌上的银质咖啡壶，给自己又倒了一杯咖啡。与此同时，决定承担清理纸屑任务的阿曼达捡起面试者留下的文件夹、简历卡，以及日程安排，把它们摞在一起扔掉。当她把这些扔进套间浴室里的垃圾桶后，我问她："你还撑得住吗？"

"快他妈让我离开这儿。"她不带任何情绪地说，但（与她那身玛莎·斯图尔特［Martha Stewart］风格的职业装扮不符的）

粗鲁的语言再一次让我感到惊讶。

"我们接下来干什么？"我问道。

她耸了耸肩，"签到台？"她提议，朝着套间外迎宾桌的方向点了点头。

我们一起退出房间，开始整理几张桌子上散落的纸张。阿曼达告诉我把求职者的日程安排和登记表放到装有第二天面试材料包的箱子里，其他东西都扔掉。我们正要撕掉桌上带有霍尔特字样的图标时，扎克回来了，一如既往地精力充沛。

"劳伦，来一下。你得去校准那儿帮帮忙。"他转向阿曼达，"把这里的事儿做完，为明天做好准备，然后我们楼下见。"扎克挽着我的胳膊把我带到电梯边。他扭过头，压低声音对我说："我觉得你会喜欢这个的。"

扎克计划让我参加的"校准"（calibration）是每组面试官进行的一对一会面，他们在第一轮面试中（分别）面试了同一批求职者。[4]面试官两人一组，交流对每位面试者的印象，然后共同对每个人排序，提出他们的建议，认为哪些人应该进入最后一轮面试，哪些人应该被刷掉。一名人力资源代表也会旁听这些两两一组的讨论（一般不超过 15 分钟），充当官方的"校准员"。"校准员"的工作是仔细倾听面试官的讨论，做详细记录，然后在招聘委员会的会议上担任面试官的代言人。在伊斯特莫尔，人力资源的校准员是扎克、阿曼达（她整理完接待套间后就会来宴会厅）、萨姆和我。值得注意的是，非裔女性埃博妮虽然是霍尔特的多样性人才经理，但并不担任校准员。她的工作是在房间里来回巡走,听每组面试官的谈话,偶尔打断他们,在她的求职者名单上核对某位多样性求职者的情况。

校准会议有两重目的。第一,它为面试官们提供了一个机会,讨论求职者的相对优缺点,并达成共识。第二,由于有像我这样做记录的校准员在场,就可以作为代言人,使面试官的声音在招聘委员会上得到体现。由于面试官人数很多(每天大约 40 人),所以不可能每个人都出席委员会做出决定的评议会。不过,所有委员会成员都可以看到面试官录入并保存的意见和建议,在有需要的时候,人力资源校准员将依据他们在校准会议上做的笔记提供额外信息。

我和扎克乘电梯下到宴会厅,那里已经准备好了餐前开胃热菜和自助晚餐。几位面试官分散地坐在几张餐桌前,手指飞快地在笔记本电脑上敲打。扎克带我走向埃博妮,告诉她:"劳伦会帮忙做校准。"埃博妮眯起眼看了我一会儿,然后耸了耸肩,表示听到了扎克的话。

快到 5 点时,面试官开始陆陆续续地进入宴会厅。许多人直奔自助餐台,往餐盘里夹布法罗辣鸡翅和沙爹鸡肉串。到了 5 点一刻,大厅里已经坐满了人,发出嗡嗡的嘈杂声。扎克压过人群的声音喊道:"晚上好,各位。"嗡嗡声仍在继续。"我只耽误大家**一分钟**的时间。"他等到大厅足够安静后才开口,"你们填完自己的评分表后,"他指的是面试官记录自己对每位求职者看法的电子文档,"找到你们的面试搭档,然后来找我。我们会给你们安排校准人员。完成校准后,如果可以的话,**请一定一定留**

下来参加稍后的招聘报告。我们需要有力地展示公司。"他扫了一眼大厅:"明白了吗?完成你们的评分表,找到搭档,然后来找我。"

评审人们重新回到刚才的谈话,或是操作自己的智能手机。我和扎克、埃博妮一道,站在大厅的前面,在随后的几分钟内看着面试官开始寻找他们的搭档——很多人来自全球不同的办事处,之前并未见过面。当一组面试官成功地找到对方时,他们通常会在大厅的多张自助餐桌中找一张作为自己的地盘。

当我们等着面试官前来找我们时,埃博妮递给我一份打印出来的表格,上面列着所有求职者的姓名和信息。她指导我,当遇到"优缺点参半"或"引起分歧"的人时,如果讨论的对象是多样性求职者(表格中有一列,如果求职者是非裔、西班牙裔,或美洲原住民,会在相应的位置打钩),我要告知面试官这一情况。埃博妮已经用黄色笔标出了多样性求职者的姓名,便于快速识别。为了明确,我问埃博妮:"如果有人是多样性求职者,除了让他们知道外,我还用做别的吗?"

她的声音里带着一丝沮丧回答:"你可以告诉他们这一信息,但这就是你能做的全部了。"

我转向扎克确证:"只是再确认一下,我要做的就是听、记下他们关于某个人说了什么,然后如果有人是多样性求职者就告诉他们。"

"是的!"他笑着说。

进行校准

一位高个子白人男性向我们走来，他棕色头发，长方形的眼镜镶着黑边，看起来有三十八九岁。

"我们准备好了，"他轻声说，听起来像是有一点德国口音。

"你们的名字是？"扎克问道。

"斯特凡·冈特，亚当·戴维斯。"

"冈特……戴维斯，"扎克一边扫过夹板上的候选人名册一边重复。"找到了。"他在他们的姓旁边打了个对钩。"劳伦，你带着他们。"他微笑着分配任务。

"没问题。"我答应着，回了他一个微笑，努力掩饰我的紧张。我转过去对斯特凡说："你好，我是劳伦。"结果声音显得过于兴奋。

"你好。"他回应道，没有微笑，然后一言不发地把我带到一张大大的圆形桌子前，他的搭档亚当正坐在那儿。斯特凡重新在亚当身边坐下。亚当也是一位戴眼镜的白人，看起来30多岁，有一头深棕色的头发。

216

我在斯特凡旁边坐下，他随即把自己的椅子转向另一边，和他的搭档面对面，亚当已经把椅子转向了斯特凡。我试着调整椅子的方向，以便更好地观察这组面试官。（尽管在校准期间我应该像一只趴在墙上的小飞虫，但我常常感觉自己更像一个想要偷听大人讲话的烦人的小孩。）

"我们开始吧。"亚当对斯特凡说，开始了讨论。

"我们先从亚历克斯·吴开始吧。"斯特凡回应道。不等亚当回话，他继续说："他在案例中漏了几点，但在细节上做得不错。"

亚当叹了口气，停顿一下说："是的，但我感觉他缺乏进入下一环节的能力……而且，他看起来有点太自信了。我也真的没有在他身上看到**燃烧的热情**。"

斯特凡皱起眉头："我倒没觉得那样。"他快速看了一眼面试笔记，然后补充道："他的案例表现不错，只是不属于特别好的。"他迟疑了一下说，"他确实看起来很**年轻**。"随后是一阵沉默。

几秒钟后，亚当看了一下手表说："我不知道。我们把他报给［亚历克斯在申请表上排在首位的那个较小的地区办事处］吧，看他们是否需要人。"斯特凡看起来有些疑虑，但亚当安慰他说："我不会为此睡不着觉的。"

斯特凡点了点头，扫了一眼笔记。"下一个是……梅森·塞尔比……优缺点都很明显。优点是他非常讨人喜欢，有创造力，反应快……非常有创造性。他的仪态特别好。但他的回答没有结构，"斯特凡评价说，"他给出的答案是经过仔细思考的，但是太啰唆了。他不是最契合的。他的兴趣领域是思考。他更适合去做艺术或文化，而不是商业。别误会，我也有点那样，对文化特别感兴趣。但是我不确定他对商业有热情。"

正在看笔记的亚当抬起头来，提出了反对意见："他在我这边的案例上表现得没有那么好。"

217　　斯特凡耸了耸肩："他出局了。"他扫了眼笔记，转向下一名应聘者，"阿南德·帕里塔"。

"不行，"亚当坚决地说，"我把他排在了最后。他缺少光鲜，说话时从一点跳到另一点，既不简洁，也没有结构。我问他'答案是什么？'他反过来问我'呃，问题是什么？'"

我笑了，随即意识到这不是我应有的表现，赶紧回到之前的面无表情。

斯特凡补充说："他有创造力和量化能力，但没有重点。"

"那就是不行。"

亚当和斯特凡用相似的方式讨论完了剩下的面试者，强行做了一个排名表，递给了我。

"这样就行了吧？"亚当问。

"是的。"我回以笑脸，试图以我身上加利福尼亚州的一面哄他露出一个微笑。

"好的。"他说道，脸上没有一丝笑容。

亚当随即关上了笔记本电脑——没有修改任何网上的面试打分表以体现他和斯特凡刚刚在讨论中达成的共识——把它塞进了黑色的途明（Tumi）邮差包里。他转向斯特凡说："很高兴认识你。"斯特凡也友好地回应。然后，亚当鼓捣着黑莓手机，贴在脸上打电话，急匆匆地走了出去。

"谢谢！"我对斯特凡说。他点了点头："谢谢。"

我把这些面试官的排名和我自己的笔记放在一起，留待招聘委员会确定复试名单的会议上使用。会议安排在周二，即第一轮面试第二天——也是最后一天——的晚上。我回到扎克那儿，他又给我分配了一组面试官。这两人也是高大的白人男性。

约翰有一头金发，戴着斯特凡以及许多霍尔特员工都喜欢的那种长方形黑框眼镜。延斯看起来40岁出头，是一家欧洲办事处的经理。他有一头棕发，大胆地打破了常规，戴着一副银色边框的椭圆形眼镜。简单聊了两句后，他们开始了校准。

"哈维·阿伦森。"延斯说。

"喜欢他，"约翰回答说，**"现在就让他进来吧！"**

延斯在自己笔记上哈维的名字旁边做了个标记。"特德·艾克莱森。"延斯继续说。

约翰报告说："有很好的制药（修丽可）背景。之前做过咨询师。他的表达很清晰，但在案例上表现平平，只是很一般。"

延斯一边点头表示同意，一边在特德的名字旁画了个减号一样的标记。"塔玛拉·琼斯。"他继续道。

约翰没有说话。延斯打破沉默说："我觉得我对她的感觉不好。她在案例中不知所措。但我们是从案例开始的［而不是通常的闲聊］，所以那可能影响了我对她的印象。"

约翰这时插话说："嗯，我对她［在一家顶级投资银行］的暑期实习经历感觉很好。她在我的案例中表现不错。"

他们像打乒乓球一样，来回讨论了塔玛拉在回答两人案例问题时的种种细节，重点落在了她怎样处理数学问题上。

"我们让她回来吗？"约翰问。

延斯耸了耸肩。

"她是一名多样性求职者。"我插了一嘴。塔玛拉是一名非裔女性。

约翰继续着，没有理会我的话。在担任校准员期间，当我提到某人是多样性求职者时，得到的回应各式各样，从"谢谢"到翻白眼，到有一次评审人要求我在剩下的校准里不再说话。但最常见的回应是像约翰那样，不予理会。

"我们应该把她排在特德之前还是之后？"约翰问。

延斯撇了撇嘴，摇晃着脑袋思考。

约翰提议："我们再看看她吧。"

"好的。"

约翰转向我，指示说："写'数学不是特别好……但结构、创造力、仪态都不错'。"

然后他转回去问延斯："如果要在她和特德之间做选择，我们该怎么选？"

延斯回答："他们差不多，但我们确实需要女性。"

约翰指示我："好的，那么塔玛拉排在特德之前。"我逐字记录下他们的评论，但两人都没有修改自己的打分表。他们转向了下一位求职者。

"阿德里安娜·莫罗怎么样？"约翰问。

延斯打断他："她数学不行。"

约翰同意道："是的。而且她只固定用一个办法。下一个。（停顿一下）佩德罗·希门尼斯。"

延斯没有说话。约翰肯定地说："他的分析很清晰，但还不能见客户。他没能解决问题。我喜欢他，但不喜欢他的案例表现。"

我还没来得及插话说佩德罗是多样性求职者，延斯就已经同意给佩德罗一个"否"，然后这对面试官开始收拾自己的材料。

校准大约在下午 6:30 结束。观察完最后一组面试官后，我找到扎克和埃博妮。他们对我帮忙参加校准表达了感谢，嘱咐我保留好自己所做的详细笔记并在第二天晚上带到招聘委员会确定复试名单的远程会议上。

剖析校准

在霍尔特期间，我为 73 名候选人进行了校准。[5] 民族志学者常常要深描观察对象的习惯、风格、个性和关系。然而，除非我在招聘活动上或吃饭时与某位员工互动，或者提供了服务（例如打开他们酒店面试房间的门），否则我在校准环节观察的评审人对我来说就像面试的求职者对他们来说一样：都是短暂接触的陌生人。我对他们的全部了解来自阅读他们的简历（从网上和我们在面试前发给求职者的简历卡上可以获得），以及观察他们在简短的校准会议中的行为。同样，尽管有些评审人在学校、公司培训或者过去的项目中已经相互认识，但很多人，尤其是第一轮面试的面试官，之前从未见过面。因此，校准经常是两个陌生人之间短暂的互动，他们虽然是同一家公司的员工，但在未来的招聘活动或项目之外，不大可能再坐到一起进行一对一的交流。

我研究中的受访者在访谈期间对审查我的资质表现出了极大的兴趣，与他们不同，校准期间（以及我的研究中整个参与式观察部分），评审们对我几乎毫无兴趣（除非他们需要从我或人力资源那儿得到一些东西，或者想要表达对招聘或校准整体上或具体的抱怨）。我应当不引人注目——安静地待在那儿，（一般）不说话。大多数面试官都急切地想要尽快结束校准。在开始之前，他们经常会问"我们为什么必须要做这个？"或者"这么做有什么目的？"之类的问题。也有人用陈述而不是询问的形式表达自己的不满，告诉我说校准是在"浪费时间""糟蹋时间""愚蠢""可笑"，或者"没有效率"，因为面试官已经填完了每位面试者的打分表。在校准期间，有的组想要直接宣布复试和拒绝人员，而不详细说明他们的决定。我会以校准员的官方身份多问几句，强调需要有一份官方记录，这样了解他们偏好和印象的人才可以在招聘委员会全体会议上代表他们代言，但这已经是我能做的极限了。

尽管很多评审人表达了负面看法，但校准讨论——大多数公司（以各种形式）都包括这一环节——是有意义的。它们为招聘委员会提供了重要的资料来源，委员会成员可以依据它们决定邀请哪些求职者进入最后一轮面试。校准会议还提供了少有的机会，可以听到招聘者关于什么是优点、哪些求职者有或没有这些优点的私下讨论。这些谈话遵循着心照不宣的程序和规则，它们不会在培训或人力资源指导时正式告诉招聘成员。正如我作为校准员所得到的准备就是收到一张打印好的表格，并被告知参加校准，霍尔特的面试官在如何做校准方面没有得到任何专门的培训或辅导。在其他许多公司，校准谈话的性质甚至更不正式，通常是两名面试官在返回所在办事处的飞机或火车上，或者是在面试后吃饭时完成的。

在霍尔特，校准一般在两名面试官坐定后就开始了。正如我从斯特凡和亚当、约翰和延斯的会议中节选的对话所表明的，通常一名评审人会先读出某位求职者的名字，开始整个校准过程，然后继续发表观点或征求另一名评审人的意见。"你感觉怎么样？"是常见的询问，不过许多面试官根本不等对方提问就开始分享自己的看法了。然后，第二个人会给出自己的评价，以回应第一位发言者的印象。[6]

伊斯特莫尔地位较高，因此该校学生进入第二轮面试没有名额或比例限制（在其他许多学校，面试组选人有严格的数量限制），但即便如此，评审人也知道，他们不应该让面试的每个人都通过，而且我观察的小组也没有一个想要那样做。一般来说，他们把名单上不超过 1/3 的人列为复试候选人。大约 10%~15% 的面试者是"绝对通过"，这些人常被称为"明星"；1/3 的面试者是明显的"被拒之人"；其余所有人都是"不确定"。最终，招聘委员会只从每组面试官那儿挑选绝对通过的明星以及排在最前面的一两位不确定的面试者进入第二轮面试。学校声望和求职者的地点偏好（有些公司不止一个办公地点）影响着公司在确定复试名单和做出录用决定时"向下考虑多少个不确定的求职者"。[7] 在校准期间，我见证了评审人多快就对名单上排在前面和排在最后的人选达成了共识，他们很少关注最闪耀的和最糟糕的面试者。招聘讨论的目标是达成共识，而不是审查资质。当一名评审人肯定某位面试者"了不起""绝对通过""被看好"，甚至"表现得十分精彩",而他的搭档也对此人印象不错时,后者便会以简单的"是的""完全是""绝对是"或者"一样"来确认前者的"解读"。然后这对面试官便不再进一步讨论,转向下一名求职者。类似地,"完全不行""灾难""表现惊悚""差得可怕""糟糕""讨厌"或"反感"的求职者会被拒绝,没有额外的评价,除非某位评审人有特别奇怪或可笑的故事要分享,目的是让另一位评审人发笑或震惊。

讨论大部分聚焦在处于中间的面试者,他们既非明显的明星,也不是直接可以拒绝的人。他们是"有分歧的"(即得到一个肯定评价和一个否定评价),是"混合体"(即既有突出的优点也有明显的缺点),或者虽然"还行",但没能让面试官产生强烈的积极情绪。分析那些推动不确定的面试者最终通过或被拒绝的关键分界点,可以看清在求职者经历的面试流程中,那些塑造他们命运的重要又微妙的过程,推动求职者接近或是远离顶级工作。

倾斜的分界点

霍尔特的面试官小组在决定将面试者送进或踢出复试群体时,最常用的评估指标是案例表现、光鲜和契合度。然而,对这些指标的争论以及求职者必须达到的表现"门槛"因求职者性别、种族和国籍的不同而差异显著。分界点起的作用在某种方式上符合人们对不同人口类别能力的刻板印象。[8] 表 9.1 分性别和种族列出了我参加的第一轮面试校准中,每个评估类别下

表 9.1 校准期间，在以下方面表现引起争议的霍尔特面试者比例，
按性别和种族分类（N=73）

	光鲜	案例结构	案例计算	契合程度
总计	45%	19%	30%	19%
女性	35%	0%	60%	10%
男性	49%	26%	19%	23%
黑人	50%	50%	63%	0%
白人	31%	20%	29%	24%
亚洲人 / 亚裔美国人	33%	33%	33%	0%
印度人 / 印度裔美国人	75%	0%	13%	0%
西班牙人 / 西班牙裔美国人	89%	0%	22%	33%

说明 : 1. 数值四舍五入到百分位。

2. 我将印度人 / 印度裔美国人从亚洲人 / 亚裔美国人类别中单独列出
来，是为了与研究中几家公司对面试者的分类方式一致。

表现受到质疑的面试者比例。

社会学者通常认为刻板印象以一种一贯的、普遍的方式起
作用。例如，由于男性和女性一直以来在权力、资源和机会上
的差异，男性被认为在大多数事情上强于女性，尤其是在被认
为属于男性类型的任务上，例如数学。[9] 这些刻板印象强有力
地影响着普遍意义上对优点的评估，特别是招聘中对面试者的
评价。[10] 但是，仅仅知道一个人的性别、种族或国籍并不会自
动引发有偏见的评价。刻板印象或许经常在人们的意识背后起
作用，但心理学家已经证明，在一些特定情况下，人们在评判
他人或与人互动时会更容易或更不容易按照刻板印象行事。在

模棱两可的情况下，即求职者的水平不明确时，刻板印象尤其容易影响招聘评估。[11]

同样，在确定复试名单和做出录用决定的最后一轮商议中，关于特定群体能力如何的刻板印象在讨论中间 1/3 的面试者——也就是不确定的人——时最为明显。在评议这些有争议的人选时，刻板印象就像一套无意识的导航系统，引导面试官应该关注哪里、在哪里寻找线索，以弄清求职者是否拥有正确的资质。此外，刻板印象也作为一种统一的视角和共享的语言，对优点的定义非常个性化、通常相互抵触的面试官可以借助这套视角和语言来审视、讨论面试者并达成共识。

不过，在有争议的案例中，刻板印象以一种更复杂的方式发挥作用，并非一直自动使谈话和决定有利于白人和男性求职者。相反，刻板印象使决策偏向哪个方向，取决于：（1）求职者所属的群体类别（例如是男性还是女性，是白人还是亚洲人）；（2）刻板印象描绘的这些群体成员所缺乏的具体技能（如光鲜或数学能力）；（3）求职者在负面刻板印象领域的相对水平。

在商议谈话中，对于既非清楚的明星也非明确可以拒绝的求职者，评审人会在负面的刻板印象领域详细考察他们的表现，并以更严苛的标准评判他们在该领域的能力。[12] 换句话说，虽然在任何领域，严重的错误都是拒绝任何类型求职者的基础，但负面刻板印象领域内的小错误会被认为是更深层次的内在缺陷，常常导致拒绝。如果求职者所在群体来自在这些领域没有负面刻板印象，同样的错误常被解释为情境因素（例如天气不

224

好），并得到原谅。

举个例子，女性经常被刻板地认为不擅长数学。在我的样本中，数学上犯了小错误的女性求职者很可能遭到拒绝，而犯了同样错误的男性则经常被再给一次机会，并被邀请回来参加第二轮面试。类似地，"有缺点"的白人男性被认为是可教的（对白人男性求职者的沟通技能没有强烈的负面刻板印象），而黑人男性求职者（招聘者认为他们不够光鲜）就不可教。就好像评审人在开始评议时用手指着有负面刻板印象的群体被认为不足的方面，所以即使只是一些小错误，也被认为验证了负面的刻板印象，从而把求职者推向被拒绝的群体。

谁拥有光鲜？

男性、女性、少数族裔和白人的沟通技能都会被仔细评估。然而，面试官对求职者的光鲜水平考查得多仔细，以及为这一指标设置的门槛，反映了更大范围对社交能力的刻板印象。与女性善于沟通的刻板印象一致，她们的光鲜程度最少受到批评。[13]评审人常常表示对男性求职者光鲜水平的担忧。然而，对白人男性和少数族裔男性，光鲜的定义不尽相同。对白人男性申请者而言，光鲜有问题是指表现出令人不舒服的语言或非语言的姿态、行为方式。我观察的一场两位白人男性评审人的校准讨论就提供了一个例子。当第一名评审人发言说这位面试者在案例上表现不错时，另一名评审人皱着眉头说："但他属于那种**奇怪的人。没有眼神交流，坐立不安。**"他的搭档点头表示赞同，然后他们决定拒绝这名求职者。对非白人男性申请者来说，光鲜的门槛要更高。种族刻板印象常把黑人和西班牙裔男性描绘成缺少社交技能，与此相应，他们在光鲜方面会遇到比对白人男性更严格的考查，经常因为**细微**的缺点被拒绝，而白人男性则不会。[14]正如我在第七章讨论的，表现光鲜需要努力维持一连串微妙的平衡，其中之一就是正式与非正式之间的张力，既要足够庄重，看起来可靠，又要足够随意，看起来友善亲切。相比于白人男性，黑人和西班牙裔男性经常被指责没有掌握好其中的平衡。例如，黑人男性遭到拒绝的原因通常是"太拘谨"或"太随意"。过于正式或过于不正式的黑人被描述为"不成熟"或"不专业"，而太拘谨或太随意的白人男性则被视为需要指导的，并且被允许进入第二轮面试。

同样，非白人男性也被认为不太能把握主导谈话与跟随谈话之间的正确平衡。尽管无论哪个种族，让人觉得过于自大都会遭到拒绝，但为非白人男性设立的太被动或太激进的标准要低于白人男性。非白人男性常被认为太被动、太紧张或太专横。例如，一位西非的黑人求职者虽然有"公司友人"（对前员工的叫法）的强力推荐，在案例上表现不错，也被描述为"非常契合"，却遭到了他的印度裔美国面试官的不利评价，因为"他的表达比较低调"，而且太谦逊了。然而，谦逊在白人男性求职者身上就被看作一个优点。类似地，求职者中少有的一位美国出生的西班牙裔面试者同样让他的面试官（一名白人男性）感到失望，因为他"时不时地紧张"。另一名面试官，一位白人女性则皱着眉头补充说："我不得不过多引导谈话——推进力不足。"这组面试官决定拒绝这名求职者。同一组面试官还面试了一位白人男性应聘者，他在面试中没有吹嘘自己，看起来也很紧张。然而，与对西班牙裔求职者的评价不同，女面试官将他的紧张描述为"可爱"，是一种真诚的体现。两位面试官最终让这位白人求职者进入了最后一轮面试。

　　精英求职者群体中，光鲜与种族的关系还因为国籍问题而变得更加复杂。类似伊斯特莫尔的一流专业学院招收了很大比例的国际学生。相关法律在涉及招聘中的种族分类时十分模糊，并没有清晰地区分种族和国籍。由此一来，公司（包括霍尔特）将所有带西班牙血统的学生都算作西班牙裔，无论他们是出生在美国的西班牙裔还是来自拉丁美洲国家、西班牙或葡萄牙的国际学生。同样，许多黑人求职者也不是在美国出生，而是来自加勒比地区或非洲各国的国际学生。在霍尔特的应聘群体中，许多多样性求职者是说着南腔北调英语的国际学生。这点很重要，因为面试官经常质疑各种族外国学生的光鲜，抱怨大多数求职者的口音让他们很难听懂（纯正的英国、德国或斯堪的纳维亚口音除外）。另一个常见的抱怨是外国学生不理解面试官的意图或意思。一位美国出生的西班牙裔男面试官在评价一名南欧的白人求职者时说："可能有语言问题，不知道'杜撰'的定义。"面试官因此强烈要求拒绝这名求职者，尽管他的案例表现超过了设定的标准。

　　有些外国学生因为不熟悉正确的互动脚本，没有掌握案例

226

面试特有的语言而处于不利境地。例如，本章前面描述的求职者阿南德·帕里塔被拒绝的原因是表现不够光鲜，因为他面对评审人亚当"答案是什么"的问询时，回应的是"问题是什么"，而没有给出结构化的答案，列出几个他想要解决的商业问题。同样，一名来自西印度群岛的黑人带着小抄来面试，上面列了一系列基本的商业原则和咨询的框架结构。"不是真的吧？"面试他的印度裔美国人不满地问道。这名求职者立即就被划入了拒绝那一类。虽然有些评审人提到具体的行为或互动，他们认为那反映了国际学生在光鲜方面可能存在不足，但其他人则仅根据自己在面试这些求职者时感到的不舒服和尴尬做出模糊的论述。类似下面的负面感受让两位面试官（均为白人男性）拒绝了一名来自北非的白人求职者，他在美国生活、学习了十几年：

面试官1：他讲了自己在卡萨布兰卡的经历。他是当天案 227
例表现最好的人之一。他刚开始的结构不是那
么好，但他意识到了自己需要做什么［去解决
案例面试中提出的问题］，然后就去做了。

面试官2：（叹了口气）我不确定他会怎样和项目小组或
客户交往。我非常担心。而且，他有些乏味。（压
低声音）出于［法律上的考虑］，我们得小心点
要怎么表述，但很难读懂他，也很难真正与他
建立友好关系。文化风格上有差异。他对我们
的中东办事处可能有兴趣。也许他在那儿还行。

面试官 1：（耸了耸肩）

面试官 2：（转向我）写"当天最好的案例表现，但在沟通和仪态上有待商榷"。他是个不错的小伙子，做了些有趣的事情，但有些方面不行。

这名求职者最终没有被邀请回来参加第二轮面试。

面试官感受到的这种"文化差异"或"文化障碍"——他们这样叫——打破了标志着一场好面试的流畅、轻松、和谐的感觉。这些无法共鸣的时刻和感觉打断了一场本应看起来毫不费力、自然的谈话，因此被解读为求职者缺乏光鲜的证据。面试官在面试欧洲白人求职者时会有这种感觉，尤其是来自西班牙、法国和意大利的求职者。然而，在面试非白人的外国学生时，文化差异强化了非白人求职者的种族刻板印象，认为他们缺少恰当的沟通和互动风格，从而增加了被拒绝的可能性。

案例：男性要能分点回答，女性要会做算术

校准中常见到关于案例表现的争论。同样，面试官仔细考查案例表现的哪个方面，不同性别间存在差异。当男性求职者的案例表现受到质疑时，主要问题通常是缺少统合和结构。更严格的结构要求对黑人男性求职者尤其常见。一组面试官拒绝了应聘者中为数不多的一位被认为有出色光鲜表现的黑人男性，原因是他的案例表现缺乏标准结构。

228

面试官1（白人男性）：他是个黑人。我希望他成功，但［他］没能做到。

面试官2（西班牙裔美国男性）：他非常光鲜，表现不错，但方法不够结构化。他甚至都不会说"我想要谈谈这三点内容"。

面试官1：费了很大劲提示他。（叹气）

面试官2：他是一名多样性求职者。

面试官1：他虽然算不上特别糟糕，但绝对不够再回来二面。

还是同一组面试官，他们决定让一名同样缺乏结构的白人男性进入复试，因为他"刚刚接触"咨询业的案例面试，只是需要练习，这说明了对案例表现的看法会受到求职者种族的影响。两位面试官让我在下一轮面试前给该求职者打电话，告诉他需要"在结构上做些改进"。

在很多方面，黑人男性要达到的案例表现标准比白人男性更苛刻。白人男性在案例面试中只要表现出胜任（不需要特别出色）就会收到工作邀请，而黑人男性则需要表现卓越才会被认为具备了从事工作所需的分析能力。一名非裔求职者达到了案例表现的要求，但"问倒了"两位面试官，在校准中讨论他时，一位白人男性面试官把他描述为"合格"，意指他"不拔尖、不突出，但也没有缺点"。这组面试官最终因为这名求职者不够突出而刷掉了他，没有推荐他进入第二轮面试。

男性在案例上的弱点常被认为是缺少逻辑和结构，而女性的弱点几乎无一例外集中在数学上，与人们认为女性的量化能力不如男性的刻板印象相符。[15] 这不是说所有女性都因缺乏数学能力而受到批评，事实上，有些女性在这方面"非常出众"。但是，当女性的案例表现好坏参半时，面试官会特别仔细地考查她的数学技能，通过她们解决案例时所做的数学计算进行判断。在数学上犯了小错的男性求职者经常被允许通过，评审人常会说他们那天一定是"不在状态"，但女性犯了同样的错误就会被解读为数学能力和分析能力不足的证据。

当出现这样的错误时，面试官有时会寻找其他线索来判断求职者的量化计算能力。其中一个线索是简历上罗列的工作经历，但评审人也容易带有刻板印象地做出解读。例如，在我观察的一位白人男性和一位白人女性面试官的校准中，两人对一位白人男性和一位白人女性求职者的最终命运争论不休。两位求职者都"简历看起来很好"，非常契合，在面试中表现非常光鲜，案例的结构化处理也不错。但两人都在数学上犯了几个小错误。面试官们犹豫不决，不知该怎样取舍两位求职者，因为他们在其他所有方面都很出色。他们重新回去看简历。男性求职者在重回研究生院读书之前在一个非常注重量化的咨询公司工作过，女性求职者曾在一家顶级投资银行的一个高度量化的金融领域工作。两人之前的雇主都极有声望，在各自公司工作的年数一样，达到了水平相当的高级职位。但面试官们认定那名男性"数学一定还行"，因为他曾受雇于一家主要从事量化的咨询公司，之前的工作经历为他潜在的数学能力做了担保。相比之下，面试官们断定投资银行聘用那名女性是犯了个错误，因为他们判定她没有足够的分析能力。那名女面试官煞有介事地大声反问："她怎么得到［那家投资银行的］工作的？显然有人搞错了！"虽然两名求职者在面试的案例部分犯了类似的量化错误，也有类似的量化工作经历，但面试官让男性求职者进入了第二轮面试，却拒绝了那名女性。所以，与对两性能力的刻板印象一致，女性的数学能力要经受比男性更仔细的考查，更被看重，也被更严格地评估。种族在其中也起了重要的作用。人们的刻板印象认为亚洲人有很强的量化能力，与之相应，亚洲（包括东亚和南亚）女性的数学计算能力通常不会受到怀疑。[16]

230

不合适的男性

由于契合度有可能被用作性别歧视的幌子，所以评审人经常质疑男性应聘者的契合程度，这难免让人惊讶。然而，与第六章讨论在面试中评估契合类似，校准商议中对契合的质疑确实带有明显的性别特质，无论针对男性还是女性求职者，刻板印象中彰显男性气质的活动都与更高契合度联系在一起。在我观察的校准中，拥有刻板印象中女性化的自我呈现风格、兴趣或经历的男性，他们的契合度最常受到质疑。例如，面试官斯特凡和亚当就担心白人男性梅森·塞尔比的契合度，因为他对"文化"和"艺术"太感兴趣了。还有几位评审人也对有这类兴趣的男性求职者表示担心。然而，在这一阶段的评估中，对艺术和文化兴趣浓厚的女性求职者就不会在契合度方面处于不利地位。三名契合度受到质疑的西班牙裔求职者中，有两人被描述为过于安静，不够果断。因此，契合在此时是一个微妙的筛选器，筛选出符合刻板印象中男性气质典范的人，也使与性别气质不相符的男性求职者处于不利地位。

* * *

校准讨论不关注明星求职者的优点或失败者的缺点，而是评议哪些求职者是"剩下的最优者"。在校准中，评审人显露出面试表现评估和面试官评议受人们对各类群体刻板印象的影响。对每一位应聘者而言，面试官小组会根据他们的性别、种族和国籍，立即提起精神，更严格地考查他们在负面刻板印象领域内的表现。在这些领域表现非常突出的面试者一般可以顺利进入第二轮面试。而犯了小错的求职者则会遭到拒绝，因为这些缺点常被认为代表了更深层次的内在不足。相反，正面的刻板印象可以使求职者免受一般错误对评估个人品质造成的负面影响。同样的错误，对于背负负面刻板印象的群体，评审人把它们解释为由内在缺陷导致的，但对于其他群体，评审人则解释为受到暂时的外部条件限制，并且在做聘用决定时给予宽宥。

因此，在顶尖学校处于中间位置的求职者，他们的命运取决于他们所属的群体类别，以及他们在多大程度上符合或偏离了负面刻板印象。虽然霍尔特的新员工在性别、种族和国别上呈现出了显著的多样性——部分是因为最后一轮面试评议（本章后面将讨论）的展开方式——但校准过程已然表明，对面试表现带有刻板印象的认知如何将与男性和白人水平相当的女性和少数族裔排除在了最后一轮面试之外，减少了潜在新员工的多样性。这些过程阻碍了公司在达到基本标准之后进一步提高新员工群体的多样性。

招聘委员会复试决策会议

挑选求职者回来参加第二轮面试的整个评议程序中，校准只是第一步。人力资源专员，包括我，会把在校准中做的笔记带到招聘委员会全体会议上，委员们会平衡我们的笔记和评审人填写的面试打分表。

我在霍尔特参加的一场确定复试名单的招聘委员会会议，在第一轮面试第二天晚上9点多一点开始。会议在华威酒店的一个套间举行，那是霍尔特专门为评议会预留的。伊斯特莫尔学校团队的核心成员——我、扎克、阿曼达、萨姆、尼泰什——和埃博妮一起坐在房间一角支起来的一张中等大小的圆形宴会桌旁。霍尔特负责全国招聘的创收专业人员——名叫马特，我从未见过他本人——通过电话会议远程主持讨论。桌子正中间放着一个像海星一样的扬声器，通过它，每个人都能听到马特的声音。会议的目的是决定第一轮面试中的哪些求职者可以受邀参加最后一轮面试。由于参加最后一轮面试的求职者将被他们登记的首选办事处的员工面试，所以霍尔特在美国所有主要区域的办事处都有一两名高级员工打电话参加远程会议，一共

232

四名女性、五名男性，包括达什。这些就是最终决定复试人选的人。虽然我们几个待在房间里的人都没有官方决策权，但招聘会议从来都不缺少茶水点心。一个超大的浅盘装着各种各样的点心，还有两个装满冰水的金属壶放在笔记本电脑、成堆的校准笔记以及当天的各种文件中间。

马特从家里打来电话，先总结了霍尔特截至目前的招聘工作，以及在其他核心校已经发放的录用通知。"布朗普顿和埃斯顿［大学］[17] 的情况就是灾难，"他抱怨道，"我们在布朗普顿艰难奋战有段时间了。我们在招聘上投入很大。做了很多看得见的事。我们一直在和校园大使协调每件事。埃斯顿这一届学生的情况不好。他们非常糟糕。希望伊斯特莫尔能解救我们所有人！"

然后，马特快速询问了扎克第二轮面试的后勤工作。埃博妮就目前的多样性求职者数目做了简短的发言，霍尔特在全国范围内增加了对这一群体发放的录用通知数量。马特感谢了埃博妮的帮助，然后就允许她退出了会议。我很快意识到，将埃博妮排除在决策会议之外是标准流程。她拿起已经收拾好的手提包，微笑着冲在座的以及拨号连线的人挥手道晚安。会议暂停了一会儿，直到埃博妮离开房间，听到套间房门关闭的声音才又重新开始。马特确认了房间里的每个人都能连上招聘数据库后，便让我们"行动起来"，开始选拔可以进入最后一轮面试的伊斯特莫尔求职者。由于我们是伊斯特莫尔小组，所以和其他学校不同，公司并没有给我们一个固定的复试人数限额。因为公司认为伊斯特莫尔的学生属于最优秀、最聪明的群体，所以我们在这里的理念是"越多越好"。

候选人选拔过程

挑选求职者进入复试是通过网上系统完成的。数据库的组织形式使得某个办事处的代表登录后，马上就可以看到对该办事处感兴趣的求职者名字。姓名按字母顺序从上到下排列在屏幕左边，两名面试官对各项官方招聘指标——分析能力、光鲜、驱动力、契合度以及整体录用建议（该项单独打分）——的评分列在名字旁边。双击求职者的名字会显示每位面试官的书面评价，在任务栏上选择相应的按钮可以访问求职者的简历、成绩单、推荐历史，以及多样性情况。程序允许多名用户同时查看界面，但一次只能有一个人控制程序。房间里的我们几个人虽然都没有决定权，但可以以观察者的身份登录系统，作为访客在界面上观看选拔过程。扎克用自己的电脑登录了我们所在办事处的界面，阿曼达和尼泰什分别用自己的笔记本电脑登录了另外两个大型办事处。扎克让我离他近点，这样我们就可以一起看他的屏幕。阿曼达也邀请我看她的电脑。我的注意力主要放在扎克的屏幕上，但也时不时地和坐在旁边的阿曼达一起看她那边的情况。

扎克的屏幕上列出了选择我们办事处的求职者。我看到鼠标箭头移向整体录用建议那一栏，在这个类别上点了一下，按照此项得分而不是姓名重新对应聘者排序，现在总体分数最高的人显示在了页面的最前端。每一位求职者都有一个方框，使用者可以勾选，以表明复试还是拒绝该求职者。当使用者点击复试选项时，求职者的名字就会从黑色变成绿色。如果点击了拒绝，名字就会变成红色。短短几分钟内，名单上最前面的名字都变成了绿色，最底端的都变成了红色。[18] 大家对这些求职者不做讨论，决定完全由坐在电脑屏幕前的某个人或某几人做出。[19] 决定了名单最顶端和最底端人选的去留后，决策慢了下来，名字变颜色的速度也没那么快了。我看到箭头开始点击图标，查看面试官的书面评价。有些求职者的名字在看完评价后就变成了红色或绿色。我参加了几场关于这些求职者的校准讨论，想着如果面试官不修改他们评分表上的打分和评价（有些人改了，有些人没有改）以反映校准的内容，讨论所带来的观点变化恐怕就要丢失了。例如，斯特凡和亚当把塔玛拉排在特德之前的决定没有反映在任何一份书面评分表上。特德的分数仍然高于塔玛拉。所以当使用者在招聘数据库里按照整体录用的平均分给应聘者排序时，特德较高的分数使他受邀回来参加第二轮面试，而塔玛拉则被拒之门外。这样，除非招聘委员会的成员明确要求听一听校准环节的实况记录，否则斯特凡和亚当的那些决策和印象不会被面试小组和人力资源校准员以外的任何人听到。

操作扎克和阿曼达电脑界面的招聘合伙人很少使用任务栏上的图标查看求职者的其他信息，例如简历或成绩单。我十分惊讶整个过程竟如此安静。我可以在电话会议里听到背景杂音，但房间里面几乎无人交谈，电话连线的人也很少说话。

当所有代表其他办事处的委员会成员都完成了对求职者的排序、挑选，最终在做出复试决定上迟疑不决时，所有剩下求职者的命运就取决于扎克、阿曼达、萨姆和我在校准中所做的笔记了。当我们被要求提供校准中的信息时，需要大声读出自己的笔记。通常而言，委员会会按照字面意思采纳面试官的决策。如果面试官已经决定再给某位求职者一次机会，委员会就会同意。如果面试官把某位求职者标为不确定，或"不录用，除非我们需要"某个特殊品质（通常是多样性），那么这名求职者就会被拒绝。

影响决策的外部因素

除了校准中面试官的评价会产生影响——前提是评委会成员要求听取相关信息——某些社会关系也非常有用，足以推动求职者进入复试名单。如果霍尔特的前员工或在职员工在校园招聘活动或课堂上（如前员工当下是伊斯特莫尔的学生）见过求职者，他们的一句话，无论是强烈的正面评价还是负面评价，都能左右复试决定。[20]

公司会积极征求在职员工和前员工的意见，并通常将它们录入在线的招聘数据库，我在另一个招聘季看到一个极端的例子，表明了员工推荐的影响之大。第一轮面试结束后，扎克请一位名叫拉妮的年轻女性——曾经是霍尔特的员工，当时在伊斯特莫尔就读，与参加面试的学生在同一级——亲自列席复试名单讨论会议，针对徘徊在边缘的求职者提供内部信息，作为

235

面试官的打分和校准报告的补充信息。这不是一个正式的或制度化的角色，但扎克和马特声称霍尔特正在"试验"一种非正式的新程序，使员工和"公司友人"的意见得到更认真的对待。当我问扎克为什么尝试新方法时，他告诉我，公司的人认为最近几年新招的员工质量变差了，越来越多的人得到较差的业绩评价，或者入职没多久就离开了。让拉妮这样的前员工参加决定复试名单的讨论就是试验的一个表现。扎克个人选择了拉妮，在向伊斯特莫尔团队的其他人说明她参加会议的资质时，称她"非常聪明，是个明星式的人物"。

拉妮在会上的角色是信息员，针对参加第一轮面试的求职者提供信息。公司在会议前一周左右才要求她担任这一角色，而且拉妮将出席复试名单商议会的消息没有告诉她参加面试的同学（但在评议期间显然能看出，她的一些朋友是知道的）。她的任务很简单：当对一名学生是否应该进入复试出现争议或有不同意见时，她可以告诉大家自己在课堂上、社交活动中，以及课外活动中对这些学生形成的印象。尽管拉妮不是伊斯特莫尔招聘团队的正式成员，但她对同学的看法经常能左右委员会的决定，尤其是她一点也不怯于表达自己的意见。仅仅因为她说"没有印象"，甚至有时候都没有给出具体的理由，处于边缘的求职者就会被拒绝。例如，一句"他看起来很聪明"的评价会让求职者进入复试，而"我不太喜欢他"则能让人出局。反过来，拉妮也能够将两名女性求职者——她们分别在面试后找到拉妮，表示担心自己表现得没有期望中那么好——拉回复试

236

名单。她描述这两位女性是伊斯特莫尔的佼佼者，建议招聘委员会再给她们两人一次机会。委员会确实这样做了。有趣的是，拉妮被邀请加入电话会议是因为——他们是这样告诉我的——这类非正式的印象被认为非常有价值。而埃博妮，那名多样性经理，却没有被邀请参加——事实上她被要求退出——招聘委员会的评议，他们告诉我说这是因为在做招聘决策时考虑种族是不合适的。

在复试阶段，求职者的社交圈可以弥补不好的案例表现，特别是当交往的人与招聘团队成员关系不错——例如拉妮——或本身是很高级别的员工时。一位求职者得到了他首选办事处合伙人的强力推荐，与他在校内一起喝过咖啡的员工以及拉妮也都对他印象不错，但他完全搞砸了第一轮面试。招聘委员会要求听取校准时的笔记。阿曼达是讨论该求职者时的校准员，她汇报说："他们谈了很长时间他说话的声音有多大。"虽然这名求职者在案例上也表现得不好，但嗓门大这一不利的人际交往特征却是两名面试官反复评论的。"我在他的评价中写下了他有点吓人。"阿曼达大声读出自己的笔记，引用了一名面试官的话。两名面试官建议拒绝这个人。但即使听到了这一信息，电话会议中的合伙人们仍然继续讨论要不要把这名求职者纳入复试名单，因为如此高级别的合伙人强烈推荐了他。拨号连线的合伙人达什提到，事实上，那位合伙人甚至在大厅里拦住他，亲自告诉他这名求职者有多么优秀。达什开玩笑地说，如果大家拒绝了这名求职者，"我都能想象出［那名合伙人的］反应！

你们可以告诉他你们不想让那个人通过"。同在电话会议中的马特插话告诉了达什他们的推荐试验，即推动处于边缘但得到同学和同事积极评价的学生进入事关聘用决定的最后一轮。尽管达什此前从未听说过这个试验，但他表示赞同，那名求职者进入了最后一轮面试。

237 　　电话会议接近尾声时，马特问道："纽约那边的女性情况怎么样？"纽约办事处的代表回答进入复试的将近一半是女性。"北加利福尼亚呢？""我们目前只有一个人，但还有一个人处于边缘。""叫什么名字？"马特问道。"阿米·斯特林。"拉妮开口说："哦，她非常棒，特别聪明，很出色，也是我最好的朋友之一。你们一定要选她。"南加利福尼亚办事处的代表插话说："但是她把南加利福尼亚排在了第一，然后才是北加利福尼亚。"这突显出对办事处的偏好和可行性等规划因素如何影响了聘用决策。拉妮立即回应："她那样做只是因为她知道北加利福尼亚超级难进。相信我，北加利福尼亚是她的第一选择。"北加利福尼亚的代表回答："丹·贝尔维在我们的复试名单上，也选了南加利福尼亚。我们可以用丹换阿米，这样女性比例会好一点。"拉妮大声喊："可以，请这样做吧！她非常出色。她会很棒的，我会让她来［加入公司］。我们可以当室友！"南加利福尼亚那端一直没有说话，只听到那里的员工在点击查看丹的简历。然后南加利福尼亚的人说："我们没问题。"北加利福尼亚确认了决定："好的，就这样。"

　　双方都同意交换后，评议就完成了，电话会议也随之结束。

没有讨论种族的情况。除了扎克、阿曼达和我之外，所有人都离开了房间。打扫屋子、给所有面试者发邮件告知他们的申请状态是我们的职责。扎克宣布："我需要点儿酒"，并呼叫了客房服务。我们就着雷司令白葡萄酒和布里奶酪，给面试们发出了复试邀请和拒信。虽然面试官经常在校准会议中讨论求职者在下一轮面试时可以如何改进，并提出他们应当接受"指导"的建议，但反馈意见不会转告给相关的求职者。他们只会收到一封套用统一模板的信。直到午夜将至，我们的夜晚才结束。

最后一轮评议及决策

霍尔特及其他大多数公司在第二轮面试结束后都直接进入最后的聘用评议，其间既没有面试官之间的校准，也没有小组商议。[21] 最终的聘用决定是由招聘委员会全体成员决定，还是只由最后一轮的面试官裁夺，不同公司情况不一。霍尔特采用的是后一种办法。不过两种情况的决策模式均与决定复试名单时相似，大家很快就对面试群体中最前面和最后面的人达成了共识。明星式的人物一定能得到录用，被否定的人立即排除在考虑之外。讨论大部分集中在处于中间位置的人身上。咨询师斯特拉在描述公司最后一轮面试后的评议会时说：

> 我们和招聘主管一起坐下来讨论。[招聘主管] 会事先把评分整理好。每名面试者的姓名和一些背景信息会放

在前面，然后我们开始讨论。如果分数一致，就很容易……我们只会真正讨论那些处于中间或评价不一的求职者。对于那些处在中间的人，我们会比较笔记。

然而，在最后一轮的商议阶段，评估有明显的变化。在复试评议中，有相当多的讨论是关于技术能力的。相比之下，评审人在最后一轮的讨论中，焦点更集中在主观性因素和人际能力上。投资银行家迈克尔说，在他的公司，最后一轮评议遵循一套已有的程序：

> 我们坐下来强行给他们排序。我们设定好通过线，然后根据需要调整。每个人过一遍，然后针对需要评估的技能给出一个大致的印象。在客观指标上，分歧比较小。在那些无法测量的指标上，模糊和分歧就很多。会听到很多："他们误导了我。""你也有这种感觉吗？""他们看起来就是对公司没什么热情。"

在面试和复试评议中，求职者是大家注意力的中心。然而，在最终的决策商议中，焦点转移到了评审人身上——具体来说，就是他们个人对求职者感觉如何，以及他们是否愿意以自己和自己的名誉为某位应聘者担保。正如我在第六章至第八章所阐明的，面试官在面试中对求职者的情绪反应，尤其是对"感觉"和"契合"的直觉，对他们如何评估优点有着重要影响。在做出最终聘用决策的招聘委员会会议上，评审人的情绪被移到了舞台中央。这点显而易见，在霍尔特，评议的开始常常是一名高级合伙人读出面试者的名字，然后转向其中一位第二轮面试官问："你觉得怎么样？"而且，正如我在霍尔特观察到的以及其他公司的受访者确认的，支持或反对一名求职者的有效论证基于的是评审人的个人感觉，而不是求职者的学习成绩、专业资质或简历。在咨询业，评审人有时候会只根据案例表现而支持求职者。但更为常见的是，房间里的其他人希望知道这名面试官对该求职者的个人感觉。他们是"招人喜欢"还是"废话连篇"？是"让人印象深刻"还是"犹豫不决"？此外，一名评审人有相当程度的负面感觉就足以导致求职者被拒，即使他的资历令人印象深刻，并在技术性问题上表现优秀。

由于在最后一轮面试时，公司拥有的优秀候选人数量仍然多于可招聘的名额，所以大多数求职者需要有一位支持者——有人在集体评议中"力挺"他们，强烈推荐他们胜过其他求职者——这样才能获得录用进入公司。咨询师贾斯廷这样总结这一过程：

> 房间里有人充满激情地支持他们吗？如果有人那样做了，我的意思是你得相信那个人，你知道的，他们肯定有自己的理由，他们在那个人身上看到了某些东西，所以希望把他推过线。但如果求职者处在边缘，又没有支持者，那就没戏了。

"我们是支持者"

社会学家兰德尔·柯林斯（Randall Collins）认为，情绪是社会分类、社会选拔和社会分层的重要基础。人们在决定和谁约会、和谁结婚，以及聘用谁时，部分是基于在与这个人交往时有多兴奋。[22] 同样，我研究中的评审人表示只会支持那些强烈地激起他们情绪的人。在向我解释支持者的角色时，评审人常使用恋爱式的语言。他们阐述求职者至少要让一名面试官感到"心潮澎湃""兴奋""燃烧起来"或"坠入爱河"，才能有望得到录用。[23] 咨询师格雷丝断言："任何求职者在最后一轮都会接受［公司］三位不同员工的面试，所以需要协调他们的观点。因此如果有人真的对某位求职者**特别有兴趣**，而不是'是吧，我觉得他们可能会做得不错'，这是可以理解的。"正如贾斯廷（前文所引）所说，没有支持者，求职者很可能被拒绝。招聘经理布伦特想起了这样一位求职者：

> 他没有让他的面试官为之叫好。他们觉得他可以胜任……绝对可以做我们这里的工作，他也一定做了不少准备，对公司表现出了兴趣，了解公司，了解我们做的那类工作。但他不是那种人们觉得**"我们一定得要他"**的人。

咨询师兰斯举例说明在最后的决策环节，面试官的支持常常比求职者的能力更重要：

有一个麻省理工来的求职者，非常好的一个人。面试表现真的非常非常好，案例分析也相当熟练。但他就是一个例子，一个非常好的例子，说明一个人在各方面都很有实力，但因为在，比如［让面试官］特别感兴趣上，表现平平……没什么有说服力的理由让人为他说话。［也］没有理由必须不要他，但轮到他的时候，没有办事处想为他说话。所以，当碰巧席位有限的时候，你也知道的，那个完美的、最有能力的人就是没有通过。

支持的不成文规则

支持有其自身心照不宣的规则。第一，除非某位评审人对面试者有特别强烈的负面反应，否则没有人会阻碍其他人的支持。某种程度上，这是因为评审人相信他们公司里的伙伴。律师杰伊耸了耸肩说："如果他们愿意以自己担保……那显然是在求职者身上看到了什么，即使你没看到。"众人也都明白支持行为的核心是对等互惠。评审人相信，如果他们不反对其他人的支持行为，那么其他人也会同意自己的支持。时间和精力有限也影响了这一默认规则的形成。咨询师怡解释说："尤其是已经很晚了，而我想要回家，或者不得不回去做客户工作时，我会听从其他人的意见，除非我真的对那个人有强烈的反感。"第二，支持者的地位和权力也有影响。相比高地位或高级别的团队成员，女性、少数族裔，以及还不是合伙人的员工在支持求职者时更有选择性。如投资银行家桑迪普所说，他不愿意为面试者"出

241

头"，除非自己真的对他们很感兴趣，因为"我要压上自己的名誉"。这不是说这些团队成员就不会支持求职者。他们会支持，不过更有选择性。投资银行家阿丽尔表达了她对支持的看法：

> 当出现一个人的名字时，如果我并不在意［这名求职者］，我会尽管让其他人讲……如果有人说"我**真的**不喜欢他"，那么即使我喜欢，也会随它去了，除非特别喜欢……这些年来我明白了你需要礼尚往来……我对自己的经验有足够的信心。我觉得我可以选出优秀的人。所以，如果我决定想要一个人……我倾向于直接说出来。我就像这样(声音严肃起来)：**"我们要这个人。"**我也许很小（指她身材矮小），但我可以战斗。（笑）我只是要挑选自己的战斗。

合伙人，尤其是白人男性，在选择支持谁上余地更大，因为他们冒的风险更小——他们的名誉不会承担风险。此外，支持者的地位越高，他们的努力就越不会受到质疑。投资银行家萨山克*称："如果是高级合伙人，那你就闭上嘴。就这样。"但即使是高级别的委员会成员，在选择支持哪些人上也不是不加区别的。投资银行家马克斯说："我不会为某个我觉得可要可不要的人跳到桌子上去。"大多数（但并非所有）高级员工也在某

---

* 原文为 Shashank，疑为 Sashank 的笔误，该人名在前文及附录三的访谈名单中出现。——译者注

种程度上遵循礼尚往来的规则。马克斯继续说："如果有人站起来说'这是我相信不错的人'，要是他真的感觉那么强烈，我就会听从。"

是什么使得评审人想要支持一名求职者？我的受访者都同意，一定要对求职者有非常强烈的感觉，有个人情感投入，这样才愿意承担风险当一名支持者。这种感觉可能来自经历上的相似性，例如背景、课外活动和毕业学校的共同点被认为有助于在工作面试中产生火花和契合感。举例来说，当我问投资银行家蕾切尔什么让她支持一个人时，她回答："我只是觉得在他们身上看到了一点自己的影子。"与这些公司衡量契合度的方法类似，相似性和支持意愿之间的关系有利于那些拥有 EPS 公司标准背景的求职者：来自顶尖学府的白人、富裕的、运动员型毕业生。[24]

促进多样性的机会

不过，在某些情况下，支持也可以增加新员工的多样性。尽管从数量上看，相似性强化公司内已有不平等的情况要多得多，但当评审人自身来自非常规背景时，相似性也可以促进多样性。阿丽尔描述了一位她最近支持的女性求职者。她来自阿丽尔毕业的那所非顶尖学校。"我只是想起了自己在她那个位置的时候，"阿丽尔说，"有个人支持了我，所以我只是……想要做同样的事情。找到和你处境相同的人，然后帮助他们。"投资银行家维沙来自海外一个富裕的、受过高等教育的家庭，但他觉得自己移民到美国的经历以及细声细语的说话方式在公司员工中并不典型。当被问起担任支持者时，他举了以下例子：

> 只有一次，我对一个人非常感兴趣，所以为他说话了。他让人觉得没有求职者常见的那种自信……这个人有点害羞，但是有非常强的驱动力要取得成功。很多人想找一个兄弟会出来的人，你知道的，预科生、东海岸、私立学校里的人。但我绝对不是那样，所以我支持不符合定式的人……我喜欢他，所以我支持了他。

阿丽尔和维沙支持的求职者最终都收到了录用通知。

在投资银行，有一名支持者对女性求职者来说尤其重要。与本章前文描述的刻板印象的作用类似，虽然最终一轮的聘用评议倾向于更多地聚焦在人际能力而不是技术能力上，但女性求职者的分析能力仍然会在投资银行的最后一轮面试中受到指摘。投行的性别机制比较独特。投资银行家多诺万讲述了强有力的支持对女性求职者有多大帮助：

> 我们面试了这样一位女性，我觉得她太棒了。我认为她的表现真的不错。她有卓越的沟通技能，非常优雅亲切，天生是个健谈的人，而且显然很聪明。你知道的，说话很机智，同时看起来有种坚韧的光环。我觉得她有能力应对工作的严苛要求。但你知道，在简历上她可不是个明星。

她的成绩都不错，但不像其他人那么耀眼……而且另一名同样面试她的同事向她提了……相当奇特的技术问题，她的错误比较多，超出了那位同事的接受范围。他们的评价非常消极，认为她不具备那些技能。在那一点上，我非常用力地抗争，提醒他们，如果足够聪明，那些技能是可以学会的，最后我赢了。性格应该重要得多。

这名求职者最后被录用进入公司。

此外，正如第八章所说，有些人自称为"多样性的支持者"，每个行业都有人主动告诉我，他们在评议期间会有意推一把来自未被充分代表群体的求职者。但这样的人是少数。120 名研究受访者中只有 10 人这样描述自己：5 名投资银行家，1 名咨询师，4 名律师。其中 6 位白人女性，她们在描述自己作为支持者的角色时，提到只会支持其他女性（而不是广泛地支持会提高公司在种族、性别及其他方面多样性的求职者）。剩下 4 位自称支持者的都是毕业于常春藤高校的律师：1 名黑人女性，1 名白人女性，2 名公开承认的男同性恋（1 名白人，1 名美国原住民），都强调他们支持更广泛的多样性求职者——不只是他们自己群体的成员——包括女性、少数族裔、公开承认的同性恋，以及社会经济背景较弱的应聘者。然而需要强调的是，并非所有多样性员工都会支持多样性。[25] 在霍尔特，许多女性求职者在遇到男面试官时会得到比女性面试官更高的评价，男性求职者在被女评审人面试时也会有些微的优势。[26]

244

总之，在最后一轮评议中有人支持的求职者更容易得到录用。评审人表示只会支持自己真正感兴趣的候选人，这种感觉可以由经历上的相似性、多样性或生动的故事叙述唤起。虽然大多数得到支持的人是来自顶尖名校和社会经济特权背景的白人男女，但支持有时候也给那些在文化背景和人口特征上与公司大多数员工不同的求职者提供了进入通道。

完成一届招聘

在有些招聘季，某所学校仅是明星学生和得到支持的求职者就足以填满空缺的招聘岗位。不太知名的学校常常面临这种情况，它们被分到的录用名额较少。在最知名的核心校，有时还会留下少量空位，因为它们得到的名额较多（或根本没有限制）。在这种情况下，两个因素能在最后阶段把三类公司的求职者推进录用群体：评审人对求职者行为风格的个人感受（即对契合和光鲜的进一步评估）以及候选人的性别。

对人际素养的最后筛选

我所在的霍尔特办事处选拔人才的最终聘用评议表明，基于人际素养做出的细微区分意义重大。在最后阶段，为我们办事处做出聘用决定的职责落在了进行最后一轮面试的 4 名高层职员身上：达什，他是负责招聘的合伙人（我在研究中也对他进行了访谈）；罗比和史蒂文，都是白人男性合伙人；以及洛伊丝，白人女性，即将升为合伙人。每名求职者在最后一轮都要分别接受三位面试官的面试。我加入他们，在一张圆形宴会桌旁坐下，最后的评议开始了。随着讨论的进行，大家提到了案例表现，但对此几乎没有争议。相反，谈论的重点落在了面试官个人对求职者的情绪反应以及对他们人际素养的看法上。有些因素与求职者面对客户或团队的能力有关，另一些则纯属个人考虑。

最先讨论的是伊莎，一名印度女性。级别相对低一些的合伙人史蒂文指出，在面试的案例部分，伊莎是最后一轮所有面试者——不论男女——中得分最高的，还提到她在光鲜和契合度方面得到了两名面试官的高分。但罗比对伊莎的感觉非常负面。"她的能量水平太高了，"他大声说，激烈地挥舞双臂以说明，"她的数学不错，案例表现还行——有些小的减分项，我不记得了——但问题是她的性格……她可能会自大。她一直在提各种人名，还提到 [另一个办事处的某位合伙人] 称她为'明星'。那可是最高的赞誉。但我对此有点怀疑……提这件事本身就很自大。"尽管达什和史蒂文在回应这些评价时不断说他们对伊莎有好感，但达什还是建议先暂时搁置讨论，等看了"其余的女性"再做决定。

然后他们继续讨论克雷格，一名白人男性求职者。达什和洛伊丝都同意"他在两场案例中都表现非常出色"，而且"非常聪明"。但罗比对克雷格的契合度表达了强烈的担忧。"他在多大程度上能融进霍尔特？"他问道，马上接着说，"我持保留意见。"

"你担心什么？"达什问。

"他让人感觉特别别扭。"罗比回答说。

达什提出了相反的意见："我不觉得。我和他的谈话非常愉快。"

洛伊丝耸了耸肩："我对他没什么意见。"

"好吧,招了他。"罗比回击道,"但我不会和他一起工作……我只是实话实说。我宁愿现在告诉你,也不愿让他以后去找活干。"

"这个评价很重。"达什说,皱起眉头。史蒂文没有面试这名求职者,因此一直没有说话。最终他们决定拒绝克雷格。

下一位面试者是阿贝,一名白人男性,案例表现"非常好"。但正如达什所说,他的"契合度让人拿不准"。阿贝获得了武术黑带。当达什让他解释两种武术风格之间的差别时,他直接从椅子上站起来演示了一番,吓到了达什。达什重新向大家演示了他们的互动过程,在描述这名求职者如何演示手臂出击时,他的身体向后躲闪,仿佛阿贝就在眼前。"我当时就像,天呀。"

史蒂文实事求是地回应说:"他在沟通上需要训练。"

达什挑了挑眉。"我觉得他身上一定有文身之类的东西,"他笑着说。

洛伊丝开玩笑道:"好呀,我们需要多样性!"

大家拒绝了阿贝。

下一位求职者是德文,一名白人男性,大家对他的评价不一。洛伊丝说他"特别棒。有创造力和求知欲"。

罗比回应:"我一点儿也不喜欢他。"

洛伊丝翻着眼前的几页纸，不同意地说："其他所有面试过他的人都表扬了他。"

罗比的身体向后仰。"你知道为什么我觉得自己不喜欢他？听着，我问他对什么最感兴趣。棒球。他是纽约洋基队的球迷。"罗比一脸不满。

洛伊丝翻了个白眼，但没有做出评论。

罗比面无笑容地继续说："我是波士顿红袜队的铁粉。"

除了罗比，所有人都笑了起来。

一段尴尬的停顿后，他说，仍然不带任何幽默感："我不会和他一起工作的，但你们可以要他。"

德文最终收到了录用。

最终的人员组合

顶级公司的决策者认识到，他们在招聘的同时也创建了一个班级，受聘者作为一个团体，将一起进入公司，一起经历紧张的职业化过程，建立私人关系，接受官方的培训。与本科的录取委员会类似，招聘委员会在发放工作录用通知时也采用一种他们所说的"组合方法"，优先考虑相似度很高，能够快速融合、成为亲密伙伴，又能贡献不同技能和多样经验的求职者。在经历了对无形的指标——如契合和光鲜——的又一轮筛选后，如果还有惊险过关没被刷掉的求职者，招聘委员会将基于对新员工整体构成的考虑，把资质符合、受人喜爱但无人支持的求职者纳入录用群体。

247

与复试评议的情况一样，在霍尔特或我研究的其他大多数公司，多样性并不是最后一轮讨论中的一项正式内容。如前文所说，有些人自认为多样性的支持者，他们努力为那些在人口特征和经历上与千篇一律的求职者——白人、富裕、毕业于常春藤高校——不同的人争取机会。但这样做的是少数。此外，支持多样性求职者的论述常常围绕具体个人的优点来谈，而不是把多样性作为一个招聘指标。支持者提供的理由不是求职者本身与众不同，而是他们的确比其他人**更优秀**。咨询师贾斯廷告诉我：

> 　　在那些［最后一轮］评议中，有一张大桌子（我们坐在周围），有一个白板（我们把求职者的名字写在上面）……没有一行或一列是说这个人会有利于还是有害于多样性。这从来都不是一个要考虑的因素。我觉得到了那个阶段……真的是看**那个人**还有他们的才能……我还从来没见过谁会说："好吧，这个人处在边缘，但他可以给整体增加点多样性。"那样**没用**。也许有其他理由可以把处于边缘的人捞上来。

　　"平衡人员组合"就是选择一位处于边缘的求职者时的重要"其他理由"，而且更一般地说，也是合理讨论多样性的一个重要"其他理由"。咨询师贾斯珀总结了人员组合的作用："班级的组成结构是我们要考虑的。这些人是不是互补，他们的背景是不是多样。有个理论说，即使是在一个团队内部，一支优秀的、表现良好的队伍一定也是强项和短板相互平衡，所有人加在一起的力量大于分散的部分。"这样的考虑使多样性被纳入讨论范围。对录用组合的讨论通常是从技能的角度出发：研究生学历的人要有从业经验，本科生和研究生都要让人看到分析和人际交往方面的长处。然而，我在霍尔特的观察以及其他公司受访者的表述，都表明评审人也偶尔会问录用组合的多样性"数字"和"统计数据"看起来如何，虽然至少在霍尔特，关于组合多样性的讨论更常由男性合伙人发起，而且讨论几乎只涉及性别。

248

如果两名性别不同的求职者被认为能力相当，但都不确定录取，那么对新员工班级性别组成的考虑可以打破僵局。奥利弗说，在他所在的投行：

> 处于边缘位置的女性求职者比男性更可能得到机会……我不认为会有这样的讨论："啊！我们要录用她，因为她是个女性，而我们需要一个女性。"事实上更可能的是："好吧，她能做这份工作吗？她够格吗？其他方面呢？如果高级分析师中再多一名女性，会很有帮助。"所以，它不是一个决定性的因素……不是必须要找个女性来填充某个空位，除非你能找到一名合格的女性。这比招一名同样合格的男性求职者需要多一些努力，我们只是觉得合格的男性数量很多。

奥利弗的评论表明，仅仅基于为新人班级或公司增加多样性的理由并不能有效地支持求职者。相反，成功的论证是基于与其他人表现的比较，将求职者描述为值得聘用。增加公司的多样性是一个额外的好处，只在评审人向大家介绍了求职者积极的面试表现后才会被讨论。

令人惊讶的是，虽然很多受访者都提到他们（以及他们的公司）关心增加多样性，但根据访谈，所有类型的公司在最后的聘用评议中都很少讨论员工组合的种族多样性。这可能是因为公司想让新员工与他们招聘的名校毕业班人口结构一致，而性别比种族更容易作为评价标准。投资银行家乔希指出："在任何一所学校，我们都知道性别比例。"而学生种族结构的信息则较难获得，尤其是在专业学院层面。大学和研究生项目在公开学生人口组成的哪类信息上存在差异。

例如，有些学校会公开白人和非白人的注册生比例，有些则只公开一届学生中国际学生和美国学生的比例。正如贾斯珀所解释的，由于缺少透明，所以很难把新员工班级的种族组成与名校毕业班的整体种族组成进行比较："通常，我们对要达到的男女比例有一些指导原则，那是最显而易见的。也有关于种族的，但那要难一些，没有那么量化。"除了能够找到相应的评判尺度外，在做录用决策时，性别也被认为是比种族更合理的标准。有些评审人说，新员工群体吸收女性被视为一种让客户满意的方式，因为很多客户公司在各个级别都有女性员工。[27]咨询师佩里把公司招聘更多女性的努力与"倾听客户（需求）"

的重要性联系在一起：

> 我们所从事的工作是服务客户。有些客户想要女咨询师，因为他们的生意要迎合女性，尤其是零售业。所以，如果你没有一个多样的团队，队伍里没有女性，那么就无法完全理解客户的业务。我接受这一点。我觉得就是这样的。即便不是这样，我们的工作也是满足他们工作的需要，所以我们不得不听客户的。

除了客户方面的考虑，研究中的受访者也认为，对于年轻员工来说，男女搭配让工作和娱乐都更有乐趣。[28]许多新员工都习惯了男女同校的环境。而且，对其中很多人来说，正是进入一个充满活力的社交环境的美好前景补偿了 EPS 公司熬人的工作，那里有一拍即合的朋友、令人敬佩的玩伴、魅力四射的约会对象，甚至可能还有未来的人生伴侣。[29]

最终决策中对性别和种族的不同对待，在我参加的一场霍尔特招聘评议中表现得最为明显。招聘季开始前不久，公司收到了一家合规监管组织的通知，称正在对霍尔特进行调查，因为公司在前几年的招聘中，录用某一种族的人数过少。公司非常重视这一指控，重新查看了被指控期间面试的求职者简历，发现在简历或面试官评分表上都没有找到任何内容可以解释为什么那一族群的人没有得到录用，而其他群体中资历和面试分数与他们类似（甚至更低）的人却被录用了。下一个招聘季，

250

人力资源经理、合伙人在非正式地讨论招聘目标时、公司法律顾问在正式陈述歧视与合规问题时，都提出了针对该群体的偏见问题。

然而，在仔细评议了该地区（歧视在这一地区很可能是个问题）最后一轮面试者的优缺点后，那一族群的求职者再次没有入选第一批新员工名单。一名白人男性合伙人看着名单苦笑了一下，摇着头说："我们又是这样。"然而，他和另一名男性合伙人并没有质疑面试官的报告或他们对这一族群求职者材料的解读是否可能带有偏见，而是抹去了该群体求职者的面试分数，代之以较低的假分数，这样公司在合规监管机构那里就不会"有麻烦"了。其中一名合伙人开玩笑地对另一个人说，这叫"审计控制"。另一方面，提高性别平等似乎就不需要采用这种伎俩。不到 20 分钟前，同样是这两名合伙人，他们决定增加一名处于边缘位置的女性求职者（而没有选择男性），明确是为了平衡新员工班级组合中的性别比例。

＊　＊　＊

在招聘过程的每一阶段，招聘者和评审人都采用了与求职者父母社会经济地位高度相关的指标进行筛选。此类筛选过程在各次评议中达到高潮。在复试评议中，招聘委员会迅速就"明星人物"和"拒绝的人"达成了共识。他们争论的是所有处于中间部分的人相对有哪些优点。在此过程中，他们尤为看重一个人在负面刻板印象领域的表现，女性和少数族裔经常因为分析能力和光鲜程度上的一点小瑕疵就被拒之门外，而同样的瑕疵不会成为男性和白人被拒绝的理由。这限制了最后一轮面试群体的多样性，也束缚了公司在跨过基本门槛后进一步提高多样性的能力。在招聘委员会的最终评议中，讨论主要集中在评审人而不是求职者身上——会上是否有支持者，支持者的地位如何，是如何为求职者说话的。评审人通常支持在生活方式和经历上与自己相似的学生。考虑到这些公司大多数面试官的身份特点，这种支持进一步加强了招聘过程中社会经济地位、种族和性别上的不平等。综合来看，EPS 公司采用的招聘政策和程序，以及评审人自己对什么是优点、怎样最好地评估优点的看法，使顶级工作的竞技场更偏向有精英背景的学生。这些发现有助于解释为什么正如之前的研究所揭示的，社会经济背景优异的学生容易得到报酬优渥的工作。

不过，学生的社会出身与他们能够到达的终点并非一一对应。虽然竞技场已经严重倾斜，但比赛结果并没有被提前决定。有一些非精英背景的人成功进入了这些公司，也有一些背景非常好的人却没能进入。正如本章所说，在以下一种或几种情况下，支持者可以将非常规出身的求职者推进录用名单：支持者本人来自非常规背景或自诩为多样性支持者，或者求职者呈现了一个足以激起面试官情绪反应的克服障碍的叙事。即使招聘过程整体上偏向主流群体，但这些过程，再加上对新员工组合性别结构的担忧，有助于部分解释新员工在性别、种族和社会地位上出现的异质性。在下一章，我将更仔细地考察来自非常规背景但成功获得录用的求职者，以理解顶级工作招聘中那些有可能修复而不是再制社会经济地位、性别和种族不平等的因素。

第 **10** 章

社会重建

这个孩子和我们大多数人不一样，他不是衔着金汤匙出生的……有时候就是这种不得不为了金汤匙而工作的孩子会更努力地工作。

——诺亚，律师

前面几章展示了 EPS 公司用来选拔入门级新员工的评估指标、衡量尺度与招聘流程如何为有特权背景的学生创造了有利条件。然而，在有些时候，应聘者的背景并没有产生期待的聘用结果。有些人可能把这样的情况解读为恰好证明了顶级工作竞技场是公平的。但在阶层不平等和精英再生产的体系中，招聘已经暗中向一部分人倾斜。即使在等级森严的社会，不同等级之间通常也会有少量的流动；完全没有流动性会威胁当前权力结构的合法性和稳定性。[1]

在本章，我将考察这些不合常规的案例，为探究社会出身、拥有文化资本与社会资本，以及获得经济位置之间的关系提供更精微的理解。[2] 我的目的不是要量化向上流动进入顶级工作的普遍程度，也不是要详细论述预测流动的指标。我的样本数量太少，不足以完成这样的任务。我在本章的目标，不如说是阐明招聘过程中得以实现社会重建（而不是社会再生产）的关键过程。[3] 我将首先讨论没有收到工作邀请的精英学生，并探讨导致这一结果的几个最常见原因。之后，我将转向非精英学生，考察可以让他们在招聘过程中脱颖而出的多种途径。本章的分析建立在我对应聘者（询问他们在招聘过程中的经历）以及评审人（询问他们对面试过的人的看法，以及自己作为求职者时的经历）的访谈之上。

当精英身份也不足以带来工作邀请

EPS 公司的招聘竞争异常激烈。核心校的大多数学生都申请了这些工作，他们中有相当一部分来自富裕家庭。在一个招聘季的所有应聘者中，通常只有不到 10% 的人（在核心校，这一数字接近 20%）能得到工作邀请。因此，单从数字上看，很多应聘这些公司的富裕学生都不会得到聘用。

未能达标

　　即使在富裕学生中，那些上了非名单校且缺少内部社会关系的人一开始就从未进入竞技场。对于成功进入简历筛选阶段的人，一些富裕学生——尤其是来自目标校的学生，那里的分数门槛比核心校更严格——如果不是现役校队运动员或前校队运动员，将在简历筛选中得到较低的分数，从而被排除在竞争之外。

　　另一些人将因为课外活动匮乏而被拒绝。虽然父母的社会经济地位和子女参加结构化的业余活动关系密切，但并非所有富裕学生都参加了正确的活动或者参加了足够多的正确活动。我访谈过的几位富裕的国际学生就属于这一类。他们和自己工薪阶层的同学差不多，不知道公司在招聘时会把课外活动看作优点的标志，而知道的时候为时已晚。来自印度的伊娜忒是一名成绩很好的工商管理硕士，曾就职于印度的一家顶级金融公司，在回忆自己应聘投资银行和咨询公司的经历时，她解释说："我的［课外］活动害了我。来［这所学校］之前，我觉得我的［工作］经历可能是公司最感兴趣的。"然而，校园招聘一开始，她很快就从美国同学那里得知参加课外活动对于获得面试机会至关重要。她加入了几个非运动型的学生组织和一个校内的运动队，但她参加的这类会员俱乐部不是招聘者喜欢的高强度、长时间的活动参与，因此没有拿到顶级公司的面试邀请。

　　即使在通过了简历筛选的人中，有资格参加面试的人也要远多于招聘岗位的数量。所有求职者都必须让面试官相信，他们达到了一名优秀候选人的要求，这意味着他们聪明、光鲜、有驱动力，与评审人契合，且是真正感兴趣的人。尽管相比不太有权势的学生，富裕学生更有可能知道招聘者想看到什么信号，也有更多机会培养相关品质，但不是所有有特权背景的求职者都能在互动中成功地展现这些信号。[4]

　　例如，尽管光鲜的定义植根于对沟通风格和互动规则的阶层观念，但不是所有富裕学生都被认为社交技能娴熟。有些人让人感觉"别扭"或"奇怪"，还有一些则"呆头呆脑"。律师丹妮尔想起了她面试过的一名女性求职者，这个人的祖父数年前是公司的合伙人。尽管她在其他方面满足一名优秀候选人的要求——在一所顶尖法学院取得很好的成绩，讲述了一个非常出色的个人故事——但丹妮尔拒绝了她，因为她说话和行为的方式不符合光鲜原则。丹妮尔描述说："她［说话时］不仅眉飞色舞，还抽搐。我真不愿意这样说，但感觉非常奇怪……在她说话的时候，我开始像一名合伙人一样思考。我觉得'她不能这样和客户说话'。"同样，尤其是女性，如果被面试官认为外表没有魅力，也会妨碍求职者在光鲜上取得高分。（投资银行家维沙承认了这一招聘过程："我觉得如果你不是个漂亮女孩的话，事情会很难。我的意思是你不必**性感**，但确实需要适当地有魅力。"）同样，在投行和咨询公司面试的技术部分，富裕学生也要证明自己达到了基本要求。一些经济背景较好的投行和咨询业应聘者——通常是女性——因为数学上的错误而被拒之门外；在咨询业，还有一些人——通常是男性——因为没能遵循案例面试特定的语言而名落孙山。

然而，富裕学生失败尤其常见的原因是面试官觉得他们对工作或公司缺乏"兴趣"。评审人举了一些课外活动非常强的超级精英学生的例子，他们虽然知道兴趣是一个重要的评价指标，但无法让评审人相信他们的兴趣发自内心。因为名单校有很多学生无论自己真正的职业兴趣是什么，都应聘了这些工作（见第三章），所以评审人中有一个普遍的看法，即许多精英学生并不真的对应聘的工作感兴趣。投资银行家劳拉在提到面试过程 256 时解释说："你要努力地在这群孩子中辨别真伪，他们知道该发表怎样的"竞选演讲"，因为他们的父亲就在这一行，或者邻居就是干这个的。所以他们知道该说些什么，和那些……真的只想得到这份工作的人不一样。"几名背景优越的求职者参加了第一轮面试，但没有被邀请回来参加第二轮面试，他们解释自己的求职结果，认为是展现的兴趣没有说服力。例如，昆西来自一所顶尖商学院，父母都是高学历的专业人士，他向我坦承，自己申请咨询公司是由于同学的压力，而不是真正对这一职业感兴趣。在解释为什么"搞砸了"咨询公司的面试时，他说：

> 事实上是非常糟糕的面试经历……我对去那里真的有点三心二意，这在面试中真就表现出来了。我的意思是我没有那么投入……每一场我都搞砸了……面试我的人就是不相信我想当咨询师的理由。我觉得他们可以看出我有些心猿意马……我心思没在那上面。

因此，尽管公司在筛选求职者时使用的官方评价指标偏向来自富裕家庭的应聘者，也不是所有富裕学生都能在面试的那些维度表现良好。

你的支持者在哪？

迄今为止，对于进入第二轮面试的名校生来说，被拒绝的最常见原因是没有支持者。回想第九章的内容，大多数求职者既不是明星人物，也不是直接被拒绝，而是位于两者之间。在应聘者数量巨大而岗位又极其有限的劳动力市场上，处于中间位置的求职者常常需要有人支持才能得到录用。若是没有，许多原本被视为优秀（但尚未达到明星资质）的富裕学生也会遭到拒绝。

获得支持取决于面试官和应聘者的身份是否匹配，以及第五章中律师保罗所说的"那个人那天如何打动了你"。求职者需要唤起面试官的兴奋感、激情，甚至是喜爱，才能赢得支持；经历上的相似性常能激发这些强烈的积极情绪。一般而言，招聘中这种似我（similar to me）偏见有利于一部分候选人，因为他们展现出了刻板印象中中上阶层白人具备的文化信号，而这些信号也是公司员工的典型特点。然而，在广泛的精英文化信号中，具体的评审人有自己独特的品位和偏爱的信号，影响了他们是否愿意支持应聘者。例如，有些评审人把光鲜置于量化分析能力之前，而且只支持他们认为在前一领域表现卓越的求职者，另一些评审人的倾向则完全相反。有些面试官会为珍馐美味、稀有酒品而兴奋，另一些则只着迷于专业运动项目。正如罗比在霍尔特最后一轮聘用评议中的意见（第九章）所表明的，有些人因热爱红袜队而拒绝支持（或像在罗比的例子中，甚至拒绝聘用）一个洋基队球迷。

此外，我所研究的公司也并非完全同质。有些评审人对优点的定义不同于 EPS 公司的惯例，成就突出的精英学生如果和这些人分到一组，依然可能遭到拒绝。来自单亲低收入家庭的律师娜奥米就是这样一位评审人。她说自己曾据理力争地拒绝了一位求职者（而且成功了），即使这名求职者有她年长的白人男性面试搭档所喜欢的出身。娜奥米反感那些在她看来有特权的男性求职者。她评论道：

> 我去年去学校的时候，有个小伙子，他的学分绩点是 3.6，也可能是 3.7。他从大学直接进了法学院，没有工作经验，发表过法律评论文章，但简历上真的是什么也没有。[5]就写了他上的两所学校［本科学校和法学院］，曾经在一家乡村俱乐部做服务生，参加了［他所在的本科名校的］棒球队……**简历上什么也没有**。还有另外一名女生，她的学分绩点大概在 3.1 左右，父母来自加纳，她会说三种语言，之前已经读了一个硕士学位，还有各种国际经历……她之前有一个暑假在瑞士为一家律师事务所工作，说德语。她真的非常酷，性格非常好，所以我为她说话。我和诉讼部门的联席主管一起面试，他问我："你为什么想要她而不

是那个男的？男生成绩好，也发过法律评论。那个女生的成绩没有达到我们的要求。"我回答说："因为她是有真才实学的人，她能拿出真东西来。而那个男生只有棒球。"……我说服了他……即使诉讼部门的联席主管害怕回去面对暑期实习生委员会，怕他们问他为什么让这个女生回来了而没要那名男性求职者，但我还是说服了他。

娜奥米的例子证明，尽管自我再生产常常是精英再生产的来源，但有时候也可以在招聘中成为社会重建和多样化的源头。

打破阶层天花板

还有一些非精英出身的学生打破了招聘中强大的阶层偏见，收到了顶尖工作的录用。他们通过以下几种途径实现了这一结果：偶然匹配、圈内人的指导、模仿、文化渗透、夸大区别，以及补偿性资历证明。这些途径并不相互排斥。大多数成功的面试者受益于不止一种策略或机会。

偶然匹配

正如偶然的不匹配可以把求职者踢出录用群体，即使他表现出了招聘者通常想看到的信号；同样，面试官和求职者都回想起这样的经历，证明相似和共鸣也可以让原本要被淘汰的求职者获益。无论是由于机遇、运气，甚或是公司的干预，匹配到重视非常规员工的价值或自身经历与应聘者产生联结的面试官，都可能最终带来一份工作邀请。前文引述的那位接受过藤校教育的律师娜奥米，描述了她自己经历的一次偶然匹配：

> ［公司］面试我的时候，我成绩不够……但［我的面试官］和我特别投缘……在面试中间，她女儿打电话过来，她接了电话。她女儿需要点什么东西……她挂掉电话后对我说："抱歉。"我说："没事，我无所谓。"随即她开始说自己是个单亲妈妈……我说："我就是单亲家庭长大的，一个单亲的工薪家庭。我只是想让你知道我们能理解。我们明白你已经非常尽力了。"她哭了起来。过了一会儿，我们开始谈公司之类的事情……她看着我的简历说："我不应该聘用你，不应该拿着你的简历回到招聘委员会上，因为你的成绩不够。"但她接着说，"但是我喜欢你，我想给你这个机会，所以跟我说说你自己，这样我可以有东西告诉他们［招聘委员会］。"我不记得后来我们谈了什么……但因为我成绩不够，所以除了那家公司外我没有收到一次复试通知，那真是一家好公司，我成绩不好是因为第一年过得很糟糕。但他们还是录用了我……她在我身上看到了一些其他东西。

娜奥米说，这次求职经历影响了她在作为评审人时更偏向哪类求职者和什么样的叙事。她坦承："现在，当**我**面试求职者时，我倾向于支持小人物……那些第一个学期没有做好，但可以提

259

供其他东西或者之后成功熬出来的人。"例如前文讨论的那名加纳求职者。

塔卢拉是一名来自低收入家庭的顶尖法学院学生，她讲述了自己如何通过另一种偶然匹配得到了唯一的工作邀请。她走进面试房间，和评审人一起坐下来。短暂的沉默后，塔卢拉对面试官说："我喜欢你的腰带。"面试官礼貌地向她道谢。"希望你不介意我这样说，"塔卢拉补充说道，"它有点海盗风。"塔卢拉回忆那名面试官低头看了一眼腰带回答："嗯，我总会把自己想成一个海盗。"然后她们在面试的 20 分钟里相互讲了一些海盗有关的笑话。这名面试官推动塔卢拉得到了一份工作邀请，那是她唯一得到的邀请。

圈内人的指导

得到了解职场文化的圈内人的指导，是打破阶层天花板的第二个途径。指导通常来自求职者的朋友、恋人、同学或亲戚，他们能够接触到各类可能有用的内部信息或有阶层门槛的信息。例如，早在进入就业市场前，了解职场文化的圈内人就会教学生如何顺利通过顶尖名校的录取，EPS 公司就从那里招人。他们也会教学生如何顺利通过顶级公司特有的那类面试。律师丹尼丝想起了她的前男友。他的父母都不是专业人士。从简历上看，他是一个理想的员工，但面试一直没能带来工作邀请。丹尼丝意识到他从未试图"和面试他的人建立联系，没有展现自己性格的任何一面"后，便建议他"在面试中试着挖掘一些能和面试官搭上关系的东西，可以是看到他们桌子上的东西然后说：'嗨，我也喜欢那支队伍'，也可以是接着他们讲的内容继续往下说。要是他们讲了自己多爱孩子，你知道的，你就问一些关于他们孩子的问题"。他接下来的三场面试带来了三个工作邀约。

一个新的行业已经出现，专门提供这类专家指导。有针对求职者的免费博客和网站，还有面试准备指南，最近还出现了EPS公司前员工提供的个性化指导。投资银行家达斯廷描述这一新兴服务：

> 现在有一种公司，有两三个或一小撮儿曾当过投资银行家的人……他们到商学院去……在一年级学生参加第一轮面试前一两周……他们过来开一星期的课，每次上一整天，告诉你得到工作需要知道的东西。行话是什么，文化是什么，不同的术语是什么，不同投行的组织结构是怎样的，每个级别的人做什么事——他们处在那个阶段时曾经想知道的所有事情，现在都知道了……他们一家学校一家学校地去，提供同样的课程。

个性化的指导会花掉上千美元，因此更可能是富裕的求职者使用，相比于低收入学生经常使用的面向所有人的图书和廉价出版物，也更有希望带来成功。我访谈了加里，他是一所顶尖商学院的学生，父母都没有上过大学。他曾想成为一名咨询师，但没能收到工作邀请。加里谈论了在学习咨询业案例面试语言 261

时依靠图书和依靠个性化指导之间的区别：

> 我从一个二年级［学生］那儿买了三本书……像《沃尔特指南》(*Vault Guide*) 和《案例要点》(*Case in Point*)。我把这些看了一遍，明白这件事［案例面试］是怎么一回事了。但读这些书让我完全误解了这个过程如何起作用……我之前根本不知道性格在面试中那么重要，直到我开始参加面试准备［我们学院咨询俱乐部赞助的课程］才意识到……那些课程比书好得多。所以我参加了各种面试准备活动，和同学做了很多模拟面试……我的认识才更清楚……如果让我重来一遍的话，在参加几场模拟面试、跟几个当过咨询师的人聊天之前，我对书根本碰都不会碰，这样我才能切身体会面试**到底**是怎么回事。

模仿

另一个与圈内人指导相关但不相同的途径是模仿。这一策略是指求职者刻意模仿他们认识的精英的交往风格和自我表现风格。律师库马尔说，当年他经历招聘时，就在工作面试中模仿了西蒙的行为，西蒙是他在法学院最好的朋友，也是财富500强公司高管的儿子。他承认："我［在面试中］就坐在那儿，**假装是他**……我和他在一起待了很长时间，所以能扮得很像。我会问自己'WWSD？*（笑）就是西蒙会怎么做？'"模仿不仅适用于互动风格，也可用于与工作相关的知识准备。弗兰克是家里第一代大学生，也是一名退伍军人，他成功通过了投资银行的面试，我问他是如何准备的，他向我讲了一种更复杂精细的模仿：

> 我模仿……我录下了自己的所有电话交谈……当我向［同学、朋友以及战友］询问如何准备面试的建议时……我会这样："向我解释一下投资银行的业务。我大约三周后有一场面试。"我录下自己的通话，然后把学习指南打印出来，逐字逐句地背下，当面试官［在面试中］提问时，我就给出那些答案。

文化渗透

第四个途径是文化渗透，但人们较少有意地采取这种方式。这和其他通过吸收实现的学习形式类似。人们——通常是进入精英小学或初中的低阶层学生——通过浸淫在上层或中上阶层的环境中学会了相关文化符号和知识。一些学生——社会学者安东尼·杰克（Anthony Jack）称之为**有特权的穷人**——去的是私立学校或寄宿学校（通常是有奖学金或得到了未来计划［Prep for Prep］等专门项目的支持），另一些去的是知名的公立学校

---

* WWSD 是西蒙会怎么做（What Would Simon Do）中每个单词的首字母缩写。——译者注

或磁石学校 *。[6] 模仿和文化渗透的重要区别在于是否有意为之。在模仿中，个人有意学习精英的样子；在文化渗透中，个体通过不断接触而不是持续的努力来吸收、内化知识。伊莎贝尔是一名顶尖学校的法学学生，来自低收入家庭，她讲述了自己如何通过就读知名高中学会了精英的交往风格：

> 我刚到那儿的时候，完全震惊了。那里的人太不一样了……我非常显眼，但不是好的那种。（笑）我这儿受到了冲击。（她指着头上几英寸高的地方）……我不和不认识的人说话……但我觉得你要适应……你要学怎样打扮、怎样行为，这样人们才不会觉得你奇怪……我猜可能有点像学习一门外语。大家总说学一门外语最好的方法是去那个国家，无时无刻不被那种语言包围。我觉得我就是这样学会的。

但她又补充说，学习模仿精英同学的风格并非有意为实现阶层流动而采取的策略。"我那时不太知道［阶层］是什么。这样做是为了社会生存。如果不能融入，你就完了。"

夸大区别

不同于模仿或渗透，第五种途径——夸大——是放大阶层

---

* 指一些办学特点鲜明、有特色的公立学校。——译者注

差别。在招聘情境中，这一策略最成功的用法是讲述寒门贵子的叙事。一个出身贫寒一路走到面试房间的足够戏剧性的叙事，会激起评审人的赞赏，从而弥补求职者因缺少能够证明契合、光鲜和驱动力的高阶层文化信号而带来的不足。律师诺亚回忆了一个得到他支持获得录用的求职者：

> 我面试了一个孩子，他有点不够完美。我是说他曾在麦当劳工作过，还有其他类似的经历。但我心里想："你要知道，这个孩子的成长不像其他孩子那么容易。他显然工作很努力。我们给他一次机会吧。"我是说，这个孩子和我们大多数人不一样，他不是衔着金汤匙出生的……有时候就是这种不得不为了金汤匙而工作的孩子会更努力地工作。

夸大还有一种更冒险的形式，就是放大非精英式的互动方式，以符合一种容易理解的刻板印象。伊恩曾是一名军校毕业的军官，后来上了一所顶尖商学院，他讲述了自己在咨询公司的面试中如何彰显（而不是试图淡化）工薪阶层身份以及根深蒂固的南方传统。他解释说：

> 我来自南方——就是**真正的**南方。真的，我们镇上只有一个红绿灯……我的父母没上过大学……我们不高级……在［我的商学院］，有些和我来自类似背景的人……

试图掩盖这一点。也许他们认为，如果别人觉得他们和其他人一样，他们会更成功……但我觉得［那样做］失掉了某种迷人之处，所以我把它表现了出来。我没有隐藏口音，而是彰显了那种特别小镇、特别乡下土包子的东西。（笑）

尽管伊恩这样做成功了，但后一种夸大方式可能有风险。即使人们更能接受自愿符合刻板印象的人，但夸大非精英式互动风格的求职者画了一条脆弱的分界，一边是表现出熟悉的、容易认出的身份，有些人可能觉得这种身份别致或有魅力；另一边是违背了光鲜原则。正如我在下文讨论的，伊恩采用这一策略能够取得成功的原因之一是他曾是一名军人，因此其所服务的组织某种程度上可以弥补他在光鲜方面让人感到的不足。

264 补偿性资历证明

最后一种途径是补偿性资历证明。和偶然匹配一样，这条进入顶级工作的道路也不需要表现出高阶层的文化信号。相反，第三方机构证明了求职者的价值，弥补了任何人们看到的与阶层有关的差别或弱点。我的受访者经常提到两个支持机构。一个是教育机会赞助者，这是一家非营利组织，为非白人学生提供进入投资银行和律所工作的机会。[7] 该机构会预先筛选一遍求职者，向公司提供一群经过全面筛查的候选人，他们一般会进入顶级公司暑期实习的快速通道（这些实习经常能带来全职职位）。虽然许多参加 SEO 的人并非来自低收入家庭,但有些是。

不过后者几乎全部来自顶尖名校，因此已经有了基本的文化资本，即名校资历。

另一个常被提到的补偿性资历证明机构是美国军队。参军能激起评审人的钦佩之情——类似于寒门贵子叙事所引发的情感——从而弥补求职者缺乏阶层相关的文化技巧的不足。面试官即使不期待，但也可以接受退伍人员"粗俗莽撞"，而不是光鲜靓丽。此外，如果缺少对课外活动的常规投入，曾在军队待过也可以作为一个人的动力和毅力的替代证明。投资银行家特里斯坦非常明确地把参军激发的钦佩与参加体育运动激发的赞赏联系在一起："你知道，在我脑中，这和有运动员背景差不多，有同样水平的纪律和严苛……我觉得看到那个让人印象很深。"卡尔文也是一名投资银行家，描述了他最近面试过的一位军人求职者：

> ［我问他的］问题是……"投资银行非常紧张，压力很大，你觉得自己能应付得了吗？"他说："我花了两年时间，干一份每分钟都可能是我生命最后一分钟的工作。是的，我觉得我可以应付得了高压工作。"他的回答非常好，显然给我留下了印象。

除了弥补缺少精英文化资本的不足外，军队还为非常规求职者提供了较好的社会资本，他们可以向退伍军人的圈子寻求建议和帮助。前文所引的弗兰克在高中毕业后直接入伍参军，

265

之后进入了一所名牌大学。他告诉我自己如何获得了这份顶级投资银行的工作：

> 我是［大学里］退伍军人团体的主席，我见了［另一所名校］退伍军人团体的主席，他说："你想到哪家投行工作？我可以给你介绍人。"然后我开始和每家投资银行的每位退伍军人聊……这就是我为什么喜欢军人圈子……我们互相关照。

当然，从军经历不能保证一定得到工作邀请。尽管 EPS 公司的大多数招聘人员都欣赏退伍军人，但也有些人强烈反对军事活动，因此对退伍军人的要求也高于非军人。[8] 同样，几名当过兵的受访者称，非士兵级军官——他们多是知名军事学院的毕业生，更可能来自富裕家庭——对士兵级别的人有偏见，后者常常在高中毕业后直接参军入伍，而且来自不太富裕的家庭。加里和弗兰克一样，也是高中毕业后直接入伍，他举了自己面试一家咨询公司的例子：

> 我的第一位面试官是西点军校毕业的［军官］，来自［一所知名商学院］。我有点试探他的意味，想试试看能否从军事背景上和他建立联系。但是，根本没有可能。他对我非常傲慢，有点盛气凌人，好像他比我强似的。

　　　　　　　　　＊　＊　＊

　　虽然 EPS 工作的竞技场严重偏向来自有社会经济特权背景
的学生，但仍然有例外情况。一些富裕学生因为无法顺利地展
现出守门人希望看到的信号、在与工作相关的测试上表现不佳、
运气不好，或者出现了以上多种情况，最终没能收到工作邀请。
相反，有些来自低社会经济背景的学生恰好匹配到了欣赏他们
经历（即使这些经历不合常规）的面试官，学会了精英守门人
看重的信号并且知道怎样将它们恰当地展现出来，或者得到了
为他们潜在的智力水平、社交能力和道德品质提供担保的第三
方机构的支持，从而冲破了招聘中的阶层偏见。这些发现意味
着，除了与家庭有关的社会化过程和初等教育（现有文化再生
产理论所讨论的文化资本的主要来源）外，还有一些不同的道路，
允许非精英背景的学生成功地学习、展现占支配地位的文化资
本的信号，最终获得顶级工作。而且强调了文化资本和社会资
本的互动，拥有正确类型的个人或机构支持可以潜在地弥补文
化资本的不足。不过，还有一点十分重要，无论通过哪种途径，
成功进入顶尖公司的平民子弟之前一般都与精英个人或精英组
织建立了社交的或制度性的联系。因此，尽管社会重建会发生，
但有可能经历这些的人已经一只脚（或两只）迈进精英世界了。

266

第 11 章

结论

你一生中要做对很多事情……才能在应聘这份工作时有竞争力。如果你来自未得到充分代表的群体，那么需要做对的事情呈指数级增长。

——瑞安，投资银行家

经济地位完全靠个人努力挣得，在这一流行叙事的背后，有一个发达的机制，将一代人的经济特权传递给下一代。这一机制首先如前人研究已经证明的，将富裕的孩子输送到有保障的大学里，然后如我的研究所揭示的，引领他们进入蓝筹公司和最高收入阶层。

充当高收入和好工作守门人的顶级专业服务公司在特权再生产过程中扮演着至关重要的角色。理论上，这些公司的招聘实践是与阶层无关的，顶级公司的招聘者们只是想要聘用"最优秀、最聪明的人"；但实际上，正如本书所揭示的，这些公司评估应聘者价值的方式以及做出聘用决定的方式极大地倾斜了顶级工作竞争的天平，更偏向来自社会经济特权家庭的学生。公司定义才能的方式将表现优异但较少特权背景的学生排除在外，其筛选应聘者和做出最终决定所依据的指标与父母的社会经济地位密切相关。正是由于他们招聘采用的方式，这些公司系统地排除了那些聪明、有动力、社交娴熟但没有特权背景的学生，使他们无缘美国收入最高的入门级工作，这些岗位是进入国家经济精英阶层的入口。如此一来，更加剧了美国社会分层体系的日益固化，从一个人的社会出身便可预言他最终的社会位置，向上流动也不如在其他西方工业国家那样常见。[1]

EPS 公司的招聘流程和它们再生产的社会经济不平等给组织带来的结果到底是好是坏，在回答这一问题之前，我们先来回顾一下本书主要的学术贡献和社会意义。

学术贡献

文化作为资本

大多数关于美国文化和社会经济不平等的研究都是在正规教育体系内进行的，本书转移了焦点，揭示学生毕业后进入职场时精英再生产是如何出现的。我在书中剖析了一些关键机制，它们可以解释享有社会经济特权的学生为何能够得到顶级工作，以及他们是如何获得的，特别关注了劳动力市场分层的文化维度。

在分析过程中，本书证实了展现出高地位的文化确实能得到金钱上的回报，从而推进了学界对文化和不平等的研究。在社会学领域，布尔迪厄关于文化再生产的理论是许多文化和不平等研究的起点，其理论基于这样一种认识，即文化可以兑现为重要的金钱回报，进而影响不平等。但学者常常只看到高地位符号在教育领域给一个人带来的有利之处，忽视了它们在互动中直接产生的经济利益。应聘者如果拥有正确的文化符号，便可以将它们兑现成收入高于其他行业 2~4 倍的工作，通过展现这一点，本书从实证的角度证明了文化是一种资本形式，在劳动力市场上有实实在在的经济价值。

此外，本书在分析中逐步揭示了在美国经济精英眼中，**什么算作文化资本**。美国社会学界一直以来对文化资本的讨论窄化了这一概念的界定，集中于古典音乐、歌剧、芭蕾、艺术等高雅艺术形式的知识或参加相关活动。[2] 但高雅艺术的知识及参加相关活动并不是唯一与不平等有关的文化形式。[3] 通过一步步地研究社会分层，我揭示了这个国家最高收入工作的守门人在做出筛选决定时所使用的文化符号。他们所喜欢的符号——知名学府的文凭、高地位的课外活动、光鲜的互动风格，以及关于热情、自立、自我实现的个人叙事——都不是艺术的或高雅的，但的确与阶层有关。沿着布尔迪厄"非必需性"的逻辑，这些工作需要父母和子女将大量的时间、精力和金钱投入到并

269

不立即有用或有成效的活动中去，在业余活动的选择上尤为明显。他们既需要掌握内部信息，能够确认这些符号的价值，也要有时间和金钱正确地发展这些符号。

此外，要想收获高地位文化带来的经济收益，仅仅熟知正确的符号是不够的。招聘者寻找的求职者是大量接触并参与精英活动、展现出相应风格的人。例如，在课外活动领域，知道赛艇的规则，能够生动、充满智慧地谈论赛艇运动是不够的，求职者需要证明他们在这项活动上的投入，例如入选校队，或者在全国或国际比赛中取得名次。深度参与高地位文化比仅仅熟知相关知识需要更高的成本，也更难获得，但对成功地和守门人互动至关重要。[4]

然而，招聘决策不只取决于文化资本。文化资本与社会资本、可见的地位特征，以及应聘者和评审人的行为，共同制造了聘用结果和不平等。例如，公司采用的招聘指标有强烈的性别和种族偏好，评审人喜欢的面试剧本、活动和风格都符合强势的、刻板印象中男性和白人所拥有的特点。[5] 不仅如此，在某些情况下，拥有正确的社会资本可以弥补文化资本的不足。证明这两者之间存在明显的交互作用意义重大，因为大多数关于文化和不平等的研究在考察文化资本时都忽略了社会分类和社会选拔的其他基础。[6]

²⁷⁰ 招聘的个人（人际）基础

本书也提供了雇主如何招聘的内部视角。大多数相关研究认为，雇主先对应聘者简历上罗列的条件进行系统分析，理性地测算应聘者的生产能力，然后在此基础上做出聘用决定。应聘者的文化资本积累以及招聘官个人的情绪、经历和身份都被认为"与生产无关"，由此被排除在分析之外。[7]

我的研究发现从另一角度描绘了招聘的决策过程。首先，招聘者寻找的新人不仅是有能力的同事，还得是有趣、有意思的玩伴。在这一点上，他们不相信简历，常常更看重自己在面试中的个人感觉，如舒适感、确信感、兴奋感，而不是求职者是否有卓越的认知能力和技术能力。他们之所以这样做，不仅是为了减少快节奏、客户服务型工作中的不确定，也是为了增加自己在工作中的乐趣。在很多方面，他们的招聘方式更像挑选朋友或恋爱对象，而不符合社会学者构想出来的理性模型。其次，招聘者在做决定时，依据的是求职者在文化和情绪上的表现，以及自己的身份、经历和感受。因此，招聘不仅包括应聘者的能力与工作要求在技能上匹配，也包括（而且常常更重要）评审人和应聘者在文化和情绪上匹配。越来越多的证据表明，这种招聘过程不是 EPS 公司所独有，而是美国劳动力市场的普遍特征。无论招聘的是酒店服务员、时尚模特，还是高科技员工，美国的雇主们对契合、感觉、想法相近的强调常常超过了对应聘者工作经历、专业工作技能的看重。[8]

这些发现综合在一起，使我们不得不注意招聘根本上的人际特质。在主流社会学模型中，招聘者的决定取决于应聘者的品质。这符合个人主义和个人成就的美国叙事，这些叙事将个人在包括招聘在内的任何竞争中的成功或失败都归为内在因素而不是外在因素的结果。但正如我在全书所指出的,评审人的身份和他们对优点的特定定义也在招聘过程中起了重要作用。在我研究的几家公司,求职者得到的打分取决于与之配对的具体评审人,以及这位评审人**个人**看重哪类经历。[9]

教育和就业之间模糊的界限

大多数关于社会分层的研究把正规教育和劳动力市场视为相互独立的机构,按不同的逻辑运行。但我的研究希望人们关注顶尖学校和顶级雇主之间日益紧密的联系。

选拔程序

教育机构和劳动力市场的选拔程序有着惊人的相似之处。一个世纪以来,顶尖学校逐渐转变了自己的录取标准,越来越重视学生的课外兴趣、全面发展程度、个人品质和个人故事。顶级公司紧随其后,有意将大学录取的逻辑和标准引入招聘实践,并以之为最佳做法。同样,顶尖学校在选拔程序中越来越遵循营利的逻辑,而之前这只在商界通用。尽管大学的录取政策公开表明"不问学生的经济状况",但许多学校在做录取决定时都会考虑潜在的录取生要消耗多少经济补助,以及能带来多少学费收入和校友捐赠。[10]

收入和名誉

不仅如此，顶尖学校和顶级公司还存在一种共生关系，互相为对方提供宝贵的资源。顶尖学校为 EPS 公司提供开展业务所需的员工；反过来，公司常常会为了招聘学生而向学校支付费用。更重要的是，公司以高薪招聘了大量学生，提高了学校的就业数字、全国排名，以及校友捐赠。用社会学的术语来说，顶尖大学为 EPS 公司提供了人力资本，作为交换，这些公司为学校提供了在 21 世纪可资利用的经济资本和符号资本。[11]因此，尽管顶尖学校的管理者经常公开哀叹大量学生奔向了华尔街、咨询业和大律所，但学校私下里得益于这一择业趋势。

实际上，大学通过现有的校园招聘体系暗地推动学生走进这些工作。校园招聘的做法本身就模糊了大学就业办公室和公司招聘部门之间的界限。大学允许 EPS 公司霸占岗位招聘列表，主导人才交流会、招聘活动和面试机会，从而与公司合谋，共同使顶级公司的工作成为对这些学校学生阻力最小的道路。

在校园里，雇主们不仅广为宣传这些工作、面试应聘者，也塑造了学生对想要和不想要的职业和生活方式的看法。正如本书所展现的，EPS 公司校园招聘的一个重要部分是让学生对于什么意味着精英接受一种特定的看法。通过不断让学生接触奢华炫丽的招聘活动，在大方的暑期实习项目期间沉浸于高端生活，这些公司令名校生们相信，六位数的薪水和球星式的生活不仅是他们想要的，也是他们应得的。这些明示或暗示的信息（随后在学生宿舍、学生组织和社交圈中不断重复、传播）

272

为 EPS 公司确立了地位、建立了合法性，也为日后的生意做了铺垫。由此，它们作为国内（如果算不上是全世界的话）最聪明、最优秀人才聚集地的形象广为流传。它们也鼓励学生专注于金钱、物质财富和职业声望，以之为智力水平、社会价值和道德水准的标志，进一步将学生引到公司的职业道路上。

反过来，EPS 公司强大的诱惑极有可能影响这些学生如何度过自己的大学时光，也会加剧美国高等教育以娱乐为主的文化氛围。有学者指出，大学生，尤其是有特权背景的学生，注重课外活动甚于学业课程。[12]EPS 公司选拔新员工时看重课外活动甚于学习成绩的做法，无意中鼓励了这样的行为。

273 再生产经济特权

最终，名校和 EPS 公司联手再生产了社会不平等和阶层特权。将名校看成制造不平等的引擎，可能起初有点令人不适，因为这一观点冲击了人们内心深处的文化信念，即美国的高等教育是伟大的均衡器。这些竞争比以往更加激烈的名校，被认为是遵循严格的择优标准，不论贫富，在全国范围（而且越来越在世界范围）挑选最优秀、最聪明的人。

然而在现实中，这些学校在社会经济层面极度同质化。早在 1980 年代，父母的收入水平就已经成为子女能否进入名校的一个有效预测指标。1982 年至 1992 年，这一指标的重要性翻了一番，此后不断提高。[13]虽然四年制大学整体上以富裕家庭的学生为主体，但这种情况在美国最顶尖的学校尤为严重。[14]例如，在哈佛大学，**近一半学生的家庭收入位居美国前 4%**，仅有 4% 的学生家庭收入属于最后 20%。[15] 哈佛的情况在同类校中绝非个例，知名商学院和法学院甚至更为倾向富裕家庭的学生。[16]

由于社会经济多样化如此之低，知名本科院校已经遭到政府和媒体的抨击（专业学校暂时还未遇到这种压力）。作为回应，这些学校显著扩大了经济补助项目的覆盖范围。补助项目减轻了最终入学学生的经济负担，确实有所补益，但它们对于改变入学新生的社会经济地位组成几乎毫无帮助。[17]

尽管有人在解释这种社会经济地位构成的差异时坚称是因为低收入学生中有才能的人不多，但事实上，可供选择的低收入学生要比这种说法所认为的更多。[18] 重要的是，正如本书引言部分评述的研究所证实的，带有阶层偏见的录取标准人为地限制了名校学生的社会经济多样性。[19] 因此，即使这些学校成功扩大了申请群体，对录取生提供有吸引力的经济补助，学生的社会经济结构也不太可能有大的改变，除非学校采用较少带有阶层偏见的录取标准。

顶尖学校缺少社会经济多样性会影响更广泛的经济不平等，274 因为这些学校是最具吸引力的劳动力市场的供给方，它们的学生不仅填充 EPS 公司的职位，也占据了金融、科技、政府等行业快速通道中的位置。即使公司的招聘实践完全不带阶层色彩，但如果这类学校没有社会经济多样性，那么只通过这些学校吸收人才的公司和行业也不会有多样性。

然而，当把一个严重偏向富裕学生的人才输送管道与本身带有阶层偏见的招聘实践——例如 EPS 公司的招聘——组合在一起时，结果就是在顶级工作和顶级薪水的竞争中**双重过滤**求职者的社会经济地位。大多数低收入家庭的学生永远不会进入名校的大门，而那些确实进入名校的穷学生在毕业时相比他们富裕的同学要面临更不平等的就业前景。有些人可能自主选择进入低收入或低地位的职业，另一些人则被排除在报酬丰厚的工作之外，因为制度性的评估标准不利于他们，而且他们与做出招聘决定的具体面试官无法实现文化上的匹配。从这个方面来看，由于采用带有阶层偏见的聘用标准，公司把教育体系中表现出来的学业劣势和社交劣势转化成了经济上的不平等。[20]

此外，我的研究发现认为，大学或更高学历的文凭，甚至知名院校的文凭，并不是伟大的均衡器，无法保证拥有者进入中上阶层或社会上层。由于招聘实践中存在的阶级偏见，社会经济背景依然影响着学生在经济金字塔上走到何种高度。总而言之，我的研究表明，高等教育和就业是两个相互关联的经济分层系统，成功地减少阶层不平等（或者增加社会流动性）需要同时解决这两个领域存在的偏见。

社会意义

精英再生产

许多大众报道和学术研究坚持认为，建立在承袭资源和学校关系上的封闭的美国精英群体是历史的遗迹。[21] 知名学校和顶级公司只把位置留给"优秀"家庭出身的白人男性盎格鲁—撒克逊新教徒的日子已经一去不复返了。在这些人曾经所处的位置上出现了一个新的精英阶层，他们是投资银行家、管理咨询师、华尔街律师以及各大公司的首席执行官，而不再是往日的卡伯特（Cabot）家族和肯尼迪（Kennedy）家族。学校、参加马拉松比赛次数、蓝筹公司，以及时薪，代替种族、宗教、家族姓氏成为新的标志物，新的精英被描述为凭借自己卓越的才华、能力和成就，而不是与生俱来的各种有利条件，一步步走到了金字塔塔尖。在很多人眼中，他们是精英贵族，不受惠于世代相传的特权。

确实，这些 21 世纪的精英不同于他们的前辈。至少在初级职位，他们的性别、种族和宗教比前人更多样。进入这一群体的竞争如今变得更加开放、正规，欢迎所有人申请，并按照适用所有人的优点衡量标准筛选应聘者。

但是，在近距离考察顶级投资银行、咨询公司、律师事务所如何选拔新人后，本书认为，经济精英中的社会封闭依然存在，而且运行良好。虽然在理论上所有人都可以参加竞争，但实际上，仍然只有少数表现出与特权身份有关的高地位符号的人才能进入这些利润丰厚、令人艳羡的机构。相当一部分新人来自美国最著名的几所大学。虽然数个世代以来，常春藤高校一直是美国精英阶层的主要招聘来源，但在过去，两者之间的关系是非正式的。[22] 现在，通过学校"名单"和额度分配，公司正式把精英阶层的名额预留给了少数几所名校的毕业生，那里占主导地位的正是美国最富裕家庭的学生。

在这个已经千挑万选的群体内部，应聘者要进一步接受"优点"和"才能"的筛选，而"优点"和"才能"的定义与父母的社会经济地位高度相关，从而使顶级工作的竞争更加偏向特权家庭的孩子。正如社会学家罗莎贝斯·莫斯·坎特（Rosabeth Moss Kanter）所说，招聘经理们喜欢社会特征和自己相似的人。[23] 随着教育和招聘中机会平等立法的出台，按照性别、种族、宗教，以及性取向（有些州做此规定）筛选求职者现在已经不合法规（然而按照阶层筛选却是合法的）。对此，顶级机构发展出了更新、更隐秘、看起来也更合理的筛选方法来保障员工的社会和文化同质性，例如加强对高端课外活动的筛选，以及引入文化契合作为一个正式的聘用指标。[24] 因此，即便当前的精英来自更广泛的种族和宗教群体，但从社会阶层和文化上看，他们来自美国人口中越来越小的一群人。

当然，和过去一样，还是有少量人流进或流出精英群体。正如第十章所讨论的，有些背景平平的人进入顶尖机构，也有些特权出身的人被拒之门外。这样的流动呈现出一种形象，仿佛进入精英群体的通道是具有渗透性的，使选拔看起来不带偏见，依据的是个人能力而不是社会出身。同时也形成了对不平等的容忍，因为它制造了一种认知，即精英的顶层位置是理所应得的。尽管存在这些少数的例外，且流行叙事对此不吝赞美，但在现实中，从社会最底层一步步登上经济阶梯最顶层的情况愈发少见。[25]

真正的精英统治？

从很多方面看，旧有的贵族统治已经在实质上被精英统治（meritocracy）取代——尽管不是在这个词的传统意义上。精英统治是社会学家迈克尔·扬（Michael Young）在《精英统治的崛起》（*The Rise of the Meritocracy*）一书中创造出来的词汇。[26]在这本书里，扬站在一个虚构的、未来的英国回看，那里的学校和工作岗位严格按照才能分配，测量才能的方式是智力测试。这一体制表面上看似机会平等，但最终制造了一个基于先天因素和血统的严格的阶层制度，只有已经成为精英的人才有资源和机会培养孩子在测试中取得高分。教育和经济轨道在一个人的童年早期就已被锁定，精英父母们奋力竞争，确保自己的孩子处于高地位的轨道上。

尽管这些描绘只是虚构，但扬的精英统治与我们今日有才能的贵族统治有着惊人的相似之处。一个人早期的生活经历和父母的资源是日后获得经济机会的重要驱动力。穷人和富人家庭的孩子在教育上的不平等——这些差异无法归为个人能力的区别——在幼儿园之前就已经出现，并且在塑造他们一生的教育轨道和经济轨道中发挥持久的作用。选拔学生进入特定道路的标准表面看来不带阶层偏见、人人都可获得，但实际真的走上这些道路需要父母富裕、负责、消息灵通、支持有力。[27]

同样，在一个逐渐全球化的赢者通吃的分层体系下，许多中产阶级、中上阶层以及社会上层的父母认为，他们的孩子必须从小踏上高地位的轨道，否则就会在游戏中出局。如今，与

277

寒门贵子的故事并列各大主流媒体报端的，是城市父母努力在"正确的"幼儿园为孩子争得一个位置，帮助他们在私立小学、中学的竞争中领先他人一步——这是进入"好"大学的有利条件。（这催生了繁荣的学前教育咨询业，他们帮助父母打造成功的申请，为蹒跚学步的孩子辅导入学考试和面试。）最极端的大概是曼哈顿的一位母亲，她把4岁女儿所在的幼儿园告上法庭，理由是幼儿园没有让她那刚会走路的孩子充分准备纽约市私立小学的入学考试，损害了孩子进入知名小学，继而进入藤校、日后获得高薪工作的机会。[28]更常见的情况是，富裕的家长让孩子在越来越小的年龄参加越来越多的课外活动、竞争强度越来越高，希望以此吸引大学的招生官。在有些城市，儿童课外活动的竞争在两三岁时就已经开始了。[29]

我在进行这项研究时，感受到了父母想为孩子打造优点的焦虑。我写的一篇关于招聘中课外活动的文章——第四章大体上就是以此为基础——被几大主流新闻媒体报道。之后不久，我收到大量的家长来信，询问怎样才能最好地保障自己的孩子有机会得到EPS公司的工作(有些人心中已经有了选定的公司)。家长们担心自己的孩子玩儿错了运动（或根本不喜欢运动）。一名还在怀孕的母亲让我为她尚未出世的孩子制定一张职业时间表。虽然2015年的美国和扬虚构的2034年的英国有诸多不同之处，但扬的确切中了某些要害之处。[30]

对公司的意义

本书所记录的招聘实践加剧了美国的精英再生产和阶层分化。但与主要关心不平等的社会学者不同，实践者们想要知道，不管竞技场的倾斜程度如何，当前的招聘过程是有利于还是有害于组织的业绩。

这是一个没有定论的实证问题。研究中很少有公司追踪简历特点、面试评估与在职业绩之间的关系。[31] 事实上，一些律师事务所直到最近才开始对员工进行书面的绩效考核。[32] 而当公司确实追踪这一信息时，它们面临潜在的抽样偏差：公司只能分析受聘者的绩效。正如本书所表明的，从学校和社会经济地位来看，公司常常只从总人口中范围极窄的一群人中招聘。这样有限的群体使公司很难准确地判断什么因素能够预测工作表现，因为关键变量上的差异太小。[33] 换言之，如果某项特质能够最好地预测积极工作表现，具备这项品质的那些人可能从来没有被这些公司聘用过。

未来的研究要进一步探明书中这类招聘实践与企业业绩之间的关系。就目前的数据来看，我还无法回答这一问题。我在研究中询问评审人，他们是否认为公司目前的招聘过程有效地找到了做这份工作最好的应聘者，一半以上的人（57.5%）相信现在的招聘是有效的，1/4多一点的人（26.7%）认为无效。正如我在下文所解释的，依据我在研究中汇集的知识和更一般的社会科学的洞见，对招聘和业绩之间关系的考察表明，当前的招聘实践对公司来说有利有弊。然而，我们可以得出一些令人信服的结论，即当前的招聘方法不一定在经济层面对公司最优。

有利条件

社会阶层不是受法律保护的身份，因此基于阶层的歧视是合法的。理论上，无论直接还是间接，根据社会经济地位筛选应聘者都可以给公司带来好处。任何一个机构的声誉都与其员工的地位紧密相连。[34] 员工来自美国社会最精英阶层可以提高公司和行业的声望和名誉，聘用精英员工也有利于使高端客户产生舒适感和信任感。

同样，只从名校招聘员工可以提高公司在客户、竞争对手和求职者心中的地位，也能增强客户对这些公司提供的服务价值的信心。尤其考虑到许多员工相对年轻又缺乏直接的工作经验，名校身份使他们收取的高额费用变得合理。从名校招聘也有助于公司发展日后的业务，因为招聘过程中会和日后在其他领域占据有权力、有影响位置的学生建立联系。尽管高离职率在短期提高了成本，但长远来看扩大了未来的客户基础，从而可以使公司受益。有大量前员工在其他机构和行业就职，有助于公司获得新的业务。

此外，基于文化相似性挑选新人可以提高员工的凝聚力和工作满意度。把能够很快成为朋友或玩伴的人变成紧密联系的同事，可以增进初级员工的动力和组织忠诚度，也许可以补偿员工工作的疲惫和任务的枯燥。研究中的受访者清楚地指出，尽管这些工作带来的生活方式困难重重，但一个由志同道合的人所组成的强大社交圈是公司重要的营销工具，年年被用来吸引新的应聘者。

最后，虽然研究中涉及的几家公司在最近的金融危机中倒闭了，但至少在此之前，这些公司还是盈利的，并且客户对它们的需求很大，也是求职者眼中的香饽饽。这些机构的相对成功也许表明了它们当前的招聘流程运转足够良好。

缺陷

除了这些潜在的好处，当前的招聘流程也存在巨大的缺陷。第一，全年让大量员工离开带来营收的客户工作参加招聘活动，面试远超可聘用数的应聘者，可能会损害公司的生产力或利润。参加招聘活动不仅要占据带来收入的客户工作时间，招聘导致的团队经常人员不齐（通常一次占用一天或更长时间），还会打断高质量、时间紧迫的客户工作的进行。而且，经常出现人员变动也会削弱客户—员工关系的连贯性，降低客户的满意度。

第二，只在最顶尖名校招聘带来高昂的经济成本。知名高校的就业办公室每年收取招聘方上万美元的费用，才允许它们在校园里开展活动、面试学生。[35] 除此之外，公司一般每年还要花费数十万到上百万美元，在校园里举办社交和宣传活动，努力说服几乎所有顶级名校的学生前来应聘。然后，他们让全国各地（有些是全世界各地）的创收人员参与筛选简历、面试求职者。由于大部分顶尖名校倾向于不提供具体的培训，不教

280

给学生毕业进入工作岗位后所需要的技能，所以公司必须为新人提供大量培训。[36] 公司经常请在职员工或收费不菲的专家全天候培训新人，时间从两周到两个月不等。在此期间，员工可以领取高薪却不用给公司创造收入。

第三，也许对公司来说是成本最高的，即初级员工的离职率非常高。大多数新员工在最初的 2~4 年内会离职。高离职率部分可以由招聘标准与实际工作需求之间的冲突来解释。新员工被这些工作许诺的权力、玩乐和持续不断的智力刺激诱惑，但那些许诺与投资银行家、咨询师或律师第一年按部就班的枯燥任务格格不入。宣传中"无与伦比的学习机会"很快变为一周 80 小时制作数据透视表，或在文件审核时标出特定的词汇，这对于那些经常听到别人斩钉截铁地夸自己是这个国家"最优秀、最聪明"的人来说，根本不符合他们崇高的职业抱负和自我认知。事实上，研究表明，在工作第一年，来自顶尖知名学校和最富裕家庭的学生最强烈地表达出离开这些公司的愿望。他们的工作时间太短，远未赚回公司在他们身上付出的培训成本和招聘成本。[37] 同样，由于这些机构需要员工全身心地投入工作，几乎不给他们时间追求工作以外的事情[38]，因此根据求职者表现出的在业余生活和娱乐上的投入来选拔新人可能导致员工与实际的工作需求不匹配，加剧本已很高的离职率。还有其他很多员工因为表现不达标而被辞退。

第四，允许评审人按照自己的理解灵活定义优点，挑选让他们个人感到兴奋的求职者，会鼓励他们为自己招人，而不是为公司招人。因为评审人有可能要在工作中与新人密切配合，所以他们有动机挑选最让他们舒心而不是最有能力的求职者，牺牲组织的目标来达成个人愿望。

第五，当前的招聘过程也扼杀了文化多样性和人口多样性。虽然文化相似性有利于信任感的建立和沟通，但常常要以团队效率和高质量的集体决策为代价。[39] 此外，强调名校出身，以及缺乏系统的结构减少评估中对求职者性别和种族刻板印象的依赖，这些都把达到标准的女性和少数族裔排除在偏向男性和白人的录用群体之外。这些模式会给组织业绩带来负面影响，不仅因为人口多样性会影响能否做出高质量的决策，也因为性别和种族多样性已经成为客户和未来应聘者评价公司质量和地位的重要指标。同样，招聘过程本质上的主观性会让招聘方面临性别和种族歧视的昂贵诉讼。EPS 公司过去已经受到过这样的指控，现在仍然继续面临这一情况。

最后，尽管根据社会经济地位进行筛选可能提高公司的地位，提升客户的舒适感，但它把掌握了与优异工作表现相关的重要技能的人排除在外。研究表明，非名校生和社会经济背景较弱的学生更乐意接受 EPS 公司工作提出的要求，也表达出更想留下来的意愿。[40] 不仅如此，经济条件较差的学生在面对紧张、压力和逆境时表现出了更强的心理适应力和毅力。[41] 这些特点可以成为应对 EPS 公司这样压力大、期限紧、昼夜无休、竞争激烈的工作环境的有利条件。经济条件较差的学生也更愿意为集体利益放弃个人欲望，这在要么全力以赴，要么干脆放弃的

282

环境中也是团队潜在的资产。[42] 最后，尽管许多光鲜的标志与高社会阶层背景有关，但是高社会经济地位的学生相较于工薪阶层和中产阶级的学生而言，常常是**较差的**倾听者，也不太能够准确读出他人的情绪——这些技能对于有效地从事客户服务工作至关重要。[43]

简而言之，当前的招聘过程，以及由此产生的极端讨好和筛选，可能无法找到正确的员工。公司也许会招到资历甚高的文化契合者，他们喜欢自己的同事，但厌恶（且可能无法胜任）自己的工作，并且渴望离开。相反，那些目前被系统性地排除在 EPS 工作之外的学生也许更符合工作的实际要求，也可能比当前受聘的那类学生更适合这些工作。

公司可以做什么

基于研究中揭示的 EPS 公司的招聘方式，该怎样改变这一过程，使顶级工作的竞技场更加高效、有用而且公平呢？

如前文所述，很多研究受访者认为公司目前的招聘过程足够好，但很多人并没有认真反思过公司的招聘方式产生的更广泛影响，无论是对经济不平等还是对公司业绩的影响。对于想要提高效用、减少招聘偏见的公司来说，无论它们是出于社会、组织还是法律原因，有几个可供选择的方法。一方面，考虑到名校或顶级名校的人口构成，将工作竞争局限在这些学校的学生中，人为地降低了新员工的种族和社会经济多样性。[44] 想要增加这类人口多样性的公司可以采用更宽泛的教育质量定义，

283

在招聘时纳入既展现出高水平学术成就（包括工作相关的课程）又有多样性的大学。这样一来，人才输送的管道更宽，但应聘者的数量也会增加。对此，公司可以更多依靠成绩和之前工作的职责来筛选求职者。研究表明，成绩是预测工作表现的一个相当可靠的指标[45]，但公司目前只把它作为发放面试邀请的基本条件。此外，由于课外活动在简历筛选和面试中都是评估的重要依据，也是社会经济偏见的重要来源，公司和大学就业中心可以不让评审人看到求职者的课外活动，或者禁止学生在简历上列出活动信息。

面试结构上的改变也有帮助。前人的研究表明，非结构化的面试，例如律师事务所经常采用的，对于预测工作业绩效果非常糟糕，而模仿工作情境的结构性较强的面试有更好的预测效果。[46]正如我在本书中展示的，招聘者所提的面试问题结构性越强，契合在评估中所占的分量就越小。类似地，正如表11.1和11.2所示，面试形式的结构性越强，就有越多评审人认为招聘过程既有效又公正，在这一方面，咨询师排在首位，律师排在末位。

然而，正如我对咨询公司技术性案例面试的分析（第八章）所表明的，仅仅包括结构性测试并不足以消除偏见。如果回答好结构化测试需要掌握精细的内部仪式、准则和风格，那么这个测试实际上会加强招聘中对社会经济地位和教育声望的偏见。此外，无论采取什么形式的问题，评审人都倾向于根据自己的形象来定义优点，挑选文化上与自己相似的求职者。因此，为

284

表 11.1 你认为当前的招聘过程是否有效？（N=120）

	整体（%）	咨询业（%）	银行业（%）	法律业（%）
是	57.5	72.5	67.5	32.5
否	26.7	10.0	22.5	47.5
也许 / 不确定	15.8	17.5	10.0	20.0
总计	100	100	100	100

表 11.2 当前的招聘过程是否公正？（N=120）

	整体（%）	咨询业（%）	银行业（%）	法律业（%）
是	48.3	52.5	47.5	45.0
否	37.5	37.5	32.5	42.5
也许 / 不确定	14.2	10.0	20.0	12.5
总计	100	100	100	100

了最大限度地减少偏见，公司除了安排与工作技能相关的结构化测试外，还需要辅以对评审人的培训，指导他们如何更客观地评价求职者的测试表现。重要的是，面试中考察的品质应该是已被证明与良好工作表现相关的。这就要求公司系统地分析求职者在受聘前有哪些特征与工作业绩相关，想要做到这一点，需要公司持续地详细记录求职者和员工业绩的各种特征。[47] 最后，即使结构化的面试也会出现偏见，所以公司应减少面试所占的比重，比现在更加重视简历（特别是在之前的工作和实习中完成的任务）。[48]

公司也可以改变由谁进行面试。依靠创收人员面试除了花费时间和金钱外，还有别的缺点。我的研究发现，这些创收人员接受的面试技巧培训和招聘法律培训少之又少。他们在教育和经济背景上相当同质化，在定义优点时非常依赖个人经历。公司可以给予人力资源专员更多决策权——他们更熟悉最好的招聘做法，在文化和人口上也更具多样性。这样可以通过增加员工异质性来约束似我偏见，从而提高多样性。这些公司人力资源专员的教育背景和社会经济背景比创收人员更多样，所以可能为不同常规的求职者提供入门之路。尽管考虑到员工对人力资源人员普遍存在偏见，这样的举措可能不受欢迎，但它也可以让领取高薪的专职人员全身心投入在创收的客户工作上，从而提高效率。

让公司为招聘结果负责也有助于增加新员工的多样性。虽然律师事务所的面试结构性最差，但它们在丰富员工性别、种族和性取向的多样性上却比其他公司更成功，因为它们要向公众公开多样性数据。[49] 在有些情况下，求职者和潜在客户抵制了多样性不足的公司，由此激励公司增强多样性。[50]

合在一起，这些改变可以开始创造一个更公平、更有效的竞技场，让各位选手共同竞争全国收入最高的入门级工作，争夺进入经济精英阶层的通道。

后 记 *

从十年前开始这项研究至今，无论是整个世界还是具体的 顶级专业服务公司，都发生了很多变化。其间，读者经常问我的一个问题是："现在有什么不同？"

当我在2006年开始这项研究时，不平等还主要是关于贫困的研究。我花了大量时间，通过文章和报告说服学者们，富人对我们理解社会分层同样十分重要。过去几年来，不平等——以及精英在维持不平等中发挥的作用——已经成为一个热门话题。如今，为了节约篇幅和时间，"为什么选择精英"这一部分是我首先会在文章或演讲中删掉的。

学术界和其他领域重燃对不平等的兴趣，金融危机和占领华尔街运动功不可没。金融危机也导致了EPS公司一些意义重

---

* 此为英文平装版后记，写于2016年，精装版出版一年之后。——编者注

大的变化，我研究的几家公司在危机中破产，或者与竞争对手合并。失业随处可见，投资银行和律师事务所首当其冲（2009年2月，纽约市的律所在短短一周内裁减了近1000名员工）。[1]但在此期间，EPS公司仍在招聘新毕业的学生（有些公司以长达一年的延期入职为掩饰，给新员工支付薪水，却不用他们工作，让学生利用这段时间追求自己热爱的事），但通常以解雇在职员工为代价。[2]与业内人士的交谈表明，公司这样做是为了维护与核心校的"校园关系"（为经济最终复苏时做好准备），维持自己在精英学生心目中的形象，因为这些人日后可能成为公司的客户。

　　然而，大多数公司的招人速度确实慢了下来。人们可能预期，当工作机会变少时，技能而不是出身会占据核心地位。但是，社会学研究表明，当劳动力市场选拔性更高时，实际上会**增加**歧视，而不是减少。[3]这某种程度上纯粹是个数字游戏：应聘者数量相对于工作数量增加了，所以招聘方可以更加挑剔。与几位受访者的后续访谈，以及与行业专家的交流证实，EPS公司的招聘出现了类似情况。事实上，《出身》一书中描述的许多偏见在金融危机后立即被强化了。公司缩小了名单校的范围，筛选时更加侧重课外活动、光鲜与契合度（律师事务所在目标校更看重成绩），招人时更依赖社交网络。很多公司的多样性受到重创。[4]金融危机以后，招聘有所回暖，对多样性的兴趣也开始回升，不过投资银行和律师事务所的速度相对缓慢。

　　这些年还出现了另一个变化。当我开始这项研究时，与

288

EPS 公司竞争人才的有两个主要对手：对冲基金和私募股权公司。金融危机后，技术火了起来。这些公司有资源丰富、自给自足的企业园区，可以与大学生活无缝对接，又大声疾呼"不做恶"（尤其是现在，华尔街已声名狼藉），还用股票期权和收购许下了更多财富。种种这些诱惑，再加上不容忽视的事实——几年来 EPS 公司的工作不好找，导致很多精英学生抛弃华尔街和大律所，奔向了硅谷和旧金山。但值得一提的是，EPS 公司仍然在许多知名本科和研究生院校占据主导地位。例如，哈佛每年仍有超过 1/3 的大四学生进入金融业和咨询业（相比之下，去科技公司的不到 1/6）。但是现在，EPS 公司已不再是城里唯一的玩家了。[5]

咨询公司或许是面对这些变化时应对得最好的。尽管在危机刚过去的那几年，它们也受到了负面影响，但幸存下来的公司都欣欣向荣。事实上，这些公司的经理常常跟我说，他们招人的速度还满足不了业务增长的需求。显然，他们仍然只考虑名单上那一小部分核心校和目标校的学生。

这一窘境在招聘工商管理硕士时显得尤其有趣。为了应对增加的人才需求，有些公司在名单上增加了本科目标校的数量，却迟迟没有拓宽商学院的人才通道。他们没有把竞争向更多样的院校开放（因此也就没有向人口学上更具多样性的应聘群体开放），反而把目光投向了商学院之外，从医学院、法学院、工学院以及相关的博士项目招揽人才。但重要的是，它们几乎只关注一流的项目，有些咨询公司制定了内容详尽的名单，按声

289

望对每个学科（很大程度上是与工作无关的研究领域）的博士项目进行排名，由此显示出这些公司的招聘仍然以学校地位为主导。在公司眼中，一流博士项目的古典文学博士要胜过二流商学院毕业的、没有关系的工商管理硕士，即使培训前者需要投入更多资源。当我问这些咨询师，为什么公司宁愿在博士项目上大量投入也不愿意去其他商学院招人时，他们的回答与我原来的受访者所说的惊人一致：进入一流的项目——无论研究什么议题以及对具体工作要求的适用性如何——是智力水平高的标志，而进入二流院校是智力水平的一个危险信号。

本书出版之后，几家 EPS 公司找到我，希望我帮助他们提高种族多样性。我的建议是扩大招聘范围，不要只局限在黄金通道上，要覆盖学生构成有更多多样性的大学，然而这一建议很快就被弃置一旁。对此，咨询公司的一位招聘负责人总结说："我们想要多样性，但不能为此牺牲质量，相信你一定可以理解。" [6]

总之，EPS 公司的世界正在发生变化。但至少现在，它改变的方式仍然维持了现状。当涉及出身时，似乎变化越多，现状就越一成不变。

附录一

谁是精英?

澄清"精英"一词的含义很重要。美国在讨论经济特权时 缺少发展完善的用语。在很多方面,阶层在美国是一个肮脏的字眼——如果非要讨论这一话题,那么应该像前总统候选人米特·罗姆尼(Mitt Romney)所说的那样,"悄悄地,关上门"。[1] 对阶层的这种态度部分源于美国的个人主义和自主自决的理想。[2] 在一个宣扬个人主义胜过集体主义的社会里,承认我们的成功可能并非全部出自个人的努力,实在令人尴尬。在这个社会里,贫穷更容易被解释为个人的失败。[3] 经济特权就像烫手的山芋,任何人都不想当众被发现持有它。

此外,美国人常常把经济阶级结构与等级结构混为一谈,只要存在任何流动性,就被视为不存在经济阶级的证据。[4] 不同阶层之间确实存在一些微小的流动性。许多人都能想到至少一个认识的人(通常是一代或几代人以前),要么是在条件有限的情况下忝列富豪之位，要么千金散尽，从富裕阶层跌落。根据行为经济学家所说的**可得性启发**（availability heuristic）*，我们倾向于对这些熟悉的案例进行过度概括，认为流动比实际上的更普遍（而且发生的可能性更高）。[5] 事实是，任何阶层制度，包括我们自己的，都存在流动性。[6] 但现实情况并不利于流动性的出现，很有可能孩子最终达到的经济阶层与其父母的相同。[7]

不仅如此，在美国研究经济精英往往很麻烦。一方面是因为美国存在上述各种意识形态的障碍，另一方面是因为美国缺乏衡量阶层相对位置的历史性指标，这点英国就和我们不一样。社会学研究、民意调查、人口普查和市场研究都面临这些问题，其至在研究阶层的学者中，对于阶层是否应该用收入、财富、教育、职业或相关组合来衡量，也存在分歧。[8]

当研究者试图描述构成阶层的核心内容时，转向人们对自己相对社会地位的主观认识并没有取得多少收获。美国人对自己所在阶层的分类往往不准确。许多富裕的美国人认为自己是中产阶级或中上阶层。全国收入前 2% 的医生、律师和其他专业人士经常说自己属于中上阶层，研究他们的社会学家也觉得自己属于这一阶层（在心理学中，惯例是把他们以及所有四年制大学文凭获得者都归为中产阶级）。西北大学社会学系研究生菲欧娜·金（Fiona Chin）在费城和芝加哥收入前 1% 和前 0.1% 的

---

* 人们根据某种信息在心里被想起来的容易程度进行判断，那些容易回忆起来的信息被认为比不太容易回想起来的更常见。——编者注

人身上也发现了类似的模式。[9]虽然她的受访者年收入超过100万美元，但他们仍然觉得自己是中产阶级或中上阶层，因为他们还在和前面的人比较，有一种相对剥夺感。他们生动地描述那些比自己更有地位、更有钱的人——并不只是住在街区另一边的家庭，也有劳尔德·贝兰克梵（Lloyd Blankfein）家族、唐纳德·特朗普（Donald Trump）家族以及世界知名的帕丽斯·希尔顿（Paris Hilton）家族。此外，他们需要在消费上努力不落后于身边人，需要尽力为自己和孩子创造理想中的生活（成年人要度假、健身、打扮、成为社交俱乐部会员、参加慈善募捐活动，孩子要参加课外活动、有保姆照顾、上私立学校、请家教），不得不时刻查看收支平衡表，这让他们倍感约束。《纽约时报》几年前的一篇文章描述了西海岸硅谷"工薪阶层百万富翁"的类似情况，每年收入七位数的高科技员工认为自己物质条件差，因为他们周围都是年薪八位数或九位数的人。[10]

因此，用人们对自己社会地位的感知来研究社会阶级存在一个关键的困难，即在许多美国人看来，上层或精英意味着**不用考虑金钱的限制**，且／或没有可比较的比自己更富裕的人。但是，几乎每一个经济阶梯上都有相对拥有更多（或更少）的人，让人们认为自己必然处于中间位置附近。[11]收入在前90%的人认为自己和前1%的不同，前1%的人也同样看待自己与前0.1%或0.01%的人的关系。很少有人觉得自己是精英。

让事情更复杂的是，有些学者发现，美国人不仅不能准确地理解自己的相对经济地位，而且经常从职业和伦理的角度（例

293

如 "勤恳""诚实""有动力""专业"或"懒惰"），而不是社会阶层的角度看待自己以及不同社会群体之间的界限。[12]

　　不过，即使我们缺少一个确切的衡量标准，不管是用金钱、伦理还是大学入学考试来衡量，事实依然是社会出身对个人的经济发展轨迹影响深远，值得我们研究。正如社会学家保罗·迪马乔（Paul DiMaggio）所说："美国人不太容易接受阶级观念，似乎对自己的阶级地位也没有稳定的认识，但这并不意味着我们不能研究社会经济地位造成的影响。"[13] 社会科学研究的许多核心主题，例如不平等、人力资本和认知都是多维结构，很难只用一个尺度刻画。我不想陷入争论，不讨论哪一个单一的、国家层面的指标最好地量化了阶级——实际上，这些测量指标彼此高度相关——在本书中，我以其他文化社会学研究为基础，将社会阶级视为一个过程而不是一个变量来考察。[14] 我的重点是分析广义上的社会经济特权和困厄，通过什么样的机制影响了一个人的生活经历和人生机遇。

　　但这把我带回到了最初的问题：当我在说"精英"和"特权"这两个词时，我表达的是什么意思？近年来，占领华尔街运动让这样的理念被广为接受，即收入前1%的人是美国的精英或上层。美国人不愿意承认自己的特权，再加上社会缺乏对经济分层正式、制度化的衡量，这些或许可以解释为什么这一话语能流行起来。那1%的人距离我们足够遥远——远离大众和研究不平等的学者——所以可以放心地把他们称为有特权的人。尽管这个群体——我称之为**超级富豪**——在经济和政治上都极其重要，但我认为，他们实际上并不是美国经济精英或上层的组成部分。将前 1% 甚至 0.01% 的人称为"精英"掩盖了社会分层和支配的重要机制，这些机制制造或阻碍了当今美国社会中的教育、职业和经济机会。

我对精英的定义更加宽泛。沿着社会学家西莫斯·可汗的研究脉络，我将精英定义为对稀缺的珍贵资源"有极大控制力"的人，这些资源可用来在整个社会中获得物质优势或符号优势。[15] 有一些人是经济精英，我将其定义为家庭收入在人群中位于前 20% 的人，他们的孩子垄断了社会流动的官方渠道，包括教育体系。[16] 也有一些人是教育精英，他们拥有最高级别的官方教育资历和 / 或制度地位。还有一些人是职业精英，他们在最知名的行业工作。本研究中的精英属于以上任意一种类别[17]，考虑到教育、职业和收入高度相关，所以很多人不只是一个类别的精英。[18]

一些我称为精英的人在大众和学术话语中被称为中上阶层，甚至是中产阶级。我在这本书中的看法是——除非我们对社会分层采取一种等级膨胀的方法——收入在前 5%，甚至是前 10% 的人，不能算是中产。不过，为了与其他研究保持一致，在提及学界已有的关于受过大学教育、处于管理层且收入很高的专业人员——这些人在我的定义中属于精英——的文化或生活方式特点的研究时，我也偶尔使用中上阶层这个词。

附录二

研究方法细节

访谈样本的组成：评审人

评审人的性别组成

如在第一章所述，我采用了一种归纳的方法分析数据。[1]
我一开始并不是想要探究招聘中的阶层或文化再生产，相反，
我对研究精英公司的招聘有广泛的兴趣。由于我最初感兴趣的
解释因素是性别和种族，所以在抽样中特意多选取了女性和少数
族裔，目的是同女性和少数族裔在专业研究生学位（即法律博
士和工商管理硕士）新员工中的比例相一致，因为这些员工大
量参与了公司的简历筛选和面试。

值得一提的是，与人们对这些公司的刻板印象相反，也与
三类公司中女性和少数族裔在合伙人级别比例偏低的情况不同，
新员工班级在性别和种族上展现出了不可忽视的差异。通常，

公司希望新员工的性别比例和种族比例与它们招聘的那些名牌大学的学生构成相一致。通过与行业专家和人力资源专业人士的交流，我发现在顶级律师事务所中，女性通常在每年新招聘的法律博士中占大约一半。咨询公司招聘的本科生中，男女比例基本持平，工商管理硕士中，女性占 30%~40%。投资银行的性别多样性是最低的。女性在各个部门所占比例不同，但在新招聘的本科生中基本占到了 30%~40%，在工商管理硕士中是 15%~25%。我的样本中女性略多于男性，是因为参与招聘活动的女性比例较高，特别是在律师事务所。表 B.1 详细列出了受访评审人的性别比例。

虽然在不太了解这些公司人口构成的读者看来，女性的数量似乎较高——尤其考虑到合伙人级别的女性比例偏低——但这些数字与新招聘的专业研究生（即法律博士和工商管理硕士）中女性的比例基本一致。

表 B.1 受访评审人的性别比例

	公司类别		
	律师事务所	咨询公司	投资银行
男性	45%（18）	60%（24）	72.5%（29）
女性	55%（22）	40%（16）	27.5%（11）
总计	100%（40）	100%（40）	100%（40）

评审人的种族／民族组成

EPS 公司的种族／民族多样性较难计算，因为只有律师事务所会公布员工的种族信息。样本中有些公司公布了新员工的相关数据，所以我的样本包括了 2011 年暑期实习生班的种族平均比例。

尽管投资银行和咨询公司的种族统计数据无法获得，但投资银行经常参加定向的招聘活动，以吸引美国的少数族裔，比如去一直以黑人为主的大学招聘本科生，为少数族裔提供特殊的早期实习项目等。

表 B.2 访谈样本中律师事务所新员工的种族／民族平均比例 297

	律师事务所（％）
白人／高加索人	72
亚洲人／亚裔美国人	15
黑人／非裔美国人	6
西班牙裔／拉丁裔	5
多种族混血	2
总计	100

数据来源：National Association for Law Placement 2011
注：数字保留至百分位。

表 B.3 受访评审人的种族 / 民族构成

	公司类别		
	律师事务所	咨询公司	投资银行
白人 / 高加索人	75% （30）	57.5% （23）	70% （28）
亚洲人 / 亚裔美国人	12.5% （5）	22.5% （9）	12.5% （5）
印度人 / 印裔美国人	5% （2）	15% （6）	10% （4）
黑人 / 非裔美国人	5% （2）	2.5% （1）	5% （2）
西班牙裔 / 拉丁裔	2.5% （1）	2.5% （1）	2.5% （1）
总计	100% （40）	100% （40）	100% （40）

评审人父母的受教育程度

298

　　如在附录一中所说，社会学家使用多种指标测量父母的社会阶层。目前对于哪个单一变量最好地刻画了这一概念，学界还没有明确的共识，而且所使用的各种指标彼此高度相关。然而，由于样本中评审人的年龄跨度很大（从 25 岁左右到 70 岁出头），因此一个简单直接、易于比较的指标就是父母的受教育程度。在用这一指标衡量社会阶层时，研究者常常将"工薪阶层"定义为父母双方都没有获得大学学位的人。在我的样本中，7%的评审人来自这样的家庭。相反，69% 的评审人来自教育阶梯中级别最高的家庭——父母中至少一方拥有学士以上的学历（例如硕士、专业硕士、博士）。相比之下，如今只有约11%的美国人拥有研究生学历，这还是经过几十年飞速增长才达到的数字。[2] 尽管父母的受教育程度远不是衡量社会阶层完美的或全面的指标，但这一数据表明，我访谈的评审人高度倾向于具有精英背景。

受访评审人的来源

七家一流的大型投资银行和六家知名管理咨询公司参与了研究。美国律师事务所的数量更多，一流律所不仅指在全国排名高，也指在主要市场上声望高。样本中包括了11家律师事务所。

表 B.4 访谈样本来源：评审人

	在访谈样本中的比例
私人关系	10% （12）
公开的招聘名录（非私人关系）	11% （13）
大学校友名录	22% （26）
推荐	57% （69）
总计	100% （120）

注：数字保留至百分位。

我采用分层抽样法，通过公开的招聘联系人名录、大学校友名录和多方推荐链招募访谈对象。多方推荐链——即使是包括私人关系的推荐——是进行精英研究合适且富有成效的策略。[3]表 B.4 详细列出了访谈样本的来源。

访谈样本的组成：应聘者

　　我对 32 名求职者进行了半结构化访谈，他们都应聘了样本中的公司。我通过大学的邮件列表和多方推荐链招募受访者，还特意在样本中多选取了应聘了霍尔特的伊斯特莫尔的学生，以便把他们对霍尔特招聘过程的观察与我自己的进行比较。[4]每次访谈的地点由受访者选定，时长为 30~45 分钟。表 B.5—B.7 详细列出了受访者在学位、性别和种族／民族方面的特征。

300

表 B.5　受访求职者的学位比例

	在访谈样本中的比例
工商管理硕士	56% （18）
法律博士	22% （7）
本科生	22% （7）
总计	100% （32）

注：数字保留至百分位。

388　｜　出身

表 B.6 受访求职者的性别比例

	在访谈样本中的比例
男性	72% （23）
女性	28% （9）
总计	100% （32）

注：数字保留至百分位。

表 B.7 受访求职者的种族／民族比例

	在访谈样本中的比例
白人／高加索人	65.625% （21）
亚洲人／亚裔美国人	6.25% （2）
印度人／印裔美国人	6.25 （2）
黑人／非裔美国人	9.375% （3）
西班牙裔／拉丁裔	9.375 （3）
美国原住民	3.125% （1）
总计	100% （32）

注：数字保留至百分位。

霍尔特的民族志样本中面试官的人口组成

表 B.8 和 B.9 是我在霍尔特进行的民族志研究中，第一轮和第二轮面试评审人的性别和种族／民族组成。需要指出的是，这些数字只代表了伊斯特莫尔招聘团队，而不是霍尔特所有面试官的情况。这份样本中女性和少数族裔所占的比例低于他们在霍尔特准合伙人中的比例，原因可能是公司要求面试官必须达到一定级别，且必须从办公驻地来到伊斯特莫尔并过夜——最好是待上几天——面试当地的求职者。我只列出了相关条目的百分比（而没有列出评审人的具体数量），是为了保护霍尔特及其员工的真实身份。

表 B.8　民族志样本中评审人的性别结构

	评审人（％）	面试（％）
男性	82	79
女性	18	21
总计	100	100

表 B.9 民族志样本中评审人的种族／民族结构

	评审人（%）	面试（%）
白人／高加索人	78	65
亚洲人／亚裔美国人	6	10
印度人／印裔美国人	10	17
黑人／非裔美国人	3	3
西班牙裔／拉丁裔	3	5
总计	100	100

民族志样本中应聘者的人口组成

　　表 B.10 和 B.11 按照每轮面试的求职者、复试率（从第一轮面试到第二轮面试）、新员工中占比，以及受聘率列出了样本中应聘者的性别和种族／民族结构。同样，这些数据也只是伊斯特莫尔应聘者的情况，不是所有人的。如下表所示，尽管女性和少数族裔在评审人中比例偏低，西班牙裔和黑人的复试率低于其他群体，但除了西班牙裔之外，所有少数族裔的受聘率都高于白人。这里我也只列出了相关百分比，以保护霍尔特及其员工的真实身份。

表 B.10 面试候选人和新员工的性别组成

	第一轮面试（%）	第二轮面试（%）	复试率（%）	新员工中占比（%）	受聘率（%）
男性	66	64	41	60	16
女性	34	36	45	40	20
总计	100	100	42	100	17

表 B.11 面试候选人和新员工的种族／民族组成

	第一轮面试（%）	第二轮面试（%）	复试率（%）	新员工中占比（%）	受聘率（%）
白人／高加索人	54.4	55.7	43	51	16
亚洲人／亚裔美国人	17.6	17	41	21	20
印度人／印裔美国人	13.2	17	55	14	18
黑人／非裔美国人	8	5.7	30	9	20
西班牙裔／拉丁裔	6.8	4.7	29	5	12
总计	100	100	42	100	17

注：数字保留至十分位。

模拟简历

访谈中，我给正式参与筛选简历的评审人提供了几份模拟简历，请他们进行口头评估，以阐明实际的评审过程。我构造了几份适合这些公司的标准简历：所有求职者都至少上过一所选拔性大学，符合各家公司的成绩要求，有工作经验，都参加了课外活动。不过，这些虚拟人物的性别、种族、教育声望、学分绩点、前雇主与课外活动有所不同。由于不同简历之间有不止一个不同之处，所以这样做并不是实验，而更像是抛砖引玉，引导受访者讨论他们在实际筛选时采用什么标准评审、解读简历。

我请评审人像在真实情境中那样评估这些模拟简历，所花时间也要和真实情境中一样。大多数受访者不到 10 分钟就完成了所有评估。我提供给受访者的模拟简历见图 B.1 和图 B.2。投资银行家和咨询师拿到的简历与律师拿到的略有不同，因为商学院和法学院的声望等级不同，而且法学院学生有更丰富的工作经验。除此之外，在我进行研究的那段时间，很多顶级商学院有规定，不允许披露工商管理硕士的课业成绩，而耶鲁法学院是唯一这样做的顶级法学院。最后，由于我的访谈研究进行了两年，所以我更新了毕业日期和就业日期以反映进行访谈时的年份。

布莱克·托马斯

教育
哥伦比亚商学院，纽约州纽约市
工商管理硕士（2009 年毕业）
罗格斯大学，新泽西州新不伦瑞克市
政治学学士
2004 级
学分绩点 3.7
菲利普斯埃克塞特中学，新罕布什尔州埃克塞特市
高中毕业（2000 级）
校长曲棍球代表队队员、校内划艇队队员

工作经历
首席咨询公司，纽约州纽约市（2004—2007）
分析师，投资银行分部
进行各种分析计算，如全套审计 6 项共同基金。审计金融服务客户，如银行和资产管理公司。
美国银行，新泽西州帕拉默斯（2003 年暑期）
管理实习生，贷款发放与质量管控
审计核实贷款文件，向公司运营执行副总裁汇报；组织发起后台运行改革，减少了 13% 的人力成本。

领导力
校内运动队协调员，哥伦比亚商学院
队长，罗格斯大学校长曲棍球代表队（2002 年全国冠军）
后备军官训练营成员，罗格斯大学

兴趣
长曲棍球、壁球、划艇

图 B.1 呈给咨询和投资银行受访者的模拟简历样本

朱莉娅·加西亚

教育

宾夕法尼亚大学沃顿商学院，宾夕法尼亚州费城
工商管理硕士（2009 年毕业）
耶鲁大学，康涅狄格州纽黑文
经济学学士
2004 级
学分绩点 3.9
罗克斯伯里高中，马萨诸塞州波士顿
高中毕业（2000 级）
毕业生代表，国家优秀学生
学分绩点 4.0

工作经历

高盛公司，纽约州纽约市（2004—2007）
分析师，投资银行
公司金融，侧重技术。为网络银行体系运营的首次公开募股赢得了
1.8 亿美元的托管资金。
麦肯锡公司，新泽西州泽西市（2003 年暑期）
暑期实习生
为一家顶尖金融服务公司的发展策略提供市场调研和定价调研。

领导力

副主席，沃顿商界女性研讨会
财务主管，沃顿西班牙裔美国人工商管理硕士联盟
主席，耶鲁社会企业俱乐部
志愿者，纽黑文受虐待女性庇护所

兴趣

志愿服务、辅导贫民区青年、烹饪

图 B.1（续）

乔纳森·费尔普斯

教育

哈佛大学商学院，马萨诸塞州波士顿
工商管理硕士（2009 年毕业）
普林斯顿大学，新泽西州普林斯顿
经济学学士
2004 级
学分绩 3.91
布罗克顿高中，马萨诸塞州波士顿
高中毕业（2000 级）
毕业生代表，国家优秀学生
学分绩 4.0

工作经历

摩根士丹利，纽约州纽约市（2004—2007）
分析师，投资银行
在杠杆融资团队工作，主要从事银团信贷的杠杆收购。在价值 4.5 亿美元的并购交易中为借方服务。参与审查每周一次的次级借贷交易。
贝恩咨询公司，马萨诸塞州波士顿（2003 年暑期）
暑期实习生
协助创建全球及欧洲医药市场的客户细分模型。

领导力

主席，哈佛商学院企业家俱乐部
宣传协调员，哈佛商学院金融俱乐部
主编，《普林斯顿人日报》

兴趣

跑步、政治、旅行、志愿服务

图 B.1（续）

萨拉·桑代克

教育

纽约大学斯特恩商学院，纽约州纽约市
工商管理硕士（2009年毕业）
哈佛大学，马萨诸塞州剑桥市
历史学学士
2004级
学分绩点 3.5
菲利普斯埃克塞特中学，新罕布什尔州埃克塞特市
高中毕业（2000级）
校壁球代表队队员、橄榄球队队员

工作经历

F&S 冶金与矿产公司，纽约州纽约市（2004—2007）
分析师，销售运营
为销售产品，挑选并游说了近300家潜在的公司客户；为寻求进入
北美市场的外国公司进行市场调研和项目评估；为伦敦金属交易所中
商品交易的未来价格提供技术性分析，并为交易员提供相应建议。
美国银行，英国伦敦（2003年暑期）
暑期实习生，股票研究
参与为23亿美元的操作制作电子表单，用于图示并评估欧洲分部的
业绩，向欧洲投资策略负责人汇报。

领导力

队长，哈佛大学女子壁球校队
　　　　全国最佳球手（2003—2004）
亚军，罗德岛选美大赛

兴趣

壁球、橄榄球、滑雪、旅行

图 B.1（续）

布莱克·托马斯

教育
波士顿学院法学院，马萨诸塞州波士顿
法律博士（2009 年毕业）
班级排名：前 25%
罗格斯大学，新泽西州新不伦瑞克市
政治学学士
2004 级
学分绩点 3.7
菲利普斯埃克塞特中学，新罕布什尔州埃克塞特市
高中毕业（2000 级）
校长曲棍球代表队队员、校内划艇队队员

工作经历
首席咨询公司，纽约州纽约市（2004—2007）
分析师，投资银行分部
进行各种分析计算，如全套审计 6 项共同基金。审计金融服务客户，
如银行和资产管理公司。

领导力
校内运动队协调员，哥伦比亚商学院
队长，罗格斯大学校长曲棍球代表队（2002 年全国冠军）
后备军官训练营成员，罗格斯大学

兴趣
长曲棍球、壁球、划艇

图 B.2 呈给律师事务所受访者的模拟简历样本

朱莉娅·加西亚

教育
耶鲁大学法学院，康涅狄格州纽黑文
法律博士（2009 年毕业）
哈佛大学，马萨诸塞州剑桥市
社会学学士
2004 级
最优等生
学分绩点 3.9
罗克斯伯里高中，马萨诸塞州波士顿
高中毕业（2000 级）
毕业生代表，国家优秀学生
学分绩点 4.0

工作经历
为美国而教，得克萨斯州休斯敦（2004—2006）
团队成员
在得克萨斯州老城区一所小学教六年级。

领导力
副主席，耶鲁法律女性协会
财务主管，耶鲁拉丁裔法学生联盟
志愿者，纽黑文受虐待女性庇护所

兴趣
志愿服务、辅导贫民区青年、烹饪

图 B.2（续）

乔纳森·费尔普斯

教育
纽约大学法学院，纽约州纽约市
法律博士（2009 年毕业）
班级排名：前 35%
普林斯顿大学，新泽西州普林斯顿
经济学学士
2006 级
学分绩点 3.91
布罗克顿高中，马萨诸塞州波士顿
高中毕业（2002 级）
毕业生代表，国家优秀学生
学分绩点 4.0

工作经历
摩根士丹利，纽约州纽约市（2005 年暑期）
暑期分析师，投资银行
在杠杆融资团队工作，主要从事银团信贷的杠杆收购。在价值 4.5 亿美元的并购交易中为借方服务。参与审查每周一次的次级借贷交易。

领导力
成员，纽约大学法学评论
主编，《普林斯顿人日报》
志愿者，特伦顿青年辅导员

兴趣
跑步、政治、旅行、志愿服务

图 B.2（续）

萨拉 · 桑代克

教育
杜克大学法学院，北卡罗来纳州达勒姆市
法律博士（2009 年毕业）
班级排名：前 15%
普林斯顿大学，新泽西州普林斯顿
历史学学士
2006 级
学分绩点 3.6
米尔顿中学，马萨诸塞州米尔顿
高中毕业（2002 级）
校壁球代表队队员、橄榄球队队员

工作经历
麦肯锡公司，新泽西州泽西市（2005 年暑期）
暑期实习生
为一家顶尖金融服务公司的发展策略提供市场调研和定价调研。

领导力
队长，哈佛大学女子壁球校队
　　　全国最佳球手（2004）
亚军，马萨诸塞州选美大赛（2002）

兴趣
壁球、橄榄球、滑雪、旅行

图 B.2（续）

阿努卡 · 罗宾逊

教育

圣约翰大学法学院，纽约州纽约市
法律博士（2009 年毕业）
班级排名：前 5%

福特汉姆大学，纽约州纽约市
政治学学士
2004 级
学分绩点 4.0

赫伯特 · H. 莱曼高中，纽约州布朗克斯
高中毕业（2000 级）
学分绩点 4.0

工作经历

思瑞律师事务所，纽约州纽约市（2004—2006）
法律助理
纽约一家大型律师事务所业务部门的法律助理。

领导力

成员，圣约翰法律评论
财务主席，圣约翰法学院黑人学生组织
联合创始人，圣约翰法学院公司法俱乐部
联合队长，福特汉姆大学校田径队

兴趣

政治、志愿服务、竞技类运动

图 B.2（续）

附录三

访谈名单

表 C.1 受访评审人名单

访谈编号	化名	性别	种族／民族	公司类型
1	阿龙	男	白人	投资银行
2	阿比	女	白人	律师事务所
3	艾丹	男	白人	律师事务所
4	艾伯特	男	亚裔	咨询公司
5	安波尔	女	白人	咨询公司
6	阿米特	男	印裔	咨询公司
7	安德烈娅	女	白人	律师事务所
8	阿丽尔	女	白人	投资银行
9	阿瑟	男	白人	律师事务所
10	贝弗利	女	白人	律师事务所
11	比尔	男	白人	投资银行

表 C.1（续）

访谈编号	化名	性别	种族 / 民族	公司类型
12	邦尼	女	白人	律师事务所
13	布兰登	男	白人	投资银行
14	布伦特	男	白人	律师事务所
15	布里奇特	女	白人	投资银行
16	凯特琳	女	白人	咨询公司
17	卡尔文	男	亚裔	投资银行
18	卡洛斯	男	西班牙裔	律师事务所
19	卡罗琳	女	白人	律师事务所
20	夏洛特	女	白人	咨询公司
21	克里斯托弗	男	白人	投资银行
22	克莱夫	男	白人	投资银行
23	科尔	男	白人	咨询公司
24	康纳	男	白人	投资银行
25	丹妮尔	女	非裔	律师事务所
26	达里尔	男	非裔	投资银行
27	达什	男	印裔	咨询公司
28	戴维	男	白人	投资银行
29	丹尼丝	女	亚裔	律师事务所
30	黛安娜	女	白人	律师事务所
31	多诺万	男	白人	投资银行
32	达斯廷	男	白人	投资银行

312

表 C.1（续）

访谈编号	化名	性别	种族／民族	公司类型
33	爱德华	男	亚裔	咨询公司
34	埃拉	女	白人	咨询公司
35	埃玛	女	白人	咨询公司
36	埃丝特	女	白人	律师事务所
37	尤金	男	亚裔	咨询公司
38	伊夫琳	女	白人	律师事务所
39	费尔南多	男	西班牙裔	投资银行
40	芬恩	男	白人	投资银行
41	弗雷德	男	非裔	咨询公司
42	加亚德丽	女	印裔	投资银行
43	乔治	男	白人	咨询公司
44	格雷丝	女	白人	咨询公司
45	汉克	男	亚裔	投资银行
46	哈里森	男	白人	律师事务所
47	希瑟	女	白人	投资银行
48	海迪	女	亚裔	投资银行
49	亨利	男	亚裔	律师事务所
50	霍华德	男	亚裔	咨询公司
51	亨特	男	白人	咨询公司
52	杰克	男	白人	咨询公司
53	杰米	女	白人	律师事务所

313

访谈编号	化名	性别	种族／民族	公司类型
54	贾丝明	女	白人	律师事务所
55	贾森	男	白人	投资银行
56	贾斯珀	男	白人	咨询公司
57	哈维尔	男	西班牙裔	咨询公司
58	杰伊	男	白人	律师事务所
59	乔丹	男	白人	咨询公司
60	乔希	男	白人	投资银行
61	乔伊丝	女	亚裔	律师事务所
62	朱迪	女	白人	律师事务所
63	贾斯廷	男	白人	咨询公司
64	卡伊	男	白人	咨询公司
65	卡伦	女	白人	咨询公司
66	卡维塔	女	印裔	咨询公司
67	凯拉	女	白人	律师事务所
68	基思	男	白人	律师事务所
69	凯莉	女	白人	投资银行
70	凯文	男	白人	投资银行
71	库马尔	男	亚裔	律师事务所
72	凯尔	男	白人	咨询公司
73	兰斯	男	亚裔	咨询公司
74	劳拉	女	白人	投资银行

314

表 C.1（续）

访谈编号	化名	性别	种族/民族	公司类型
75	莱斯莉	女	白人	咨询公司
76	利亚姆	男	白人	律师事务所
77	洛根	男	白人	咨询公司
78	洛伦	男	白人	律师事务所
79	露西	女	白人	咨询公司
80	马克	男	白人	投资银行
81	玛丽	女	白人	律师事务所
82	马克斯	男	白人	投资银行
83	米娅	女	白人	律师事务所
84	迈克尔	男	亚裔	投资银行
85	莫莉	女	白人	投资银行
86	摩根	女	白人	律师事务所
87	南希	女	亚裔	咨询公司
88	娜奥米	女	白人	律师事务所
89	纳塔莉	女	白人	咨询公司
90	内维恩	男	印裔	咨询公司
91	尼古拉尔	男	白人	投资银行
92	尼泰什	男	印裔	咨询公司
93	诺亚	男	白人	律师事务所
94	奥利弗	男	白人	投资银行
95	奥马尔	男	非裔	律师事务所

315

表 C.1（续）

访谈编号	化名	性别	种族 / 民族	公司类型
96	帕特里克	男	白人	咨询公司
97	保罗	男	白人	律师事务所
98	佩里	男	白人	咨询公司
99	普里亚	女	印裔	咨询公司
100	蕾切尔	女	白人	投资银行
101	拉杰	男	印裔	律师事务所
102	丽贝卡	女	白人	律师事务所
103	罗杰	男	亚裔	律师事务所
104	罗纳德	男	亚裔	投资银行
105	罗茜	女	白人	律师事务所
106	拉塞尔	男	白人	咨询公司
107	瑞安	男	非裔	投资银行
108	桑迪普	男	印裔	投资银行
109	桑贾伊	男	印裔	律师事务所
110	萨山克	男	印裔	投资银行
111	斯特拉	女	亚裔	咨询公司
112	斯蒂芬妮	女	白人	投资银行
113	桑妮	女	亚裔	咨询公司
114	苏珊娜	女	白人	投资银行
115	托马斯	男	白人	律师事务所
116	蒂姆	男	白人	投资银行

316

访谈编号	化名	性别	种族 / 民族	公司类型
117	特里斯坦	男	白人	投资银行
118	维沙	男	印裔	投资银行
119	维维安	女	白人	律师事务所
120	怡	女	亚裔	咨询公司

表 C.2 受访应聘者名单

访谈编号	化名	性别	种族 / 民族	学位
1	安娜	女	西班牙裔	本科
2	巴尼	男	亚裔	本科
3	布鲁斯	男	白人	本科
4	卡梅伦	男	白人	工商管理硕士
5	康斯坦丁	男	白人	工商管理硕士
6	迪安	男	白人	法律博士
7	伊莱贾	男	白人	工商管理硕士
8	埃伦	女	白人	工商管理硕士
9	弗兰克	男	白人	本科
10	加里	男	白人	工商管理硕士
11	伊恩	男	白人	工商管理硕士
12	伊莎贝尔	女	白人	法律博士
13	吉姆	男	白人	工商管理硕士
14	柯克	男	白人	法律博士

317

表 C.2（续）

访谈编号	化名	性别	种族 / 民族	学位
15	曼纽尔	男	西班牙裔	工商管理硕士
16	马特奥	男	西班牙裔	工商管理硕士
17	诺兰	男	白人	工商管理硕士
18	帕克	男	白人	工商管理硕士
19	菲利普	男	非裔	工商管理硕士
20	普丽西拉	女	非裔	法律博士
21	昆西	男	白人	工商管理硕士
22	雷克斯	男	白人	法律博士
23	鲁比	女	亚裔	本科
24	斯隆	女	白人	工商管理硕士
25	塔卢拉	女	美洲原住民	法律博士
26	西奥	男	非裔	工商管理硕士
27	特雷莎	女	白人	本科
28	沃尔特	男	白人	本科
29	韦斯	男	白人	法律博士
30	怀亚特	男	白人	工商管理硕士
31	尤尼斯	男	印裔	工商管理硕士
32	伊娜忒	女	印裔	工商管理硕士

注　释

第 1 章　进入精英阶层

1. 对这些态度的讨论，见 Bellah et al. 1985; Hochschild 1995。

2. 支持没有阶级的社会的论述，见 Christopher 1989; Keller 1991; Kingston 2000. 美国和欧洲社会流动率的数据，见 Björklund and Jäntti 1997; Couch and Dunn 1997; Pew Charitable Trust 2011。

3. 相关评论，见 Khan 2012。社会出身与精英地位之间关系的历史数据，见 Zweigenhaft and Domhoff 2006。学界对于绝对代际流动率在近几十年间是下降了还是相对稳定仍然存有争议，但学者们一致认为，美国经济不平等带来的影响达到了历史最高（see Chetty et al. 2014）。

4. 这并不是说不存在流动，只是流动的机会很小。前 20% 或后 20% 的人在向下、向上流动时，经常是流入邻近的 20% 阶层。See Pew Charitable Trusts 2012, 2013。

5. See Bowen and Bok 1998; Carnevale and Strohl 2010; Dinovitzer and Garth 2007; Heinz et al. 2005; Mettler 2014; Owens and Rivera 2012; Reardon 2011.

6. Goldin and Katz 2008; Fligstein and Goldstein 2010; Halliday and Carruthers 2009; Mouw and Kalleberg 2010.

7. 相关评论，见 Khan 2012。

8. 相关评论，见 Lareau and Weininger 2003; Stevens 2007。

9. See Bowen and Bok 1998; Dinovitzer 2011; Dinovitzer and Garth 2007; Owens and

Rivera 2012; Tilcsik and Rivera 2015; Useem and Karabel 1986; Zweigenhaft and Domhoff 2006.

10. Bills 2003.

11. 关于我如何界定精英一词的讨论，参见附录一。

12. Stevens 2007. 管理阶层精英地位的代际传递从直接到间接的转向，其理论和历史基础的相关讨论，见 Bourdieu, Boltanski, and Saint Martin 1973。

13. Goldin and Katz 2008; Western and Rosenfeld 2011.

14. Carnevale, Rose, and Cheah 2011.

15. Fisher 2012. 同样，美国四年制大学的学生中，超过 80% 的人父母中至少有一方上过大学（Saenz et al. 2007）。

16. Bowen and Bok 1998; Ellwood and Kane 2000.

17. Fisher 2012.

18. See Armstrong and Hamilton 2013; Calarco 2011; Lareau 2003; Lareau and Weininger 2003; Stevens 2007; Stuber 2009,2011.

19. 对经济资本、社会资本、文化资本三者关系的影响深远的论述，见 Bourdieu 1986。

20. 相关讨论，见 Friedman 2013。

21. See Rivera and Lamont 2012.

22. See http://www.nytimes.com/2012/01/29/nyregion/scraping-the-40000-ceil-ing-at-new-york-city-private-schools.html?_r=0（2014 年 9 月 29 日访问）。学前教育的学费也接近这个数。See http://www.businessinsider.com/new-york-city-preschools-are-starting-to-cross-the-40000-thresh-old-2012-2（2014 年 9 月 29 日访问）。

23. 相比之下，低收入家庭居住在不富裕的区域，那里的学校质量较差、生均经费较少、班级规模更大、图书及其他设施有限、学习条件差、课外活动少、提供大学申请咨询的人员也少，这些缺陷不仅阻碍学生的认知和社会发展，也无法为大学申请做好准备。See Fischer et al. 1996; Sacks 2007.

24. Stevens 2007.

25. Cookson and Persell 1987; Stevens 2007.

26. 事实上，已有证据表明，经济补助申请的结构和形式阻碍了低收入家庭孩子提交申请、进入大学（Bettinger et al. 2012; Dynarski and Scott-Clayton 2006）。

27. Radford 2013.

28. See Armstrong and Hamilton 2013; Stuber 2009.

29. 对社会资本和教育不平等的讨论，见 Coleman 1988; Davies and Kandel 1981; Furstenberg and Hughes 1995; Lin 1999。

30. 我借用了 Lareau and Weininger 2003 对文化这一概念的表述。

31. 对文化资本的准确定义仍有争议（Lamont and Lareau 1988）。北美社会学家常将其定义为获得各种高雅艺术（如音乐、美术、进餐、戏剧）的知识，或参加相关活动。但这一定义过于狭窄，掩盖了布尔迪厄最初关于文化与不平等之关系的很多想法（相关讨论，见 Holt 1997; Lareau and Weininger 2003）。实际上，布尔迪厄（1986）提出了三种形式的文化资本：**客观化形态**（如物质财产和所有物），**具身化形态**（如个人技能和知识，自我表达和外貌的风格），以及**制度化形态**（如教育资历）。在布尔迪厄看来，在选择可以算作文化资本的符号时，其背后的逻辑并不一定是高雅文化和低俗文化的差别，而是这一符号的非必需性。所以，沿着 Lamont and Lareau（1988）和 Lareau and Weininger（2003）的脉络，我将文化资本定义为高地位的文化符号、技能、实践与风格，它们在与守门人和守门机构的互动中能够带来优势或利益。

32. 这些品位会在一生中继续发展（也可能变化）。相关讨论，见 Aschaffenburg and Mass 1997; Khan 2010。

33. Bourdieu 1984. See also Veblen 1899.

34. Kane 2003; Peterson 1997; Shulman and Bowen 2001; Stempel 2005.

35. See Halaby 2003; Willis 1977.

36. 对社会阶层与教育和职业期望之间关系的讨论，见 Armstrong and Hamilton 2013; Halaby 2003; Stuber 2011; Willis 1977。然而，需要强调的是，期望并不足以解释一个人最终获得了什么工作，现实的物质条件和资源状况限制或加强了个人实现期望的能力（MacLeod 1987）。

37. 人们仅看一眼就能惊人准确地判断出一个人的社会阶层。See Kraus and Keltner 2009.

38. 关于成年人的讨论，见 Fiske et al. 2012; Lamont 1992; Ridgeway and Fisk 2012。关于儿童的讨论，见 Horwitz, Shutts, and Olson 2014; Ramsey 1991。

39. 对符号边界以及相关区别与不平等之关系的研究，相关评论参见 Lamont and Molnar 2002。

40. 社会学家把偏爱与自己相似的人称为选择同质化（choice homophily），心理学家称其为相似性吸引假设（the similarity-attraction hypothesis）。关于这一现象的基础性论述，见 Byrne 1971; Kanter 1977; Lazarsfeld and Merton 1954; McPherson, Smith-Lovin, and Cook 2001。相似的价值观、文化和阶层，在人际吸引、人际评价和人际选择中带来的好处，相关实证研究，见 DiMaggio 1987; Erickson 1996; Erickson and Shultz 1981; Lamont 1992; Rivera 2012b; Vaisey and Lizardo 2010; Wimmer and Lewis 2010。但需要指出的是，朋友、配偶等之间表现出来的相似性不仅是因为人们偏爱与自己相似的人，也是因为人们有越来越多的结构性机会（structural opportunities）和与自己相似的人互动，学者称这一现象为**诱发性同质化**（induced homophily, see McPherson, Smith-Lovin, and

Cook 2001）。

41. Morton 1839.

42. Gould 1981.

43. Karabel 2005.

44. Ibid.; Soares 2007; Stevens 2007. 有人认为这些做法是为了使亚洲人和亚裔在名牌大学的入学率变低。See http://www.nytimes.com/2014/11/25/opinion/is-harvard-unfair-to-asian-americans.html?_r=0（2014 年 11 月 29 日访问）。

45. 布尔迪厄（1993）将精英制度化守门标准的权力称为神圣化的权力（the power of consecration）。See also Bourdieu 1984; Bourdieu and Passeron 1977; Weber 1958.

46. 这样的过程在社会学文献中常被称为社会封闭（social closure）。See Alon 2009; Parkin 1974; Tilly 1998. Rakesh Khurana and Mikolaj Piskorski（2004）认为社会闭合不一定有目的性。

47. See Brown 1986; Kruger and Dunning 1999.

48. 关于这些讨论的例子，见 Lamont 1992; Lamont and Lareau 1988; Lareau and Weininger 2003; Kingston 2001，2006。

49. Lareau 2003.

50. Kaufman and Gabler 2004; Karabel 2005; Stevens 2007.

51. Streib 2011.

52. Lareau 2003; Friedman 2013; Stephens, Markus, and Phillips 2014.

53. Lareau 2003.

54. Calarco 2011.

55. DiMaggio and Mohr 1985; Calarco 2011. 但值得一提的是，孩子不仅可以从父母那里学到这些互动方式，也可以通过同伴或身处顶级教育环境学到。对后者的讨论，见 Gaztambide-Fernández 2009; Jack 2014; Khan 2010。

56. 正如 Stevens（2007，21-22）总结的：“做出强有力申请的能力在人群中不是平均分布的。完全不知道招生人员如何做决定的人劣势很大……即使父母自孩子出生起就很了解相关体系的运转，但如果没有相应的资源将之付诸实践，例如社区内没有好学校、大学入学指导专家、向往大学的学生文化，家长没有足够的时间和金钱让孩子参加课外运动队、暑期音乐夏令营、开拓视野的旅行，无力为他们聘请家教，那么这些知识几乎毫无用处。”

57. See Lareau 2003; Friedman 2013.

58. Kornrich and Furstenberg 2013; Ramey and Ramey 2010.

59. Carnevale and Strohl 2010.

60. See http://www.nytimes.com/2012/08/14/education/a-hamptons-summer-surfing-

horses-and-hours-of-sat-prep.html?pagewanted=all（2014 年 11 月 30 日访问）。富裕家庭的父母和孩子也更有可能知道大学录取委员会会允许学生多次参加 SAT 考试，学校只取最高成绩。同样，他们也知道 SAT 考试只需要 52 美元（若想在考完后将成绩寄送至学校则需另行缴费）。尽管大学录取委员会确实有为贫困学生免除考试费的项目，但首先学生要知道提交申请。录取委员会只会为每名学生减免两次。富裕的孩子没有类似的经济压力限制他们参加考试的次数。以上因素都显著提高了富裕孩子的成绩，帮助他们得到大学录取。See Buchmann, Condron, and Roscigno 2010.

61. 有意思的是，由于申请数量增加，而录取名额基本固定不变，所以进入选拔性高校的竞争越来越激烈。与此同时，普遍更容易获得的学业指标，例如班级排名——相比于 SAT 成绩，它能更准确地预测一个人在大学和工作中的表现——在录取时的重要性日益下降。更多讨论，见 Alon 2009。

62. 2008 年以来，大学入学咨询师的数量翻了四倍，他们的收费最高可达七位数。See http://www.businessweek.com/articles/2014-09-03/college-consultant-thinktank-guarantees-admission-for-hefty-price?campaign_id=DN090414（2014 年 9 月 30 日访问）.

63. Stevens（2007，248）认为："大学的录取条款已经成为有阶层偏见的标准，而我们就是用这些标准来衡量养育结果的，它们也成为在当今美国社会洗白特权的重要手段。"

64. Stuber 2009, 2011. See also Bergerson 2007.

65. Armstrong and Hamilton 2013.

66. 工薪阶层和富裕阶层的学生在大学成绩上的差别不单是因为他们的能力不同。心理学家妮科尔·斯蒂芬斯（Nicole Stephens）及其同事发现，大学课程强调个性、领导力和个人表达，而工薪阶层的学生习惯于服从权威、把集体利益置于个人利益之前、强调团队和谐。这一冲突部分导致了工薪阶层、社会中层和社会上层的学生在大学有记载的成绩上的差别。斯蒂芬斯及其同事进一步解释，这些差别并不是因为学生的内在有所不同，而在于他们关于恰当互动的看法是否与大学匹配。他们在一所选拔性大学开展了一项田野实验，以集体价值观、社会联系而非个性来重新衡量一年级的学生，结果成功消除了不同社会阶层的学生在分数上的差别。See Stephens, Hamedani, and Destin, 2014.

67. See Bowen and Bok 1998; Dinovitzer 2011; Dinovitzer and Garth 2007; Owens and Rivera 2012; Tilcsik and Rivera 2015; Useem and Karabel 1986; Zweigenhaft and Domhoff 2006.

68. Armstrong and Hamilton 2013; Khan 2012; Lamont 1992; Lareau 2003; Lareau and Weininger 2003; Stuber 2009.

69. Jackson 2001, 2009.

70. Tilly and Tilly 1998.

71. Moss and Tilly 2001.

72. Spence 1974.

73. See Pager and Karafin 2009; Spence 2002; Tilly and Tilly 1998.

74. Farkas 2003.

75. 关于推荐，见 Fernandez, Castilla, and Moore 2000; Mouw 2003; Petersen, Saporta, and Seidel 2000。关于性别，见 Cohen, Broschak, and Haveman 1998; Foschi, Lai, and Sigerson 1994; Gorman 2005; Ridgeway et al. 1998。关于种族，见 Fernandez and Fernandez-Mateo 2006; Neckerman and Kirschenman 1991; Smith 2005。

76. 相关评论，见 Pager and Shepherd 2008。

77. Heckman and Siegelman 1993.

78. See Bidwell 1989; Bills 2003; Brown 2001; Garnett, Guppy, and Veenstra 2008; Jackson 2001, 2009; Roscigno 2007; Stainback, Tomaskovic-Devey, and Skaggs 2010.

79. Tilly and Tilly 1998.

80. Blau and Duncan 1967.

81. Guren and Sherman 2008; Kalfayan 2009; Rimer 2008; Zimmerman 2008.

82. 关于投资银行、律师事务所和社会上层的具有历史意义的讨论，见 Baltzell（1958）1989。

83. Leonhardt 2011; Rimer 2008. 金融危机以来，公司的招聘活动有所停滞、推迟，提供的职位也有所减少，因此有稍微多一些的学生选择到其他领域工作。近期统计数据，see http://www.law.harvard.edu/current/careers/ocs/employment-statistics/additional-employment-data.html（2014 年 10 月 1 日访问）。

84. Blair-Loy and Wharton 2004.

85. 公司借用大学中班级的说法（如 2013 级）来称呼未来的新员工群体。

86. 招聘每年举行两次：一次招聘暑期实习生（在秋季或冬季举行，针对至少还有一年毕业的学生），一次招聘全职员工（在秋季举行，针对次年春季毕业的学生）。越来越多的新员工来自暑期实习生，他们在实习期结束时拿到了次年（或几年后）的全职工作聘用。例如，美国全国法律就业协会（the National Association for Law Placement）的一项研究表明，2013 年只有 16% 的律师事务所面试了三年级的应届法学院学生。在 2006 年，这一数字是 53%。更多细节，见 http://www.nalp.org/uploads/Perspectives_Fall_2010.pdf（2014 年 10 月 1 日访问）；http://www.nalp.org/uploads/PerspectivesonFallRec2013.pdf（2014 年 10 月 1 日访问）。

87. 我研究的一些律师事务所仅在第一轮面试中会有两名评审人在同一场面试中同时考察应聘者。

88. 律师事务所的大多数全职员工是在实习期间被招聘的。与业内专家的谈话表明，投资银行、咨询公司也在逐步采用这一模式。通过暑期实习，公司有机会直接观察应聘者的表现，但许多公司给大部分实习生（除了表现特别差的）都发出了录用通知，因为担心如果不这样做会形成负面的名声，影响自己在潜在新员工心中的形象。此外，即将毕业的学生（即在大学最后一年应聘的人）常常面临一个困境：由于他们没能在毕业当年的秋季之前收到工作录用，所以被招聘者认为有缺点。

89. Reskin 2000a, 2000b.

90. 案例研究和质性研究的价值，见 Ragin, Nagel, and White 2004; Yin 2003。

91. 如果受访者拒绝，我会实时记录，非常仔细地尽可能准确地捕捉受访者的用词、语调和动作。

92. 我的方法借用自 Lamont（2009）提出的访谈评估过程的原则。

93. 我特意让受访者选取了最近面试的三名求职者，以免他们在选择谈论对象时出现选择性偏差。

94. 我最初只制作了四份模拟简历。但在收集资料途中，我又创建了第五个虚拟人物——阿努卡，我只把她的简历提供给律师。之所以中途加上这份简历，是因为我在访谈时发现，异常多的招聘合伙人和律所招聘经理把公司里缺少多样性员工归为全国范围缺少成绩优异的黑人法学生。所以，为了详细讨论招聘中的种族问题，我把阿努卡打造成法学院黑人学生联合会中的积极分子，成绩近乎完美，当过助理律师，还深度参加体育运动。为了和大多数法学院学生的情况一致（U.S. News & World Report 2008），我让阿努卡上了一所排名较低的法学院。

95. 观察很有意义，因为雇主不一定真去做他们声称要做的事（Pager and Quillian 2005）。

96. Turner and Stets 2006.

97. 面试官对求职者的主观印象是预测最终聘用决定的最有效指标之一，往往比简历上的信息重要。See Dipboye, Smith, and Howell 1994; Graves and Powell 1995.

98. 我本打算进行多点民族志（multisited ethnography）研究，也为进入另一行业的一家公司提前做好了安排。但由于那家公司内部出现重大变化，我无法按计划去那里开展研究。

99. Charmaz 2001; Miles and Huberman 1994.

100. See Ostrander 1993.

101. 我使用西班牙裔（Hispanic）一词，不用拉丁裔（Latino），是为了保持性别中立。*

102. 关于精英圈肤色、种族和包容度的讨论，见 Zwei- genhaft and Domhoff 2006。

103. 局内人和局外人在做质性研究时的利弊，相关讨论参见 Young 2004。

---

* Latino 为阳性，指拉丁裔男性，表示拉丁裔女性的词为 Latina。——编者注

第 2 章　竞技场

1.　Turner 1960, 857.

2.　Weber 1958.

3.　Abowitz 2005.

4.　Morgan 199 ; Rosenbaum et al. 1990 ; Turner 1960.

5.　Bills 2003.

6.　排斥（exclusion）是精英群体——包括组织和职业——创造以及保持自身高地位的重要机制（Bourdieu 1984; Parkin 1974; Weber 1958）。在经济学的术语中，地位是一种位置商品。获得地位的通道越开放，成员身份就越不稀缺，越少价值（see Frank and Cook 1996）。

7.　Baltzell（1958）1989.

8.　对进入顶级律师事务所的社会出身的讨论，见 Smigel 1964。

9.　面对这一情况，其他民族和宗教背景的人建立了自己的投资银行，1980 年代以前，这些投行一直被冠以"民族"称号。

10.　Heinz et al. 2005 ; Roth 2006.

11.　Coleman 1988.

12.　父母社会经济地位与子女进入名校的关系，相关讨论参见 Bowen and Bok 1998; Karabel 2005; Soares 2007; Stevens 2007。

13.　对校园招聘的历史及其演变的讨论，见 McGrath 2002; Pope 2000。我在两所历史最悠久、规模最大的大学档案馆——哈佛大学和耶鲁大学——进行了档案研究，以获取更多关于名校招聘的信息。1920 年代，最顶尖的知名学府成立了校友去向办公室。1940 年代，哈佛大学开展了一个项目，类似的项目在一些兄弟学校已经存在，就是给招聘方和就业意向不明确的三年级学生牵线搭桥（G. Plimpton 与 B. Shepard 的私人谈话，January 28, 1942, Harvard University Archive）。1944 年，东部几所高校的人事办公室，包括布朗大学、瓦萨学院、纽约城市大学、阿默斯特学院、康奈尔大学、普林斯顿大学、西蒙斯学院，举行了相关会议。

14.　投资银行和咨询公司在目标校招的本科生要比商学院学生多得多。

15.　对影响全国排名的因素的讨论，以及不断变化的排名标准如何与大学玩的"排名游戏"结合起来影响排名波动，见 Sauder and Espeland 2009。

16.　在我做研究期间，有家咨询公司专门为非名单校学生开启了面试周。这些面试在公司而不是在校园里进行，公司一般也不支付或补贴交通费、住宿费。

17.　第四章将更全面地讨论拿到名校录取书、在名校上学的文化意义。

18.　例如，高盛公司 2013 年的录用率大约为 2%，350 个招聘岗位收到了 17 000 份

申 请。see http://www.nytimes.com/2013/06/09/opinion/sunday/the-internship-not-the-movie.html（2014 年 10 月 8 日访问）。

19. 然而，划定比赛边界时对教育声望的重视不仅是因为能看到的教育质量不同。如果只出于教育质量的考虑，那么评审人对不同学校的评价应该与学校的地位或选拔程度有关，而且在有了最新的教育质量信息时，评审人会及时改变自己的偏好。然而，"核心"校和"目标"校之间，以及"目标"校和"黑洞"*之间在选拔性上的区别微乎其微，甚至根本不存在。有些时候，甚至与人们的预测完全相反。例如，在 2014 年，咨询公司名单上的核心校普林斯顿大学其实并**没有**目标校哥伦比亚大学的选拔程度高（前者是 6.9%，后者是 7.4%。see *U.S. News & World Report* 2014）。然而，评审们在头脑中放大了不同学校的符号差距，认为普林斯顿是更优秀的学校。此外，有些黑洞学校的选拔程度也高于目标校。同样，学校排名每年都变，而公司对出身名门的认识却一直没变；像麻省理工学院这样的学校近 10 年来一直位居前列，但公司却始终没有把它列为核心校。如果招聘者只是考虑学校的长期声誉，那么他们对待常春藤高校的差别就不会有现在那么大。

20. 对顶尖律师事务所收费情况的讨论，见 http://online.wsj.com/news/articles/SB10001424127887323820304578412692262899554（2014 年 10 月 8 日访问）。

21. 见 DiMaggio and Powell 1983 对这些压力的讨论。

22. Useem 1984.

23. Sara Rynes and John Boudreau（1986）对财富 1000 的招聘研究表明，像 EPS 公司这样不追踪招聘程序和工作业绩之间关系的情况并不少见。

24. 新员工的培训成本很高。新员工全天候地接受在职员工或相关专家的培训，通常持续两周至两个月。这段时间新人会拿到工资，却没有给公司创造收入。在律师事务所，工作前两年律师在工作中需要接受同事和领导的指导，这一成本非常高。许多客户现在知道第一年的律师还处在培训中，因而拒绝由他们来接自己的案子。这些客户认为，刚毕业的法学院学生还在学习如何运用法律，自己如果用这样的人就等于在替他们交学费，所以拒绝雇用第一年的新人。See http://dealbook.nytimes.com/2010/04/01/at-law-firms-reconsidering-the-model-for-associates-pay/（2014 年 10 月 8 日 访 问）；http://www.nytimes.com/2011/11/20/business/after-law-school-associates-learn-to-be-lawyers.html?adxnnl=1&adxnnlx=1385147129−5ezljTGx1q3KVT5jfplPmg（2014 年 10 月 8 日访问）。

25. Dinovitzer and Garth 2007. 在一项正在进行的研究中，我和贾扬提·欧文斯（Jayanti Owens）发现，进入金融公司和咨询公司的本科生情况类似（Owens and Rivera 2012）。

---

* 指没有进入名单的学校。——译者注

26. Ho 2009.

27. Ellwood and Kane 2000; Karen 2002.

28. 这一节基于 Rivera 2012a.

29. Dobbin 2009.

30. Heinz et al. 2005 ; Roth 2006.

31. 律师事务所每年公布多样性数据。

32. 有些投资银行家采用类似的申请群体不足的说法来解释为什么新聘用的工商管理硕士中女性数量较少。正如克莱夫所说："受工作性质的影响，这个地方本身就更偏向男性……我觉得相比于法律界和咨询业，投行总体上有更多的雄性荷尔蒙。"

33. 例 如，http://grad-schools.usnews.rankingsandreviews.com/grad/law/law_diversity（2014 年 10 月 12 日访问）。

34. 同样，两家投资银行将韦尔斯利学院（Wellesley College）*列为目标校，以增加招到女性的可能性。

35. 例 如，http://www.vault.com/blog/job-search/regis- ter-now-for-the-vaultmcca-legal-diversity-career-fair/（2014 年 10 月 13 日访问）；http://nblsa.org（2014 年 10 月 13 日访问）。

36. 我访谈的两名律师——黑人女性丹尼尔和白人女性贾丝明——表示，她们有大量工作时间花在多样性活动上，包括前往招聘会、参加不同法学院的活动。丹尼尔提起自己的公司称："我就是多样性的脸面……事事都需要我去露一下脸。这没问题，我不介意去招聘会或类似的地方，因为至少这样其他少数族裔会来［招聘会］，然后说：'好的，太棒了，这家公司是多样性的，我会留意一下。'［但从公司的角度来看］事实上是 '她是个有魅力的少数族裔，我们的网站需要一张新照片，所以得让她飞到芝加哥，出现在我们的网站上'。"贾丝明说自己在怀孕的时候也遇到了类似的情况："他们在我怀孕的时候把我拉出去招揽学生……一旦我出现了，突然就需要参加每场活动、面试每名候选人。正如丹尼尔提到的，招聘活动上有多样性员工出现可以潜在地增加公司在多样性群体眼中的吸引力。然而，招聘活动数量多，多样性员工人数少，这就给后者造成了巨大的负担。研究者已经在其他领域发现了类似的情况，如学术界（女性和少数族裔更有可能要承担服务工作，例如参加院系或学校的多样性委员会），多样性员工频繁参加这些活动使她们不得不放下能创收的客户工作，这也可能阻碍她们日后的升迁和发展前景。相关讨论，见 Bellas and Toutkoushian 1999; Monroe et al. 2008。

37. See http://www.seo-usa.org/（2014 年 10 月 13 日访问）。

---

* 韦尔斯利学院是美国一所知名的女子文理学院。——译者注

38. Bourdieu 1984; see also Alon and Tienda 2007.

39. Frank Parkin（1974）将这种选拔过程称为提名体系（system of nomination），是精英再生产的典型模式。

40. 事实上，许多机构有正式的推荐项目，员工每推荐一位最终成功受聘的候选人都会得到经济补贴（Fernandez, Castilla, and Moore 2000）。尽管本研究中的三类公司在招聘行政人员时也有类似的体系，但他们一般不将这种体系用于创收人员，特别是入门级的创收人员。

41. 学界对以下议题还存在争论：强关系还是弱关系对求职者来说更有价值；社会网络如何影响组织中的种族和性别不平等；拥有某种联系、联系的实质、联系的地位，哪个更重要；推荐的作用是否完全是欺骗性的。See Fernandez and Fernandez-Mateo 2006; Fernandez and Weinberg 1997; Granovetter 1995; Lin 1999; Mouw 2003; Petersen, Saporta, and Seidel 2000; Smith 2005.

42. Fernandez, Castilla, and Moore 2000.

43. 对在组织中竞争注意力的重要性的一个理论探讨，见 Ocasio 1997。

44. 对地位和社会网络的讨论，见 Lin 1999。

45. Granovetter 1995.

46. McPherson, Smith-Lovin, and Cook 2001; Wimmer and Lewis 2010.

第 3 章　游说

1. Keegan 2011. See http://dealbook.nytimes.com/2011/11/09/another-view-the-science-and-strategy-of-college-recruiting/?_r=0（2014 年 10 月 13 日访问）。

2. See http://www.harvard.edu/president/speech/2008/2008-baccalaureate-service（2014 年 10 月 13 日访问）。

3. Lemann 1999.

4. See http://features.thecrimson.com/2014/senior-survey（2014 年 10 月 13 日访问）。

5. 这些数字源于我 2008 年对哈佛法学院就业中心一位职员的访谈。Robert Granfield（1992）的研究揭示出一些更极端的倾向。最新的数据，见 http://www.law.harvard.edu/current/careers/ocs/employment-statistics（2014 年 10 月 13 日访问）。

6. See Saenz 2005.

7. Halaby 2003; Owens and Rivera 2012.

8. 综合公立学校和私立学校的情况来看，学费在过去 30 年间增加了 12 倍（Jamrisko and Kolet 2012）。

9. See https://college.harvard.edu/financial-aid/how-aid-works/cost-attendance（2014

年 10 月 13 日访问）。

10. 对高等教育中收入不平等的讨论，包括哪个收入群体获得了最多的经济资助，哪个群体因缺少资助受到最严重的打击，见 Carnevale and Strohl 2010, Reardon 2011。

11. Fry 2012.

12. 法学院学生承受的债务对职业选择的影响，详细报告参见 http:// www.nycbar. org/pdf/report/lawSchoolDebt.pdf（2014 年 10 月 13 日访问），http://www. napla.org/law_school_debt.pdf（2014 年 10 月 13 日访问）。

13. Granfield 1992.

14. Zelizer 1997.

15. 例如，许多法学院的就业服务中心张贴出大律所、政府部门、非营利组织的平均工资，而没有包括薪水处于这些极端情况之间的其他工作的数据。

16. 这一现象不仅在名校毕业生中常见，在技能娴熟的工人和广义上的大学生中也很普遍。对受过教育的工作者集中在某些区域的原因和由此带来的后果的深入讨论，见 Florida 2002。

17. 在 EPS 公司，大多数新员工是先通过校园招聘参加了暑期实习项目，之后才被聘用的。实习项目结合了大量社交活动与对客户工作的初步尝试，为学生们提供畅饮之夜、体育或艺术盛典的首场席位、丰盛的午餐和晚宴、精彩的户外活动，甚至包括周末去郊外休闲。社交活动相对"真正工作"的比例，不同类型的公司有所区别，律师事务所暑期实习的社交性最强。

18. 对学生带回校园的诱人故事的丰富描述，见 Kalfayan 2009。

19. 更详细的描述，见 Broughton 2008, Turow 1977。

20. See Armstrong and Hamilton 2013, Stuber 2011.

21. 对商学院组织逻辑变化的讨论，见 Khurana 2007。

22. Friedman 2013.

23. See http://thechoice.blogs.nytimes.com/2013/04/15/colleges-report-2013-acceptance-rates/（2014 年 11 月 30 日访问）。

24. See Ho 2009.

25. Rubén Gaztambide- Fernández（2009）和 Shamus Rahman Khan（2010）描述了顶级寄宿学校中相似的社会化过程，并指出学生开始内化他们的精英地位是理所应得的。

26. 关于在美国工作和自我实现的关系的理论视角，见 Bellah et al. 1985; Halaby 2003。

27. 关于每代人讲述工作意义的话语的讨论，见 Foster 2013。

28. Dinovitzer and Garth（2007）推测，来自顶尖学校和精英家庭的学生在社会化的过程中，习惯了强调从工作中获得满足感的重要性。

29. Noah McClain and Ashley Mears（2012）的研究表明，免费礼物更多发放给了有优势的学生，并讨论了这种做法如何加剧了经济不平等。

30. 关于发放礼物的起源和社会后果，相关理论和实证研究方法，见 Cialdini 2009; Sahlins 1972。

31. 哈佛大学法学院学生报纸《记录》（the Record）2006 年登载了一篇文章，根据宣讲会上发放礼物的质量和新奇性对公司进行了排名。

32. 注意巴西的金融产业基地是圣保罗，不是里约。

33. 把名校生说成是最优秀、最聪明的，把投资银行说成是最优秀、最聪明的人去的地方，对这两者关系的详细讨论，见 Ho 2009。

34. See http://dealbook.nytimes.com/2012/04/30/how-elite-colleges-still-feed-wall-streets-recruiting-machine/（2014 年 10 月 15 访问）。

35. 相关讨论，见 Bartlett 1996; Roose 2014。

36. Lemann 1999, 209.

37. 例如，http://harvardpolitics.com/harvard/why-wall-street- beats-public-service-and-how-to-change-that/（2014 年 10 月 15 日 访 问）；http://www.thecrimson.com/article/2008/9/18/diversity-recruiting-al-though-the-wall-street/（2014 年 10 月 15 日访问）。

38. 校 园 招 聘 活 动 中 科 技 公 司 的 兴 起， 相 关 讨 论 参 见 http://www.washingtonmonthly.com/magazine/septemberoctober_2014/features/is_high_tech_the_answer051783.php（2014 年 11 月 29 日访问）。

39. See http://www.washingtonmonthly.com/magazine/septemberoctober_2014 / features/why_are_harvard_grads_still_fl051758.php?page=all（2014 年 11 月 29 日访问）.

40. See http://www.dailyprincetonian.com/2011/11/17/29377/（2014 年 10 月 15 日访问）.

41. See http://studentaffairs.stanford.edu/cdc/employer/partnership（2014 年 10 月 15 日访问）.

42. Sauder and Espeland 2009.

43. 例如，http://www.usnews.com/education/best-graduate-schools/top- business-schools/articles/2013/03/11/methodology-best-business-schools-rank-ings（2014 年 10 月 14 日访问）。

44. 在咨询业，在小规模聚餐、一对一的聊天、个性化的案例辅导中给人留下积极印象，要比出席招聘活动对一个人最终能否获得工作影响更大。

45. 不同阶层对在大学取得成功持不同态度，相关讨论参见 Stuber 2011。

第 4 章　简历纸

1. 本章基于 Rivera 2011。

2. See Aigner and Cain 1977; Arrow 1972; Pager and Karafin 2009; Spence 1974.

3. Bertrand and Mullainathan 2004; Correll，Benard, and Paik 2007; Jackson 2009; Pager, Western, and Bonikowski 2009; Tilcsik 2011; Tilcsik and Rivera 2015.

4. 对这一问题的讨论，特别是在审计研究中对这一问题的讨论，见 Fryer and Levitt 2004; Pager 2003。

5. 不同公司具体筛选简历的人有所不同。律师事务所通常由招聘人员筛选，无论他们是否有当律师的经验。投资银行通常由行政人员进行初筛，然后将筛过的简历交给投资银行家再次筛选。咨询公司通常由全职的专业人员筛选所有简历。此外，简历筛选在行业层面和学校层面也有区别。在最顶尖的法学院，学生可以登记参加任何公司的面试。尽管公司会公布建议的成绩门槛，但学校的就业服务办公室会强制它们面试所有提交申请的学生。同样，在一流的工商管理硕士项目中，一定数目的面试名额通过投标系统进行分配。学生手上有一定的分数，可以分投给不同的公司。如果一名学生给某个公司投了足够高的分数，那么他就很有可能获得面试机会，无论其简历是否被公司员工挑中。

6. 那些阅读求职信的人寻找的是简洁但有说服力地表达了对公司兴趣的人（关于评审人如何在面试中判断求职者对公司的兴趣，见第七章）。求职信中的拼写错误、语法错误是应聘者遭拒的原因之一。

7. 此外，他们相信"拿苹果和橘子比较"有失公平，所以核心校的学生只和他们同校的同学竞争。没有指定招聘团队负责的各目标校，其学生相互竞争。

8. 对光环效应的讨论，见 Thorndike 1920。对相关的马太效应的讨论，见 Merton 1968。

9. 最近，市场对咨询服务的需求增加，而进入顶尖商学院的学生数量相对固定，所以咨询公司扩大了招聘的学校范围。但是，由于人们根深蒂固地认为教育声望能反映一个人的智力水平和道德水平，所以公司选择开始在博士项目中选人，而不是把排名较低的学校纳入招聘名单。根据与业内人士的交流，公司采取这样的策略，并不是因为博士生的经验与工作内容相关（研究哪门学科无关紧要，公司从硬科学、人文学科、社会科学领域招人）。他们之所以这样做是因为，就读一流的博士生项目意味着这些人也是最优秀、最聪明的。

10. *U.S. News & World Report* 2008.

11. 有些评审人认为，他们的客户可能会喜欢顶尖名校出身的学生，因为这些资历有助于给高价购买服务的客户带来信心，即使新员工的年龄比较小。好几个人还提到了来自竞争对手的压力——业内其他顶尖公司各个级别的员工都是顶尖名校的毕业生，偏离这种做法会有一定风险。而且，评审人和人力资源专员称，核心校和目标校只在名校招聘，最大的影响因素是客户的想法（相关讨论见第二章），而不是评审人如何对进入通道的应聘者排序。

12. Lareau 2003; Lehmann 2012; Stuber 2009.

13. See Karabel 2005; Stevens 2007.

14. 对公司气质与组织文化差别的讨论，见 Rivera 2012b。寻求应聘者与员工之间的文化契合不仅限于 EPS 公司，这在美国是个普遍现象（see Sharone 2013）。

15. 就连在课外爱好的定义中属于缺少"个性"的人也有对应的公司。律师保罗用无波澜的语调解释说："我们不太喜欢这里的人有业余爱好，从这点来说，我们是一家**乏味**的公司。所以，实话实说，当我看到简历上有很多课外活动，或者似乎对工作之外的事情有浓厚兴趣的人时，我就觉得不太合适，通常就不要了。"

16. 这与布尔迪厄（1984）提出的**非必需性**概念相似，在这一概念下，特权阶层参加活动不是为了那些活动的直接使用价值。

17. 在之前的文章中（Rivera 2012b），我描述了公司如何被视为有不同的气质，有些公司甚至还有自己偏爱的运动。关于名校中不同阶层学生运动差异的讨论，见 Shulman and Bowen 2001。

18. Friedman 2013; Lareau 2003; Stuber 2011.

19. Bergerson 2007; Stuber 2009.

20. Stuber 2011.

21. Rosenbaum and Binder 1997.

22. 此外，顶尖商学院直到最近都不允许招聘者查看应聘者的成绩或成绩单，这被称为"成绩保密"政策。同样，最顶尖的法学院也不允许招聘者在面试前根据成绩筛选申请者，并逐步模仿耶鲁大学的及格—不及格模式。

23. 参见 Espeland and Stevens 1998 对量化的讨论。

24. 尽管不同类型的公司都十分看重行业和雇主的声誉，但投资银行的评审人略微不那么强调应聘者要在一流公司工作过。相反，投资银行家更看重行业的名望，更优待在金融业、咨询公司和律师事务所工作过的应聘者。

25. 不过，一小部分律师事务所最近开始向少数族裔、LGBT 群体提供早期带薪实习，试图增加员工人口的异质性。

26. Bielby and Baron 1986.

27. Alon 2009; Rosenbaum and Binder 1997.

28. Armstrong and Hamilton 2013; Radford 2013; Stevens 2007; Stuber 2009.

29. 对布尔迪厄的社会再生产理论有一个常见的批评，认为他过度强调了早期童年经历在塑造惯习——以阶层为基础形成的个人看待世界、解释世界的模式——和文化资本积累时的作用（see Aschaffenburg and Mass 1997; Erickson 1996; Lamont 1992）。这里讨论的模式表明，虽然认知和评价他人价值的方式由社会阶层塑造，但并不完全被个人出身的社会阶层和早期的童年经历决定。

30. Lamont and Lareau 1988; Rivera 2010.

31. 并非只有 EPS 公司基于面试而不是简历做出聘用决定，这一做法在美国雇主中很常见。See Dipboye 1992; Graves and Powell 1995; Huffcutt and Youngcourt 2007; Huo, Huang, and Napier 2002.

32. 这些类型的信号对应布尔迪厄**制度化的文化资本**这一概念，即高社会地位的资历与父母的社会经济地位有关。

第 5 章　为面试做准备

1. Huffcutt and Youngcourt 2007.

2. 期待表现对评估的影响，相关讨论参见 Berger et al. 1977, 1986。关于招聘中的情绪期待，见 Rivera, forthcoming。

3. 很多奖学金的评选过程可以证明这种说法，即评审人在面试中对候选人的主观感知对评估结果有更大的影响，胜过候选人的教育背景、工作经历或可见的认知能力（see Dipboye 1992; Graves and Powell 1995）。同样，我在霍尔特做调研期间也发现，没有迹象表明简历上的信息可以有效地预测面试评价或聘用决定（Rivera 2009）。

4. 财富 1000 公司的招聘流程和培训流程与本书中的描述有诸多相似之处，对此的讨论，见 Rynes and Boudreau 1986。

5. 员工既要承担客户工作，又要每年进行大量面试，这种现实阻碍了培训的实行。原定主持面试的创收专业人员临时缺席，常常导致公司手忙脚乱地寻找替补，而新的面试官可能没有接受过相应的训练。高级员工被给予相当大的自由，可以选择是否参加培训。

6. 有家管理咨询公司是个例外。那家公司向面试官提供了结构化的评分表，面试官要接受如何主持面试以及如何给求职者打分的培训。尽管如此，这家公司的几名受访者承认，他们会偶尔提高或降低求职者的分数，以符合他们的主观印象。

7. 有些律师事务所在一场面试中同时有两名评审人面试求职者；在律所和投资银行的某些目标学校，学生在第一轮面试中可能只接受一次面试。

8. 律师事务所的第二轮面试通常在公司的办事处进行。校园招聘的学生到办事处进行面试被称为"飞出去"（fly out）。对于名校生而言，公司会支付所有交通费用，通常还负担一晚奢华酒店的住宿。有些投资银行也会安排类似的旅行，非核心校的学生称之为"超级日"（super days）。

9. 华威是化名。

10. 不同的学校对公司何时可以进驻校园有不同的管理政策。一些学校的面试时间较为集中，另一些则较为分散。

11. 例如，为了研究招聘中的性别或种族同质性——招聘代理人和应聘者在人口学特征上的相似性能在多大程度上增加应聘者受聘的概率——研究者经常比较人力资源经理和新员工的人口学特征。如果与人力资源经理性别或种族相同的应聘者受聘概率高于其他人群，研究者就将这种倾向解释为人力资源经理偏爱与自己类似的人（Cohen, Broschak, and Haveman 1998; Gorman 2005）。然而，在很多机构，业务经理（而非人力资源经理）才是负责面试求职者、做出聘用决策的人。要研究求职者和评审人在人口学特征上的相似性如何影响了聘用决策，有必要仔细察看一下真正做决定的人有哪些特征。已有人基于应聘者和决策者的性别和种族等微观数据做了一些研究，结果表明相似性的影响并不固定，有积极的影响、消极的影响，甚至没有影响。See Huffcutt 2011; Rudman 1998.

12. 社会学家阿莉·霍克希尔德（Arlie Hochschild, 1983）将某种职业角色期待的情感表现和任职者工作时真正体验的情感之间的差距称为**情感劳动**（emotional labor）。对此，任职者在工作中可以有几种应对策略，其中一种是**表面伪装**（surface acting），即表面上遵从特定雇主的情感期待（see also Pierce 1995）。使用策略和情感管理技能都要消耗人的心理和身体能量，也可能加剧工作和职场上的不平等。

第6章　开始面试：找到合适的人

1. Collins 2004.

2. 这一节修改自 Rivera 2012b。

3. 在经济学中，**无关紧要的闲聊**指非正式的交流内容，不会直接影响双方互动的结果。有关这一主题研究文献的评论，包括目前尚在进行的讨论，见 Farrell and Rabin 1996。

4. 文化契合是研究中受访者使用的词语，不是我强加的。正如我在本书第二章和其他地方（Rivera 2012b）讨论的，对契合度的判断在简历筛选中也会起到一定作用。筛选人试图求职者的课外活动中找到和公司气质相匹配的人。

5. 我对雇主自认为在评估中使用了什么指标、自称在最近的面试中真正使用了什么指标，以及他们在评估我提供的虚拟简历时使用的指标进行了编码，从中得出这一结论。三类公司中，排在契合度之后的都是光鲜程度，再往后，投资银行是动力，咨询公司是分析能力（通过对案例问题的回答考察）。

6. Cable and Judge 1997.

7. Barley and Kunda 1992.

8. 这篇文献将个人层面上的文化归纳为稳定的性格特点和普遍价值（Rokeach 1979）。社会学家发展出了更为精细的文化概念（Lamont and Small 2008; Swidler 1986）。

9. Chatman 1991.

10. 我访谈的一位应聘者说，他面试的一家咨询公司，其员工在文化上几乎一模一样：

"每个人看起来都很像，穿得也差不多。他们都跑马拉松或什么的。"

11. 第一轮和第二轮面试都是如此。

12. 专业服务公司中这种金字塔形组织层级产生的历史根源，相关讨论参见 Galanter and Palay 1991。

13. 所有新员工中离职率都比较高，但研究受访者普遍认为，女性和少数族裔离开 的人数更多。少数族裔通常被认为是**被迫**离开的，因为工作业绩较差；女性是 自主选择离开的，因为无法兼顾传统的性别角色。关于专业工作中理想员工的 社会期待与中上阶层理想母亲的形象，两者冲突的深入讨论，见 Blair-Loy 2003; Stone 2007。

14. Rivera 2012a.

15. Phillips, Northcraft, and Neale 2006.

16. 关于 EPS 公司招聘时感觉所起的作用，见 Rivera, forthcoming。关于其他职 业招聘时感觉所起的作用，相关讨论参见 Bills 1988; Godart and Mears 2009; Sharone 2013。

17. 然而，需要注意的是，文化契合不只是衡量求职者是否知道要建立与面试官的 共同点。伪造相似性是有风险的。人们常会对不真实的自我呈现有负面反应 （Lamont 2009）。评审人说，他们会现场抽查求职者的活动，以核实他们是否真 的参加了活动，如果发现面试者夸大了自己的兴趣或根本没有参与某项活动， 他们会非常生气，并立即将求职者归入不合格一类。

18. Reskin and McBrier 2000.

19. 关于理想员工的讨论，见 Acker 1990 and Turco 2010。

20. Veblen 1899.

21. 虽然这些不一定是高雅活动，例如体育运动，但带有很强的社会经济因素。更 详细的讨论，见 Rivera 2012b; Shulman and Bowen 2001; Stempel 2005。

第 7 章　继续面试：求职者的故事

1. 关于叙事的行为和社会力量的讨论，见 Bandelj and Wherry 2011; Lamont and Molnar 2002; Lamont, Kaufman, and Moody 2000; Polletta et al. 2011; Rivera 2008; Schudson 1989; Somers and Block 2005; Steensland 2006。

2. 大学入学申请中的个人陈述与不平等之间的关系，相关讨论参见 Karabel 2005; Stevens 2007。

3. Schudson 1989.

4. 心理学界已广泛认可内部动机和外部动机的区别。内部动机是指，个人在做某项 活动时觉得活动对自己有益或活动本身有益，所以渴望从事这项活动。外部动机是指，个人为了获得某种奖赏（例如奖品或赞扬），或为了避免惩罚而渴望进行某项活动。相关评论参见 Deci and Ryan 2000。

5. See Armstrong and Hamilton 2013; Halaby 2003; Lamont 1992; Radford 2013; Stuber 2009.

6. Lamont, Kaufman, and Moody 2000; Stephens et al. 2012; Stephens, Markus, and Phillips 2014.

7. 对情绪在决策中普遍起到的作用，相关讨论参见 Bechara 2004; Damasio 1994; Keltner and Lerner 2010。对招聘中情绪的讨论，见 Fox and Spector 2000; Rivera, forthcoming; Staw, Sutton, and Pelled 1994。

8. 相关的理论讨论，见 Collins 2004。神经科学对兴奋和动机的研究，见 Berridge and Robinson 2003; Depue and Collins 1999。

9. Hallett 2007.

10. 社会学和心理学对情绪的定义一直存在争论（see Keltner and Lerner 2010; Lawler and Thye 1999; Turner and Stets 2006）。我在这里用情绪一词指因某一刺激而对某一求职者产生了积极、消极，或中立的情感体验。我所说的情绪与感觉不同，后者常指身体的动力状态（例如饥饿），或感情、心情，这些被认为是持续更长的状态，与特定的刺激（例如压抑；see Thoits 1989）无关。虽然身体的动力状态和感情确实会影响决策，但我关注的是情绪，因为它们是专门针对求职者的，因此很可能在研究招聘者如何评估、选拔新员工方面有社会学上的意义。此外，本书在讨论情绪时指的是对情绪的主观解读（在心理学文献中也称为认知标记［cognitive labeling］或认知评价［cognitive appraisal］）。我这样做既有现实原因，也有理论上的考虑。一方面，我无法得知评审人的生理反应。另一方面，主观性的、可解读的情绪体验在引导行动时发挥着重要作用（Clore and Storbeck 2006; Turner and Stets 2006）。我们如何标记一种情绪决定着我们是否会做出反应，以及怎样反应。例如，即使某种生理反应是因为恐惧而产生，但如果我们标记它源于爱情，那么它将影响我们是奔向还是离开那种情绪体验的来源。情绪可解读的方面在招聘中尤为突出。面试官的心率、皮质醇水平、身体距离、面试评估表上记录的关于互动的客观事实或小组商议时所依赖的信息，都不是最终做出招聘决定的依据。相反，决定依据的是面试官对面试过程和应聘者的主观解读。此外，人们在做出复杂的、事关重大的，或需要个人承担责任的决定时通常都会依赖认知因素和个人解读（Leach and Tiedens 2004），正如这里分析的招聘决策。

11. 这是可得性启发的一个子集。对决策中此类情况和其他认知偏见的讨论，见 Kahneman 2011。

12. Chen and Miller 2012; Duckworth et al. 2007.

13. Durkheim（1912）1995. See also Collins 2004.

14. Granfield 1992; Lubrano 2005.

15. Phillips, Rothbard, and Dumas 2009.

16. Bourdieu 1984.

17. Lamont（1992）发现，美国中上阶层的专业人员和经理中也存在类似的反感，不喜欢受金钱而不是个人快乐和品德驱动的人。

18. Armstrong and Hamilton 2013; Stuber 2009.

19. 此外，这些学者更偏向于研究低收入劳动力市场中的沟通技能，而非精英、专业人才劳动力市场中的沟通技能。

20. Bowles and Gintis 1976; Halaby 2003; Stephens, Markus, and Phillips 2014; Willis 1977.

21. DiMaggio 2012; DiMaggio and Mohr 1985; Lamont and Lareau 1988; Lareau and Weininger 2003. 学者在研究美国的文化资本时，通常非常狭窄地将其定义为拥有高雅文化的知识或消费高雅文化。但这一做法不仅违背了布尔迪厄对文化资本的原始定义（Holt 1997），也因为否认了精英群体存在不同的互动方式，而忽视了微观层面上守门人的互动如何生产、再生产了经济不平等。例外情况，见 Khan 2010; Ostrander 1993。

22. Erickson 1996.

23. 这一过程称为同步（entrainment），在身体和情绪体验中都会发生。相关讨论，见 Ambady and Weisbuch 2010; Collins 2004。

24. 在谈及访谈精英的方法论问题上，社会学家苏珊·奥斯特兰德（Susan Ostrander, 1993）指出，精英的一个特征是通常在访谈开始时先面试研究者。

25. 例如，阿莉·霍克希尔德（1983）在其经典研究《情绪管理的探索》（*The Managed Heart*）中指出，飞机机组人员受聘是因为他们有能力做表面的表演，一直对乘客表现出令人高兴的态度。这种持续的表演需要大量**情感劳动**，可能对员工的身心健康造成负面影响。不同的组织和行业有不同的情感文化。例如，西南航空强大的组织文化强调有趣和兴奋，它在面试机组人员时希望看到的情感表现可能和上流律师事务所所想在求职者身上看到的很不一样。在一流的咨询公司，我们无法想象员工在乡村音乐背景下给客户做演示——这在西南航空看来就很有价值——而不用传统的幻灯片。

26. Keltner and Lerner 2010.

27. 兰德尔·柯林斯（2004）认为成功的互动仪式，包括求职面试，需要双方感到共同享有一种初始情绪，常常是兴奋。深入讨论兰德尔·柯林斯对情绪、情绪能量的看法，以及本研究所涉及的招聘不平等，见 Rivera, forthcoming。

28. Palmer and Simmons 1995.

29. Bourdieu 1984.

30. Ibid.; Keltner and Lerner 2009.

31. Rudman 1998.

32. 对不同情境下这种互动模式的讨论，见 Khan 2010; Lareau 2003; Ostrander 1993; Stephens, Markus, and Phillips 2014; Willis 1977。

33. Bourdieu and Passeron 1977.

34. 温暖、有能力在人际看法和评价中的重要性，见 Cuddy, Fiske, and Glick 2008; Fiske et al. 2002。这对女性领导及女性应聘者的意义，相关讨论参见 Cuddy, Glick, and Beninger 2011; Eagly and Carli 2007; Rudman 1998。

35. 相关评论，见 Dovidio, Glick, and Rudman 2005。

第 8 章　面试结束：最后两幕

1. Farkas 2003.

2. See Ambady and Weisbuch 2010; Iyengar 2010.

3. 几所顶尖法学院的就业服务中心禁止公司设置成绩门槛。对以成绩为评价指标的深入讨论，参见第四章。

4. 投资银行有让求职者经历"压力测试"的名声。学生中广为流传的一个压力测试故事是，当学生进入面试房间后，面试官让他打开窗户，结果学生发现窗户锁上了。面试官接着会观察学生如何处理这一情况，以此估计他们在压力下对未知情境的反应。根据研究受访者的说法，这类场景极少出现，多半是谣传。但类似的事情确实会发生。我访谈过的一位投资银行家说，他会调低面试者的座椅，看他们敢不敢调整座椅高度，使自己的视线和面试官持平。哈佛商学院的学生报纸《哈布斯》（Harbus）有时会刊登一些学生在各类公司（不只是 EPS 公司）的校园招聘中遇到的极端情况或可笑场景。

5. 非结构化面试和结构化面试的有效性，对相关文献的评论，见 Dana, Dawes, and Peterson 2013; Huffcutt 2011。

6. See Jencks 1998; Steele and Aronson 1998; Walton, Spencer, and Erman 2013.

7. 相关信息一般是口头提供的，但研究中的一家公司为求职者提供了对问题的书面描述。

8. 求职者可以在纸上进行计算，但不能用计算器。

9. 不过，正如第九章所讨论的，面试官对小错误的容忍程度会因求职者的人口特征而变化，面试官对白人和男性更宽容。

10. 少数投资银行家提到了类似的现象。尼古拉尔告诉我，他们公司的面试"非常专业"。为了让求职者"了解面试官希望看到什么"，公司会"招聘'帮手'一类的人，帮助求职者走完这个过程。此外，我们还在校园举行很多模拟面试、模拟招聘日。有时候学生虽然很聪明，但他们不了解面试的结构……所以我们做了大量的培训和准备……我们还举办了很多座谈和招待会，为他们提供信息"。

11. 有两家咨询公司对求职者进行额外的契合度面试，不涉及案例问题。不过，案例面试的评审人仍被要求单独评估求职者的契合度。

12. Rivera, Owens, and Gan 2015.

第 9 章 畅所欲言：评议优点

1. 在社会科学中，招聘委员会的工作仍然是个黑匣子。大多数关于招聘的社会学研究收集面试前后的数据来预测招聘决策，例如简历信息或真正受聘的人员结构。少数掌握了求职面试数据的研究常常不了解招聘委员会如何利用这些信息进一步筛选求职者并最终做出决策。有两项研究虽然调查的不是入门级人员的招聘，但加深了我们对评审委员会如何运作的认识，分别是库拉纳（Khurana，2002）对公司高层寻找首席执行官的分析，以及拉蒙特（Lamont，2009）对学术资助专家小组的研究。

2. 招聘委员会的组成和职责因行业不同而有所差别。在某些机构，委员会成员代表了不同部门或职能领域。在我研究的 EPS 公司，招聘委员会通常由一个办事处的创收人员组成，成员包括某一学校的校园大使（是公司在该校招聘的门面，全职或兼职承担招聘工作）、该办事处的招聘合伙人，以及参加了该轮校园面试的面试官等。负责校园招聘的人力资源专员也常常出现在招聘委员会会议上，但他们不完全算是委员会成员，几乎没有决策权（除非是之前在公司里当过律师、投资银行家或咨询师的人力资源经理）。

3. 对这一情况的总结，见 Surowiecki 2005。

4. 在霍尔特第一轮面试的每一天，每一批求职者都被指定给两名面试官面试。面试官分别面试同一个人。受面试官工作和差旅安排的影响，他们的分组情况每天都会变化，很少有两名面试官会连续两天被分到一组，即使他们那两天都参加了第一轮面试。

5. 每一对面试官—求职者组合在性别和种族上有所不同，但校准时他们的语气和内容惊人地相似。社会学文献常常假设，求职面试中面试官个人更偏爱性别、种族与自己相同的人，但或许令人惊讶的是，研究中的实际情况和微观数据所揭示的一致，即同一性别或同一种族的组合对评审结果的影响经常可以忽略不计，甚至还有负面影响。相关评论，见 Du-guid 2011; Huffcutt 2011; Maume 2011; Montoya, Horton, and Kirchner 2008。

6. 这种轮流发言很常见。虽然评审人的确会偶尔打断对方，但在我的研究样本中，所有人在继续讨论下一个前就当前面试者交换了意见。这些交谈一般都很友好——我很少看到面试官之间互相攻击或针对对方的意见发表负面评论——这可能是因为面试官不太熟悉对方，且日后可能还要与校准伙伴共事。关于谈话中轮流发言规则的社会学研究，见 Gibson 2005。

7. 在各地有多个办事处的公司给每个办事处分配一定数量的聘用名额。有些办事处相较其他更受欢迎。求职者对纽约和旧金山——这些城市最近成为毕业生和年轻专业人士的温床——的职位需求最高，但因为岗位数量有限，所以竞争最为激烈，也最难进入。一般而言，由于求职者需求增加，办事处越受欢迎，那些可上可下的求职者进入复试和最终被聘用的数量就越少。此外，地理位置和学校声望也有相互促进的关系。最受欢迎的办事处竞争最为激烈，但它们也给名校分配了最多名额。这样的组织目标将最顶尖的名校毕业生引向了国际化最强的大都市，那里的薪水常常高于地区性办事处（但相应的生活成本也更高）。办公地点可能对求职者的生活产生长期的影响。由于我们更可能与住在附近的人见面、建立关系，因此办事处地点的选择影响了求职者未来的社交圈和社会资本。See Florida 2002.

8. 由于我不在面试房间内，所以无法肯定地说这些差异**完全**是刻板印象的缘故。尽管刻板印象极大地影响了一个人的认知和行为（通常本人意识不到），但也可能不同的群体确实在行为上有差别。但我的数据的独特之处在于，对同一面试者，我们至少可以看到两种印象，从而可以看到什么因素**最能影响**面试官决定其通过还是出局，也能看到面试官如何把对不同人口学群体成员的相似看法变成正面或负面的决定。

9. 这些是社会学家所说的**普遍的地位认知**（generalized status beliefs）的例子。对不同类型地位认知和特征的讨论，见 Berger et al. 1977, 1986; Ridgeway 1991。

10. See Correll, Benard, and Paik 2007; Kennelly 1999; Neckerman and Kirschenman 1991.

11. 对这一文献的评论，见 Dijksterhuis 2010; Dovidio and Gaertner 2000; Macrae and Quadflieg 2010。

12. 如果把面试比作照相，面试官的目的就是对应聘者的能力与个人品质创建快照，然后与其他人的快照放在一起比较，挑出最好的，那么对不同类别群体的刻板印象就有点像是面试官照相机上能够自动变焦的镜头。当拍出来的照片不清楚或取景器中的人像较为模糊时，刻板印象就起到自动对焦的作用。它们迅速根据面试者所属的群体类别，对负面的刻板印象特点进行放大，拍出一张张锐度更高、像素更高(有时还被放大了)的人物照，让面试官更为细致地审视这些类别。

13. 在少数女性的光鲜程度受到质疑的案例中，顾虑多是认为这些女性过于安静或不够激进，与沟通中的性别刻板印象一致。See Eagly and Carli 2007.

14. 对种族刻板印象和招聘者对应聘者沟通技能看法的讨论，见 Holzer 1999; Neckerman and Kirschenman 1991。

15. Shih, Pittinsky, and Ambady 1999.

16. Ibid.

17. 这一部分的名校我使用了化名。

18. 根据我在不同时间对不同办事处的观察，他们都遵循类似的流程。

19. 我们还在电话会议连线中，可以听到发生了什么。虽然各办事处在这一过程中可能会对我们静音，但由于我们可以听到背景杂音，所以不太可能存在这一情况。

20. 本科毕业后直接工作的员工一般会在两三年后离开霍尔特或其他类似公司，许多人接下来选择进入专业学校学习。有些人得到了霍尔特的"支持"，即与公司签定协议，商定如果毕业后前两年回到霍尔特工作，公司将支付他们的研究生学费。另一些人以进入专业学校作为转行的方式。

21. 在大多数公司，参加讨论的成员包括主持第二轮面试的面试官。但在少数律师事务所，聘用决策由整个招聘委员会或公司全体合伙人做出，许多人从来没有跟所讨论的求职者打过交道。

22. Collins 2004.

23. 与情绪的性别脚本相对应，男性多用情欲类的词汇表达这种感觉，而女性多用爱情类的词汇。

24. 对情绪在整体招聘中的作用以及具体到支持行为中的作用，相关深入讨论，见 Rivera, forthcoming。

25. 针对这种异质性，律师库马尔提供了一个普通人的理论，"有时候女人帮助女人，也有时候女人不帮助女人，而且对其他女人很恶毒，或者不喜欢长得好看的女人。有时候男人帮助男人，但其他时候他们尽力帮助女人，尤其是漂亮的女人"。

26. Rivera, Owens, and Gan 2015. 对招聘或晋升中女性不喜欢女性的进一步讨论，见 Correll, Benard, and Paik 2007; Duguid 2011; Maume 2011; Rudman 1998。

27. 这些观点验证了已有研究，即公司的客户基础越多样，女性就越可能被聘用和升职。相关讨论，见 Beckman and Phillips 2005。

28. 然而，我访谈的两名交易员（投资银行家）认为，性别多样性减少了他们在工作中的乐趣，因为他们和同事讲黄色故事或低俗幽默的自由受到了限制。

29. 工作场所越来越成为人们找到自己的恋爱对象和性伴侣的地方。对相关研究以及工作中亲密情感研究的评论，见 Zelizer 2009。

第10章　社会重建

1. Bourdieu 1984; Parkin 1974. 美国人经常将阶层制度与等级制度混为一谈。对这些不平等结构的区别的讨论，见 Fussell 1983。

2. 这是理解社会出身与最终达到的社会位置之间关系的重要任务。实际上，对美国社会再生产与不平等的社会阶层模型的批评经常指向它们缺乏对非常规人群的研究，这已经成为此类研究的一个弱点。See Erickson 1996; Kingston 2000, 2001。

3. 由于这些公司来自非精英社会经济背景的学生数量较少，所以我采用了一种较为宽泛的方式来定义非精英。在这里，非精英学生是指家里的第一代大学生，父母从事非专业性工作或蓝领工作，并且（或者）家庭年收入在 6 万美元以下。虽然这一数字略高于美国家庭年收入的中位数，但在 EPS 公司招聘的顶尖名校，这样的收入属于低水平，而且在每个年级中所占比例常常不超过 15%。因此需要强调的是，本章的讨论是认识社会重建如何发生的一个初步尝试。

4. 需要指出的是，虽然美国人倾向于用稳定的内在品质解释他人的成功或失败，但缺少成功的表现可能是受到外部因素的影响，例如机会或运气。一个本来非常有资格的求职者也许因为不小心弄混了几个公司总部的地点（如误认为某一公司总部在旧金山，而其真正所在地是帕洛阿尔托，或者相反）而无缘入围；可能因为邻居在面试前一晚播放了一整夜的嘈杂音乐而表现得不够光鲜；得了流感让面试者的思维模糊，从而影响了发挥。在咨询公司的面试中，案例问题的类型可以让一个有资质、光鲜、准备充分的求职者失去镇定。

5. 法学院学生没有全职工作经历很常见。

6. 对这些学生的讨论，以及他们的大学经历与穷学校低收入学生大学经历的比较，见 Jack 2014。

7. 相关细节，见 http://www.seocareer.org/（2014 年 10 月 22 日访问）。

8. 咨询业的几名评审人认为，参过军的求职者的量化分析能力不如没有军队经历的人。

第11章 结论

1. Björklund and Jäntti 1997; Couch and Dunn 1997; Pew 2011.

2. See DiMaggio and Mohr 1985; Erickson 1996; Kingston 2001, 2006; Lamont 1992; Peterson 1997.

3. Bourdieu 1984, 1986; Holt 1997; Kane 2003; Lareau and Weininger 2003.

4. 社会阶层和参加特定的文化活动而不仅仅是文化品位之间的关系，见 Yaish and Katz-Gerro 2012。求职者无法预测谁会面试他们。成功的应聘者应该拥有足够的文化宽度，可以与分配到的任何专业人士找到共同特点，也要对中上阶层的文化符号有足够深的认识，可以侃侃而谈，并且引起那些来自中上阶层、藤校毕业的面试官的兴趣。所以，文化资本的广度和深度——而不是社会学者通常认为的只需要广度——都有利于成功地与守门人互动。

5. 然而，由于性别、种族和文化之间的关系在应聘者群体中不如在整体人口中紧密，所以这些机制在招聘时产生的性别和种族不平等并不大。倘若应聘者群体的性别和种族更符合刻板印象，那么造成的不平等就要大得多。See Rivera 2012b.

6. Lamont and Lareau 1988.

7. 相关讨论，见 Farkas 2003; Rivera 2012b; Tilly and Tilly 1998。

8. Bills 1988; Godart and Mears 2009; Sharone 2013. 此外，我询问了 171 名曾从事各种行业的工商管理硕士作为面试官为公司主持面试的经历。我给他们设定了一个虚拟场景，让他们必须在两名应聘者之间做出选择，这两人都能至少令人满意地完成要做的工作。他们对其中一人非常有感觉，而另一人资历出色，工作技能娴熟。76% 的受访者选择聘用那名他们非常有感觉的人。

9. 不过，这些差异不是噪音或随机误差。评审人一向偏爱文化和经历上与他们自己相似的求职者。所以，要准确地理解企业如何招聘，不仅需要了解应聘者的相关信息（现在的常见做法），也要了解具体评审他们的人。

10. Golden 2007; Stevens 2007.

11. Sauder and Espeland 2009.

12. Armstrong and Hamilton 2013; Arum and Roska 2011.

13. Karen 2002.

14. Bowen and Bok 1998; Mettler 2014.

15. See http://www.thecrimson.com/article/2012/1/26/diversity-lack-figures-evidence-harvard/（2014 年 10 月 24 日访问）。

16. Fisher 2012.

17. 相关讨论，见 Bowen, Kurzweil, and Tobin 2005; Carnevale and Rose 2004; Fisher 2012; Pérez-Peña 2014; Vendantam 2013。

18. Hoxby and Avery 2012.

19. Stevens 2007.

20. 被 EPS 公司拒之门外会产生深远的影响。除了 EPS 公司付给名校生的高薪外，在这些地方的工作经历越来越成为在企业、政府和非营利组织中获得掌权职位所需要的。

21. 相关讨论，见 Christopher 1989; Keller 1991; Kingston 2000。

22. Baltzell（1958）1989.

23. Kanter 1977.

24. 对精英适应相关理论的讨论，见 Alon 2009; Parkin 1974。

25. Pew 2012, 2013.

26. Young（1958）1994.

27. Stevens 2007.

28. http://www.nydailynews.com/new-york/manhattan-mom-sues-19k-yr-preschool-damaging-4-year-old-daughter-ivy-league-chances-article-1.117712（2015 年 2 月 26 日访问）。

29. See http://www.nytimes.com/2014/07/30/upshot/when-the-college-admissions-battle-starts-at-age-3.html?emc=eta1&abt=0002&abg=1（2014 年 10 月 24 日访问）。

30. 虽然我们今天把精英统治当成一个褒义的概念加以谈论，但扬对它更多持批判态度。事实上，在他的书出版 50 年后，他为创造这一术语而向人们道歉，因为这个词在诞生后有了自己的生命和独特的含义，远远超过了扬的初衷。扬认为精英统治——正如他对该词的设想——是危险的，甚至是有害的，因为在这种体制下，上层社会开始相信他们高高在上的地位是**应得的**。他反思道："按照人们的优点来分配工作是好的，但是当那些被认为拥有某种优点的人固化成一个新的社会阶层，且容不得别人进入时，好的事情就走向了另一端。过去常常随机分布于各个阶层的常见的能力，现在却在教育引擎的作用下高度集中在某一部分人身上……凭借自主发放文凭和学位这一神奇的力量，教育在少数人身上盖了通行章，而在许多人身上盖上了不予通过的章，因为这些人在 7 岁或更早的时候就沦落至底层，自此再没发出过光芒。新阶层手上有一些方法，这些方法很大程度上受他们控制，借此可以完成新阶层的自我再生产。"See http://www.theguardian.com/politics/2001/jun/29/comment（2014 年 10 月 24 日访问）。

31. 几家公司追踪了面试评价与工作中业绩评价的关系，但人们仍不清楚什么因素可以预测招聘分数。

32. 与我交谈过的几位律师将这归因为传统主义以及法律专业人士不愿变革。有些人提出了一个法律上的理由：如果对员工表现的记录很少，那么当他们要求升职或发起停止歧视的诉讼时，公司需要反驳的证据也就越少。

33. 对抽样偏差的讨论，见 Vedder 1992。

34. Podolny 2005.

35. 例 如，http://studentaffairs.stanford.edu/cdc/employer/partnership（2014 年 10 月 24 日访问）。

36. 在投资银行，这些培训可以持续一个月；在咨询公司，两周的全职培训更为常见；律师事务所的情况不定，但在有些律所，新员工第一年的工作无法为公司带来收入。

37. Dinovitzer and Garth 2007.

38. Blair-Loy 2003.

39. Phillips, Northcraft, and Neale 2006.

40. Dinovitzer and Garth 2007.

41. Chen and Miller 2012.

42. Kraus, Côté, and Keltner 2010.

43. Kraus and Keltner 2009.

44. Bowen and Bok 1998; Karabel 2005; Soares 2007.

45. Rosenbaum and Binder 1997.

46. Dana, Dawes, and Peterson 2013; Huffcutt 2011.

47. 有家机构使用这种方法在低薪小时工劳动力市场中减少偏见、提高工作表现。更多信息，见 http://www.evolv.net（2014 年 10 月 24 日访问）。

48. Huffcutt 2011.

49. See http://www.nalpdirectory.com/（2014 年 10 月 24 日访问）。

50. 例如，http://www.betterlegalprofession.org/mission.php（2014 年 10 月 24 日访问）。

后记

1. 这一事件就是法律界知名的"情人节"大屠杀，见 http://abovethelaw.com/2009/02/associate-life-survey-fear-firings-and-firm-support/（2015 年 1 月 5 日访问）。

2. 其中一个项目例子，见 http://abovethelaw.com/2009/02/dealing-with-the-downturn-simpson-thachers-public-service-program/（2015 年 1 月 5 日访问）。

3 Fernandez 2014.

4. 例 如，http://www.americanbar.org/content/dam/aba/administrative/legal_education_and_admissions_to_the_bar/council_reports_and_resolutions/March2015CoucilMaterials/2015_nalp_women_and_minorities_press_pelease.authcheckdam.pdf（2015 年 1 月 5 日访问）。

5. 关于学生如何理解科技公司和金融、咨询公司的职业道路，详细讨论参见 Binder, Davis, and Bloom, forthcoming。

6. 然而，有一家咨询公司正在逐渐转变，不再特别强调大学的声望。但它只在英国办事处这样。时间将证明这一举措能否传到美国。See http://qz.com/513028/deloitte-no-longer-wants-to-know-which-university-its-job-applicants-attended/（2015 年 1 月 5 日访问）。

附录一　谁是精英？

1. See http://www.youtube.com/watch?v=ismksjp10q0&feature=youtube（2014 年 10 月 21 日访问）。

2. See Bellah et al. 1985.

3. 尽管个人主义在美国有深厚的文化和思想基础，但它也有更为广泛的心理根源。**基本归因错误**记录了生活在个人主义文化下的人们在解释发生在他们身上的好事情（如被大学录取或升职）时普遍存在的心理偏好，认为这些事情源于他们内在的稳定品质，如他们的动力或努力，而不是外在因素，如运气、机会或他人的帮助。相反，我们在解释别人的失败时（如他们没能上大学或丢掉了工作），会认为那是由个人的内在缺陷导致的（如智力不足或上进心有限）。大多数人都成为这些偏见的牺牲品，在日常生活中强化了美国的个人主义理想。

4. Fussell 1983.

5. Tversky and Kahneman 1973.

6. 事实上，完全没有流动性会威胁现有权力结构的合法性和稳定性。See Bourdieu

1984; Parkin 1974.

7. 当人们经历向下或向上的流动时，更多是流向了邻近的阶层。例如，那些进入顶层 20% 的人一般来自第二个 20% 阶层。同样，离开顶层 20% 和人也常常跌落至第二个 20%。在经济收入结构的另一端，最底端 20% 的人经历的向上流动很可能是进入了倒数第二个 20%。See Pew 2012, 2013.

8. 相关讨论，见 Côté 2011; Grusky and Weeden 2002; Kingston 2006。

9. Chin 2011.

10. 见 http://www.nytimes.com/2007/08/05/technology/05rich.html?pagewanted=all&_r=0（2014 年 10 月 21 日访问）。

11. 媒体上广泛流传的形象塑造了我们对中产阶级的认识，这让事情变得复杂起来。30 年前，我们对中产阶级生活方式的期望较低。常见的期望是：全家有一辆车，孩子们共用一间卧室，并且 / 或者几乎只在家里吃饭。如果出去度假，也经常是公路旅行。现在，我们对中产阶级生活方式的期望变高了：每个成年人都有一辆车，每个孩子都有一间卧室，厨房的台面是花岗岩，厨具是不锈钢，定期去餐厅吃饭，度假时坐飞机而不是搭乘汽车。人们希望跟上四季变化的时尚潮流，男女的装扮也变得更加精致、昂贵。

12. Lamont（1992）对比了美国和法国管理层和专业领域的白人男性，发现美国人更喜欢进行道德区分（例如"勤恳"或"诚实"），并认为道德上的区别而不是经济上的区别是日常生活中对人进行归类的重要基础。

13. DiMaggio 2012, 19.

14. 将阶层视为一个过程，相关讨论参见 Bourdieu 1984; Stuber 2011; Willis 1977.

15. Khan 2012.

16. 相关讨论，见 Reardon 2011.

17. 我并没有暗示这个群体是单一的或没有变化的。其他与社会分层研究有关的群体类别（例如女性、亚洲人或退休人员），其成员在经历、风格、特点上存在差别，同样，精英阶层内部以及不同类别的精英之间都可能存在显著的异质性。

18. 在划分受访者是否来自精英阶层时，我的主要依据是他们父母的职业声望和受教育水平。除了自我报告收入可能带来偏差（特别是子女可能不太清楚家庭的实际收入）外，由于我的受访者年龄跨度从 20 岁到 72 岁都有，再加上美国经济和劳动力市场的种种变化，所以即使考虑通货膨胀，对收入做了标准化处理，儿童时期的家庭收入也无法做到在同一基准上进行比较。

附录二　研究方法细节

1. Charmaz 2001.

2. US Census Bureau, Current Population Survey, Annual Social and Economic

Supplement, 2011.

3. Hirsch 1995; Ostrander 1993.

4. 如在正文中所说，本书中的伊斯特莫尔和霍尔特·哈利迪（简称霍尔特）都是化名。来自顶尖法学院求职者的观点，更多信息参见 Costello 2005; Granfeld 1992。

致 谢

    这本书源自我对精英阶层长期以来的兴趣。其中的资料是我在哈佛大学读博士期间收集的。我要感谢很多人，感谢他们在我天马行空的哈佛学术生涯中一直支持我，看着我从研究时尚夜店到政治精英，再到华尔街。我要感谢我的研究生导师、博士论文指导主席米歇尔·拉蒙特，她给了我出色的指导、极有价值的反馈，以及源源不断的学术支持。她教我如何组织社会学的论述，如何在这个学科里穿梭遨游，令我感激不尽。在此，我也要对弗兰克·多宾（Frank Dobbin）和玛丽·布林顿（Mary Brinton）致以深深的谢意，他们最早激发了我对招聘的兴趣，也教给了我许多经济社会学的精髓，并且在这本书从构思到完稿的过程中提供了不少真知灼见。我也非常感谢克里斯托弗·温希普（Christopher Winship）和 J. 理查德·哈克曼（J. Richard Hackman），感谢他们在我整个博士期间的支持和鼓励。

与西蒙娜·伊斯帕—兰达（Simone Ispa-Landa）、查纳·蒂格（Chana Teeger）、艾莉森·宾斯（Allison Binns）和特蕾泽·莱昂（Therese Leung）的友谊以及他们精神上的陪伴，让哈佛威廉·詹姆斯楼（William James Hall）里的生活充满了乐趣。质性研究需要耗费大量的时间和资源，在此，我要特别感谢福特基金会（Ford Foundation）、美国国家科学基金会（National Science Foundation），以及哈佛大学艺术和科学研究生院（Graduate School of Arts and Sciences）的慷慨资助，没有它们，这项研究就无法完成。

离开马萨诸塞州剑桥市后，西北大学凯洛格管理学院（Northwestern University's Kellogg School of Management）的各位同事影响了我对社会不平等和组织多样性的思考。在这里，我要感谢让娜·布莱特（Jeanne Brett）、加里·法恩（Gary Fine）、保罗·赫希（Paul Hirsch）、布雷顿·金（Brayden King）、安杰拉·李（Angela Lee）、威利·奥卡西奥（Willie Ocasio）、布莱恩·乌齐（Brian Uzzi）一直以来的帮助。妮科尔·斯蒂芬斯（Nicole Stephens）是一位难得的朋友，也是我研究社会阶层时学术上的好姐妹。

我要感谢埃里克·施瓦茨（Eric Schwartz）和普林斯顿大学出版社，他们给我机会，使这本书从想法变成了现实。感谢凯瑟琳·穆尼（Katherine Mooney），她以编辑特有的敏锐眼光帮助我不断完善论证。感谢两位评审人耐心阅读本书的草稿，并提出了真知灼见。此外，我还要感谢罗伯托·费尔南德斯（Roberto Fernandez）、安妮特·拉鲁、米切尔·史蒂文斯、维维安娜·泽利泽、安德鲁·阿伯特（Andrew Abbott）、戴维·比尔斯（David Bills）、戴维·布朗（David Brown）、托尼·布朗（Tony Brown）、凯瑟琳·多纳托（Katherine Donato）、拉里·艾萨克（Larry Issac）、奥利·麦卡蒙（Holly McCammon）、凯文·斯坦巴克（Kevin Stainback），感谢他们提出的反馈意见。《美国社会学杂志》（*American Journal of Sociology*）、《美国社会学评论》（*American Sociological Review*）、《社会分层与流动研究》（*Research in Social Stratification and Mobility*）的匿名评审对书中相关文章的反馈也对现在成书的观点产生了很大影响。

没有人是一座孤岛。我的家人在我写作这本书之前、之中和之后一直在身边支持我。我特别感激我的母亲埃利安娜（Eliana），她一直相信我，教我面对挑战时要坚忍不拔、不轻言放弃。她自己都没有意识到，她教给了我做质性研究的重要技能，包括如何真正地倾听，如何用有距离的眼光审视美国文化，如何接纳未知与突发情况。写作时，我的兄弟里奇（Richie）给了我很多灵感。我深深地感谢我的丈夫戴维（David），他永远饱含热情，一直支持我的工作，不仅如此，他还是位令人折服的生活伴侣，总能给我带来欢乐。

人们常常问我是如何对社会阶层以及精英问题产生兴趣的。对此，我特别感谢布伦特伍德中学（Brentwood School），是它启发了我，并为我提供了向上流动的机会。正是在那里，我第一次接触到了上层文化。我成长在一个低收入单亲移民家庭。若是没有在布伦特伍德接受的正式和非正式教育，以及学校对教工子弟免学费的政策，我根本不会有机会进入今天所研究的精英世界。在布伦特伍德，我非常感激已过世的丽奈特·克里西（Lynette Creasy）女士，以及珍妮弗·埃文斯（Jennifer Evans）、丽奈特·盖尔芬德（Lynette Gelfand）、朱迪思·欧汉隆（Judith O' Hanlon）、萨拉·华莱士（Sarah Wallace）等诸位老师。在耶鲁大学时，教授们教我的理论和研究方法帮助我理解上层文化。我想感谢乔舒亚·加姆森（Joshua Gamson），是他最早带我了解了布尔迪厄及社会封闭理论；约瑟夫·索尔斯（Joseph Soares）激发了我对经典理论的兴趣；托德·利特尔（Todd Little）让我爱上了实证研究，立志成为一名学者。

最后，也是最重要的，我要感谢所有参与这项研究的人，感谢他们的坦诚和洞见，感谢他们百忙之中抽出时间与我分享自己的经历。还有一些人非常尽力，他们积极游说（哄骗）到了自己的同事和行政人员支持我的研究，在此我特别向他们表示感谢。此外，我诚挚地感谢我的几位田野联络人，尤其是"扎克"，他为我提供了非常难得的机会，看到专业服务公司招聘的内部运作。虽然无法在此提及他们的姓名，但我仍要向他们致以谢意，感谢他们的信任、慷慨、勇敢和陪伴。你们知道自己是谁，你们真的是"明星"。

参考文献

Abowitz, Deborah. 2005. "Social Mobility and the American Dream: What Do College Students Believe?" *College Student Journal* 39:716–28.

Acker, Joan. 1990. "Hierarchies, Jobs, Bodies: A Theory of Gendered Organizations." *Gender and Society* 4:139–58.

Aigner, Dennis, and Glen Cain. 1997. "Statistical Theories of Discrimination in Labor Markets." *Industrial and Labor Relations Review* 30:175–87.

Alon, Sigal. 2009. "The Evolution of Class Inequality in Higher Education: Competition, Exclusion, and Adaptation." *American Sociological Review* 74:731–55.

Alon, Sigal, and Marta Tienda. 2007. "Diversity, Opportunity, and the Shifting Meritocracy in Higher Education." *American Sociological Review* 72:487–511.

Ambady, Nalini, and Max Weisbuch. 2010. "Nonverbal Behavior." In *Handbook of Social Psychology*, edited by Susan T. Fiske, Daniel T. Gilbert, and Gardner Lindzey, 464–97. Hoboken, NJ: Wiley.

Armstrong, Elizabeth, and Laura Hamilton. 2013. *Paying for the Party: How College Maintains Inequality*. Cambridge, MA: Harvard University Press.

Arrow, Kenneth J. 1972. "Models of Job Discrimination." In *Racial Discrimination in Economic Life*, edited by Anthony H. Pascal, 83–102. Lanham, MD: Lexington Books.

Arum, Richard, and Josipa Roska. 2011. *Academically Adrift: Limited Learning on College Campuses*. Chicago: University of Chicago Press.

Aschaffenburg, Karen, and Ineke Mass. 1997. "Cultural and Educational Careers: The Dynamics of Social Reproduction." *American Sociological Review* 62:573–87.

Baltzell, Digby. (1958) 1989. *Philadelphia Gentleman*. New Brunswick, NJ: Transaction Books.

Bandelj, Nina, and Frederick F. Wherry. 2011. "An Inquiry into the Cultural Wealth of Nations." In *The Cultural Wealth of Nations*, edited by Nina Bandelj and Frederick F. Wherry, 1–20. Stanford, CA: Stanford University Press.

Barley, Stephen, and Gideon Kunda. 1992. "Design and Devotion: Surges of Rational and Normative Ideologies of Control in Managerial Discourse." *Administrative Science Quarterly* 37:363–99.

Bartlett, Christopher A. 1996. "McKinsey and Company: Managing Knowledge and Learning." Harvard Business School Case 396–357, June.

Bechara, Antoine. 2004. "The Role of Emotion in Decision-Making: Evidence from Neurological Patients with Orbitofrontal Damage." *Brain and Cognition* 55:30–40.

Beckman, Christine, and Damon Phillips. 2005. "Interorganizational Determinants of Promotion: Client Leadership and Promotion of Women Attorneys." *American Sociological Review* 70:678–701.

Bellah, Robert, Richard Madsen, William M. Sullivan, Ann Swidler, and Steven M. Tipton. 1985. *Habits of the Heart: Individualism and Commitment in American Life*. Berkeley: University of California Press.

Bellas, Marcia, and Robert Toutkoushian. 1999. "Faculty Time Allocations and Research Productivity: Gender, Race, and Family Effects." *Review of Higher Education* 22:367–90.

Berger, Joseph, Hamit Fişek, Robert Z. Norman, and Morris Zelditch Jr. 1977. *Status Characteristics and Social Interaction: An Expectation*

States Approach. New York: Elsevier.

Berger, Joseph, Murray Webster, Cecilia L. Ridgeway, and Susan J. Rosenholz. 1986. "Status Cues, Expectations, and Behavior." *Advances in Group Processes* 3:1–22.

Bergerson, Amy. 2007. "Exploring the Impact of Social Class on Adjustment to College: Anna's Story." *International Journal of Qualitative Studies in Education* 20:99–119.

Berridge, Kent, and Terry Robinson. 2003. "Parsing Reward." *Trends in Neurosciences* 26:507–13.

Bertrand, Marianne, and Sendhil Mullainathan. 2004. "Are Emily and Brendan More Employable Than Latoya and Tyrone? Evidence on Racial Discrimination in the Labor Market from a Large Randomized Experiment." *American Economic Review* 94: 991–1013.

Bettinger, Eric, Bridget Long, Philip Oreopoulos, and Lisa Sanbonmatsu. 2012. "The Role of Simplification and Information in College Decisions: Results from the H&R Block FAFSA Experiment." Working paper no. 15361. Cambridge, MA: National Bureau of Economic Research.

Bidwell, Christopher. 1989. "The Meaning of Educational Attainment." *Research in the Sociology of Education and Socialization* 8:117–38.

Bielby, William, and James Baron. 1986. "Men and Women at Work: Sex Segregation and Statistical Discrimination." *American Journal of Sociology* 91:759–99.

Bills, David. 1988. "Educational Credentials and Promotions: Does Schooling Do More Than Get You in the Door?" *Sociology of Education* 61:52–60.

———. 2003. "Credentials, Signals, and Screens: Explaining the Relationship between Schooling and Job Assignment." *Review of Educational Research* 73:441–69.

Björklund, Anders, and Markus Jäntti. 1997. "Intergenerational Income Mobility in Sweden Compared to the United States." *American Economic Review* 87:1009–18.

Blair-Loy, Mary. 2003. *Competing Devotions: Career and Family among Women Executives.* Cambridge, MA: Harvard University Press.

Blair-Loy, Mary, and Amy Wharton. 2004. "Organizational Commitment and Constraints on Work-Family Policy Use: Corporate Flexibility Policies in a Global Firm." *Sociological Perspectives* 47:243–67.

Blau, Peter M., and Otis Dudley Duncan. 1967. *The American Occupational Structure*. New York: Free Press.

Bourdieu, Pierre. 1984. *Distinction: A Social Critique of the Judgement of Taste*. Cambridge, MA: Harvard University Press.

———. 1986. "The Forms of Capital." In *Handbook of Theory and Research for the Sociology of Education*, edited by John G. Richardson, 241–58. New York: Green- wood Press.

———. 1993. *The Field of Cultural Production*. Oxford, UK: Polity.

Bourdieu, Pierre, Luc Boltanski, and Monique de Saint Martin. 1973. "Les Strategies de Reconversion: Les Classes Sociales et le Systeme d'Enseignement." *Social Science Information* 12:61–113.

Bourdieu, Pierre, and Jean-Claude Passeron. 1977. *Reproduction in Education, Society, and Culture*. London: Sage.

Bowen, William G., and Derek Bok. 1998. *The Shape of the River: Long-Term Consequences of Considering Race in College and University Admissions*. Princeton, NJ: Princeton University Press.

Bowen, William, Martin A. Kurzweil, and Eugene M. Tobin. 2005. *Equity and Excellence in American Higher Education*. Charlottesville: University of Virginia Press.

Bowles, Samuel, and Herbert Gintis. 1976. *Schooling in capitalist America: Educational Reform and the Contradictions of Economic Life*. New York: Basic Books.

Broughton, Philip Delves. 2008. *Ahead of the Curve: Two Years at Harvard Business School*. New York: Penguin.

Brown, David K. 2001. "The Social Sources of Educational Credentialism: Status Cultures, Labor Markets, and Organizations." *Sociology of Education* 74:19–34.

Brown, Jonathon. 1986. "Evaluations of Self and Others: Self-Enhancement Biases in Social Judgments." *Social Cognition* 4:353–76.

Brown, Phillip, and Anthony Hesketh. 2004. *The Mismanagement of Talent: Employ-ability and Jobs in the Knowledge Economy*. Oxford:

Oxford University Press.

Buchmann, Claudia, Dennis Condron, and Vincent Roscigno. 2010. "Shadow Education, American Style: Test Preparation, the SAT, and College Enrollment." *Social Forces* 89:435–62.

Byrne, Donn Erwin. 1971. *The Attraction Paradigm*. New York: Academic Press.

Cable, Daniel, and Timothy Judge. 1997. "Interviewers' Perceptions of Person-Organization Fit and Organizational Selection Decisions." *Journal of Applied Psychology* 82:546–61.

Calarco, Jessica McCrory. 2011. "'I Need Help!' Social Class and Children's Help-Seeking in Elementary School." *American Sociological Review* 76:862–82.

Carnevale, Anthony P., and Stephen J. Rose. 2004. "Socioeconomic Status, Race/ Ethnicity, and Selective College Admissions." In *America's Untapped Resources*, edited by R. D. Kahlenberg, 101–56. New York: Century Foundation Press.

Carnevale, Anthony P., Stephen J. Rose, and Ban Cheah. 2011. *The College Payoff*. Washington, DC: Georgetown University Center on Education and the Workforce.

Carnevale, Anthony P., and Jeff Strohl. 2010. "How Increasing College Access Is Increasing Inequality, and What to Do about It." In *Rewarding Strivers: Helping Low-Income Students Succeed in College*, edited by Richard D. Kahlenberg, 71–190. New York: Century Foundation.

Charmaz, Kathy. 2001. "Grounded Theory." In *Contemporary Field Research: Perspectives and Formulations*, edited by Robert M. Emerson, 335–52. Prospect Heights, IL: Waveland.

Chatman, Jennifer. 1991. "Matching People and Organizations: Selection and Socialization in Public Accounting Firms." *Administrative Sciences Quarterly* 36:459–84.

Chen, Edith, and Gregory Miller. 2012. "'Shift-and-Persist' Strategies: Why Being Low in Socioeconomic Status Isn't Always Bad for Health." *Perspectives on Psychological Science* 7:135–58.

Chetty, Ray, Nathaniel Hendren, Patrick Kline, Emmanuel Saez, and Nicholas Turner. 2014. "Is the United States Still a Land of Opportunity? Recent Trends in Inter- generational Mobility." Working paper 19844. Cambridge, MA: National Bureau of Economic Research.

Chin, Fiona. 2011. "Inequality among the Affluent." Presentation at Eastern Sociological Society annual meeting, Philadelphia, February.

Christopher, Robert C. 1989. *Crashing the Gates*. New York: Simon and Schuster.

Cialdini, Robert B. 2009. *Influence: Science and Practice*. 2nd ed. Boston: Allyn and Bacon.

Clore, Gerald, and Justin Storbeck. 2006. "Affect as Information about Liking, Efficacy, and Importance." In *Hearts and Minds: Affective Influences on Social Thinking and Behavior*, edited by Joseph P. Forgas, 123–42. New York: Psychology Press.

Cohen, Lisa, Joseph Broschak, and Heather Haveman. 1998. "And There Were More? The Effect of Organizational Sex Composition on the Hiring and Promotion of Managers." *American Sociological Review* 63:711–27.

Cookson, Peter, and Caroline Persell. 1985. *Preparing for Power: America's Elite Boarding Schools*. New York: Basic Books.

Coleman, James. 1988. "Social Capital in the Creation of Human Capital." *American Journal of Sociology* 94: S95–120.

Collins, Randall. 1979. *The Credential Society: A Historical Sociology of Education and Stratification*. New York: Academic Press.

———. 2004. *Interaction Ritual Chains*. Princeton, NJ: Princeton University Press.

Correll, Shelley J., Stephen Benard, and In Paik. 2007. "Getting a Job: Is There a Motherhood Penalty?" *American Journal of Sociology* 112:1297–338.

Costello, Carrie Yang. 2005. *Professional Identity Crisis: Race, Class, and Gender at Professional Schools*. Nashville, TN: Vanderbilt University Press.

Côté, Stéphane. 2001. "How Social Class Shapes Thoughts and Actions in Organizations." *Research in Organizational Behavior* 31:43–71.

Couch, Kenneth, and Thomas Dunn. 1997. "Intergenerational Correlations in Labor Market Status: A Comparison of the United States and Germany." *Journal of Human Resources* 32:210–32.

Cuddy, Amy J. C., Susan T. Fiske, and Peter Glick. 2008. "Warmth and Competence as Universal Dimensions of Social Perception: The Stereotype Content Model and the BIAS Map." *Advances in Experimental Social Psychology* 40:61–149.

Cuddy, Amy J. C., Peter Glick, and Anna Beninger. 2011. "The Dynamics of Warmth and Competence Judgments, and Their Outcomes in Organizations." *Research in Organizational Behavior* 31:73–98.

Damasio, Antonio. 1994. *Descartes' Error: Emotion, Reason, and the Human Brain*. New York: Penguin.

Dana, Jason, Robyn M. Dawes, and Nathanial R. Peterson. 2013. "Belief in the Unstructured Interview: The Persistence of an Illusion." *Judgment and Decision Making* 8:512–20.

Davies, Mark, and Denise Kandel. 1981. "Parental and Peer Influences on Adoles- cents' Educational Plans: Some Further Evidence." *American Journal of Sociology* 87:363–87.

Deci, Edward, and Richard Ryan. 2000. "The 'What' and 'Why' of Goal Pursuits: Human Needs and the Self-Determination of Behavior." *Psychological Inquiry* 11:227–68.

Depue, Richard, and Paul Collins. 1999. "Neurobiology of the Structure of Personality: Dopamine, Facilitation, and Extraversion." *Behavioral and Brain Sciences* 22:491–569.

Dijksterhuis, Ap. 2010. "Automaticity and the Unconscious." In *Handbook of Social Psychology*, edited by Susan T. Fiske, Daniel T. Gilbert, and Gardner Lindzey, 228–67. Hoboken, NJ: Wiley.

DiMaggio, Paul. 1987. "Classification in Art." *American Sociological Review* 52:440–55.

———. 2012. "Sociological Perspectives on the Face-to-Face Enactment of Class Distinction." In *Facing Social Class: How Societal Rank Influences Interaction*, edited by Susan T. Fiske and Hazel Rose Markus, 15–38. New York: Russell Sage.

DiMaggio, Paul, and John Mohr. 1985. "Cultural Capital and Marital Selection." *American Journal of Sociology* 90:1231–61.

DiMaggio, Paul, and Walter Powell. 1983. "The Iron Cage Revisited: Institutional Isomorphism and Collective Rationality in Organizational Fields." *American Sociological Review* 48:147–60.

Dinovitzer, Ronit. 2011. "The Financial Rewards of Elite Status in the Legal Profession." *Law and Social Inquiry* 36:971–98.

Dinovitzer, Ronit, and Bryant Garth. 2007. "Lawyer Satisfaction in the Process of Structuring Legal Careers." *Law and Society Review* 41:1–50.

Dipboye, Robert L. 1992. *Selection Interviews: Process Perspectives.* Cincinnati, OH: Harcourt Brace.

Dipboye, Robert L., Carilla S. Smith, and William C. Howell. 1994. *Understanding Industrial and Organizational Psychology.* Orlando, FL: Harcourt Brace.

Dobbin, Frank. 2009. *Inventing Equal Opportunity.* Princeton, NJ: Princeton University Press.

Dovidio, John F., and Samuel Gaertner. 2000. "Aversive Racism and Selection Decisions: 1989 and 1999." *Psychological Science* 11:315–19.

Dovidio, John F., Peter Glick, and Laurie Rudman. 2005. *On the Nature of Prejudice: Fifty Years after Allport.* Malden, MA: Blackwell.

Duckworth, Angela, Christopher Peterson, Michael Matthews, and Dennis Kelly. 2007. "Grit: Perseverance and Passion for Long-Term Goals." *Journal of Personality and Social Psychology* 92:1087–101.

Duguid, Michelle. 2011. "Female Tokens in High-Prestige Work Groups: Catalysts or Inhibitors of Group Diversification." *Organizational Behavior and Human Decision Processes* 116:104–15.

Durkheim, Émile. (1912) 1995. *The Elementary Forms of the Religious Life.* New York: Free Press.

Dynarski, Susan, and Judith Scott-Clayton. 2006. "The Cost of Complexity in Federal Student Aid: Lessons from Optimal Tax Theory and Behavioral Economics." *National Tax Journal* 59:319–56.

Eagly, Alice, and Linda Carli. 2007. *Through the Labyrinth: The Truth about How Women Become Leaders.* Boston: Harvard Business School Press.

Ellwood, David, and Thomas Kane. 2000. "Who Is Getting a College

Education? Family Background and the Growing Gaps in Enrollment." In *Securing the Future: Investing in Children from Birth to College*, edited by Sheldon Danziger and Jane Waldfogel, 283–324. New York: Russell Sage Foundation.

Erickson, Bonnie. 1996. "Culture, Class, and Connections." *American Journal of Sociology* 102:217–51.

Erickson, Frederick, and Jeffrey Schultz. 1981. *The Counselor as Gatekeeper: Social Inter- action in Interviews.* New York: Academic Press.

Espeland, Wendy, and Mitchell Stevens. 1998. "Commensuration as a Social Process." *Annual Review of Sociology* 24:313–43.

Farkas, George. 2003. "Cognitive Skills and Noncognitive Traits and Behaviors in Stratification Processes." *Annual Review of Sociology* 29:541–62.

Farrell, Joseph, and Matthew Rabin. 1996. "Cheap Talk." *Journal of Economic Perspectives* 10:103–18.

Fernandez, Roberto, Emilio J. Castilla, and Paul Moore. 2000. "Social Capital at Work: Networks and Employment at a Phone Center." *American Journal of Sociology* 105:1288–356.

Fernandez, Roberto, and Isabel Fernandez-Mateo. 2006. "Networks, Race, and Hiring." *American Sociological Review* 71:42–71.

Fernandez, Roberto, and Nancy Weinberg. 1997. "Shifting and Sorting: Personal Contacts and Hiring in a Retail Bank." *American Sociological Review* 62:883–902.

Fischer, Claude S., Michael Hout, Martín Sánchez Jankowski, Samuel R. Lucas, Ann Swidler, and Kim Voss. 1996. *Inequality by Design: Cracking the Bell Curve Myth.* Princeton, NJ: Princeton University Press.

Fisher, Daniel. 2012. "Poor Students Are the Real Victims of College Discrimination." *Forbes*, May 2, http://www.forbes.com/sites/danielfisher/2012/05/02/poor-students-are-the-real-victims-of-college-discrimination (accessed November 29, 2014).

Fiske, Susan T., Amy Cuddy, Peter Glick, and Jun Xu. 2002. "A Model of (Often Mixed) Stereotype Content: Competence and Warmth

Respectively Follow from Status and Competition." *Journal of Personality and Social Psychology* 82:878–902.

Fiske, Susan T., Miguel Moya, Ann Marie Russell, and Courtney Bearns. 2012. "The Secret Handshake: Trust in Cross-Class Encounters." Pp. 234–252 in *Facing Social Class*, edited by Susan T. Fiske and Hazel Rose Markus. New York: Russell Sage.

Fligstein, Neil, and Adam Goldstein. 2010. "The Anatomy of the Mortgage Securitization Crisis." In *Markets on Trial*, edited by Michael Lounsbury and Paul M. Hirsch. Bingley, UK: Emerald.

Florida, Richard. 2002. *The Rise of the Creative Class: And How It's Transforming Work, Leisure, Community, and Everyday Life*. New York: Basic.

Foschi, Martha, Larissa Lai, and Kirsten Sigerson. 1994. "Gender and Double Standards in the Assessment of Job Applicants." *Social Psychology Quarterly* 4:326–39.

Foster, Karen R. 2013. *Generation, Discourse, and Social Change*. New York: Routledge.

Fox, Suzy, and Paul Spector. 2000. "Relations of Emotional Intelligence, Practical Intelligence, General Intelligence, and Trait Affectivity with Interview Outcomes: It's Not All Just 'G.'" *Journal of Organizational Behavior* 21:203–20.

Frank, Robert, and Phillip Cook. 1996. *The Winner-Take-All Society*. New York: Free Press.

Friedman, Hilary Levey. 2013. *Playing to Win: Raising Children in a Competitive Culture*. Berkeley: University of California Press.

Fryer, Roland, and Steven Levitt. 2004. "The Causes and Consequences of Distinctively Black Names." *Quarterly Journal of Economics* 119:767–805.

Furstenberg, Frank, and Mary Hughes. 1995. "Social Capital and Successful Development among At-Risk Youth." *Journal of Marriage and the Family* 57:580–92.

Fussell, Paul. 1983. *Class: A Guide through the American Status System*. New York: Touchstone.

Galanter, Marc, and Thomas Palay. 1991. *Tournament of Lawyers: The*

Transformation of the Big Law Firm. Chicago: University of Chicago Press.

Garnett, Bruce, Neil Guppy, and Gerry Veenstra. 2008. "Careers Open to Talent: Educational Credentials, Cultural Talent, and Skilled Employment." *Sociological Forum* 23:144–64.

Gaztambide-Fernández, Rubén. 2009. *The Best of the Best: Becoming Elite at an American Boarding School.* Cambridge, MA: Harvard University Press.

Gibson, David. 2005. "Taking Turns and Talking Ties: Networks and Conversational Interaction." *American Journal of Sociology* 110:1561–97.

Godart, Frèderic, and Ashley Mears. 2009. "How Do Cultural Producers Make Creative Decisions? Lessons from the Catwalk." *Social Forces* 88:671–92.

Golden, Daniel. 2007. *The Price of Admission: How America's Ruling Class Buys Its Way into Elite Colleges—and Who Gets Left Outside the Gates.* New York: Random House.

Goldin, Claudia, and Lawrence F. Katz. 2008. *The Race between Education and Technology.* Cambridge, MA: Harvard University Press.

Gorman, Elizabeth. 2005. "Gender Stereotypes, Same-Gender Preferences, and Organizational Variation in the Hiring of Women: Evidence from Law Firms." *American Sociological Review* 70:702–28.

Gould, Stephen. 1981. *The Mismeasure of Man.* New York: W. W. Norton.

Granfield, Robert. 1992. *Making Elite Lawyers: Visions of Law at Harvard and Beyond.* New York: Routledge.

Granovetter, Mark. 1995. *Getting a Job: A Study of Contacts and Careers.* Cambridge, MA: Harvard University Press.

Graves, Laura, and Gary Powell. 1995. "The Effect of Sex Similarity on Recruiters' Evaluations of Actual Applicants: A Test of the Similarity-Attraction Paradigm." *Personnel Psychology* 48:85–98.

Grusky, David, and Kim Weeden. 2002. "Decomposition without Death: A Research Agenda for New Class Analysis." *Acta Sociologica* 45:203–18.

Guren, Adam, and Natalie Sherman. 2008. "Harvard Graduates Head to Investment Banking, Consulting." *Harvard Crimson*, June 22.

Halaby, Charles. 2003. "Where Job Values Come From: Family and Schooling Background, Cognitive Ability, and Gender." *American Sociological Review* 68:251–78.

Hallett, Tim. 2007. "Between Deference and Distinction: Interaction Ritual through Symbolic Power in an Educational Institution." *Social Psychology Quarterly* 2:148–71.

Halliday, Terence, and Bruce Carruthers. 2009. *Bankrupt: Global Lawmaking and Systemic Financial Crisis.* Stanford, CA: Stanford University Press.

Heckman, James, and Peter Siegelman. 1993. "The Urban Institute Audit Studies: Their Methods and Findings." In *Clear and Convincing Evidence: Measurement of Discrimination in America*, edited by Michael Fix and Raymond J. Struyk, 187–258. Washington, DC: Urban Institute Press.

Heinz, John P., Robert L. Nelson, Rebecca L. Sandefur, and Edward O. Laumann. 2005. *Urban Lawyers: The New Social Structure of the Bar.* Chicago: University of Chicago Press.

Hirsch, Paul M. 1995. "Tales from the Field: Learning from Researchers' Accounts." In *Studying Elites Using Qualitative Methods*, edited by Rosanna Hertz and Jonathan Imber, 72–80. Thousand Oaks, CA: Sage.

Ho, Karen. 2009. *Liquidated: An Ethnography of Wall Street.* Durham, NC: Duke University Press.

Hochschild, Arlie. 1983. *The Managed Heart: The Commercialization of Human Feeling.* Berkeley: University of California Press.

Hochschild, Jennifer L. 1995. *Facing Up to the American Dream: Race, Class, and the Soul of the Nation.* Princeton, NJ: Princeton University Press.

Holt, Douglas. 1997. "Distinction in America? Recovering Bourdieu's Theory of Tastes from Its Critics." *Poetics* 25:93–120.

Holzer, Harry. 1999. *What Employers Want: Job Prospects for Less-Educated Workers.* New York: Russell Sage.

Horwitz, Suzanne, Kristin Shutts, and Kristina R. Olson. 2014. "Social Class Differences Produce Social Group Preferences." *Developmental Science* 17:991–1002.

Hoxby, Caroline, and Christopher Avery. 2012. "The Missing 'One-Offs': The Hidden Supply of High-Achieving, Low-Income Students." Working paper 18586. Cambridge, MA: National Bureau of Economic Research.

Huffcutt, Allen. 2011. "An Empirical Review of the Employment Interview Construct Literature." *International Journal of Selection and Assessment* 19:62–81.

Huffcutt, Allen, and Satoris Sabrina Youngcourt. 2007. "Employment Interviews." In *Applied Measurement: Industrial Psychology in Human Resources Management*, edited by Deborah L. Whetzel and George R. Wheaton, 181–99. Hillsdale, NJ: Erlbaum.

Huo, Paul, Heh Jason Huang, and Nancy Napier. 2002. "Divergence or Convergence: A Cross-National Comparison of Personnel Selection Practices." *Human Resource Management* 41:31–44.

Iyengar, Sheena. 2010. *The Art of Choosing*. New York: Twelve Books.

Jack, Anthony. 2014. "Culture Shock Revisited: The Social and Cultural Contingencies to Class Marginality." *Sociological Forum* 29:453–75.

Jackson, Michelle. 2001. "Non-Meritocratic Job Requirements and the Reproduction of Class Inequality." *Work, Employment, and Society* 15:619–30.

———. 2009. "Disadvantaged through Discrimination? The Role of Employers in Social Stratification." *British Journal of Sociology* 60:669–92.

Jamrisko, Michelle, and Ilan Kolet. 2012. "Cost of College Degree in U.S. Soars 12 Fold: Chart of the Day." *Bloomberg News*, August 15.

Jencks, Christopher. 1998. "Racial Bias in Testing." In *The Black-White Test Score Gap*, edited by Christopher Jencks and Meredith Phillips, 55–85. Washington, DC: Brookings.

Kahneman, Daniel. 2011. *Thinking, Fast and Slow*. New York: Farrar, Straus and Giroux.

Kalfayan, Michael. 2009. "Lemmings and Gekkos: Choosing Financial Careers at Harvard." Senior honors thesis, Harvard University.

Kane, Danielle. 2003. "Distinction Worldwide? Bourdieu's Theory of Taste in International Context." *Poetics* 31:403–21.

Kanter, Rosabeth Moss. 1977. *Men and Women of the Corporation*. New York: Basic Books.

Karabel, Jerome. 2005. *The Chosen: The Hidden History of Admission and Exclusion at Harvard, Yale, and Princeton*. Princeton, NJ: Princeton University Press.

Karen, David. 2002. "Changes in Access to Higher Education in the United States: 1980–1992." *Sociology of Education* 75:191–210.

Kaufman, Jason, and Jay Gabler. 2004. "Cultural Capital and the Extracurricular Activities of Girls and Boys in the College Attainment Process." *Poetics* 32:145–68.

Keller, Suzanne. 1991. *Beyond the Ruling Class: Strategic Elites in Modern Society*. New Brunswick, NJ: Transaction Books.

Keltner, Dacher, and Jennifer Lerner. 2010. "Emotion." In *Handbook of Social Psychology*, edited by Susan T. Fiske, Daniel T. Gilbert, and Gardner Lindzey, 317–52. Hoboken, NJ: Wiley.

Kennelly, Ivy. 1999. "That Single Mother Element: How White Employers Typify Black Women." *Gender and Society* 13:168–92.

Khan, Shamus Rahman. 2010. *Privilege: The Making of an Adolescent Elite at St. Paul's School*. Princeton, NJ: Princeton University Press.

———. 2012. "The Sociology of Elites." *Annual Review of Sociology* 38:1–17.

Khurana, Rakesh. 2002. *Searching for a Corporate Savior: The Irrational Quest for Charismatic CEOs*. Princeton, NJ: Princeton University Press.

———. 2007. *From Higher Aims to Hired Hands: The Social Transformation of American Business Schools and the Unfulfilled Promise of Management as a Profession*. Princeton, NJ: Princeton University Press.

Khurana, Rakesh, and Mikolaj Piskorski. 2004. "Sources of Structural Inequality in Managerial Labor Markets." *Research in Social Stratification and Mobility* 21:167–85.

Kingston, Paul W. 2000. *The Classless Society*. Stanford, CA: Stanford University Press.

———. 2001. "The Unfulfilled Promise of Cultural Capital Theory." *Sociology of Education* 74:88–99.

———. 2006. "How Meritocratic Is the United States?" *Research in Social*

Stratification and Mobility 24:111–30.

Kornrich, Sabino, and Frank Furstenberg. 2013. "Investing in Children: Changes in Spending on Children, 1972 to 2007." *Demography* 50:1–23.

Kraus, Michael W., Stéphane Côté, and Dacher Keltner. 2010. "Social Class, Contextualism, and Empathic Accuracy." *Psychological Science* 11:1716–23.

Kraus, Michael W., and Dacher Keltner. 2009. "Signs of Socioeconomic Status: A Thin- Slicing Approach." *Psychological Science* 20:99–106.

Kruger, Justin, and David Dunning. 1999. "Unskilled and Unaware of It: How Difficulties in Recognizing One's Own Incompetence Lead to Inflated Self-Assessments." *Journal of Personality and Social Psychology* 77:1121–34.

Lamont, Michèle. 1992. *Money, Morals, and Manners: The Culture of the French and the American Upper-Middle Class*. Chicago: University of Chicago Press.

———. 2009. *How Professors Think: Inside the Curious World of Academic Judgment*. Cambridge, MA: Harvard University Press.

Lamont, Michèle, Jason Kaufman, and Michael Moody. 2000. "The Best of the Brightest: Definition of the Ideal Self among Prize-Winner Students." *Sociological Forum* 15:187–224.

Lamont, Michèle, and Annette Lareau. 1988. "Cultural Capital: Allusions, Gaps, and Glissandos in Recent Theoretical Developments." *Sociological Theory* 6:153–68.

Lamont, Michèle, and Virag Molnar. 2002. "The Study of Boundaries in the Social Sciences." *Annual Review of Sociology* 28:167–95.

Lamont, Michèle, and Mario Small. 2008. "How Culture Matters: Enriching Our Understanding of Poverty." In *The Colors of Poverty: Why Racial and Ethnic Disparities Exist*, edited by Ann Chih Lin and David R. Harris, 76–102. New York: Russell Sage.

Lareau, Annette. 2003. *Unequal Childhoods: Class, Race, and Family Life*. Berkeley: University of California Press.

Lareau, Annette, and Elliot Weininger. 2003. "Cultural Capital in Educational Research: A Critical Assessment." *Theory and Society*

32:567–606.

Lawler, Edward, and Shane Thye. 1999. "Bringing Emotions into Social Exchange Theory." *Annual Review of Sociology* 25:217–44.

Lazarsfeld, Paul, and Robert Merton. 1954. "Friendship as a Social Process: A Substantive and Methodological Analysis." In *Freedom and Control in Modern Society*, edited by Morroe Berger, Theodore Abel, and Charles H. Page, 18–66. New York: Van Nostrand.

Leach, Colin, and Larissa Tiedens. 2004. "Introduction: A World of Emotions." In *The Social Life of Emotions*, edited by Larissa Z. Tiedens and Colin Wayne Leach, 1–18. Cambridge: Cambridge University Press.

Lehmann, Wolfgang. 2012. "Extra-Credential Experiences and Social Closure: Working-Class Students at University." *British Education Research Journal* 38:203–18.

Lemann, Nicholas. 1999. "The Kids in the Conference Room." *New Yorker*, October 18, 209–16.

Leonhardt, David. 2011. "Consultant Nation." *New York Times*, December 10.

Lin, Nan. 1999. "Social Networks and Status Attainment." *Annual Review of Sociology* 25:467–87.

Lubrano, Alfred. 2005. *Limbo: Blue-Collar Roots, White-Collar Dreams.* Hoboken, NJ: Wiley.

MacLeod, Jay. 1987. *Ain't No Makin' It: Aspirations and Attainment in a Low-Income Neighborhood.* Boulder, CO: Westview Press.

Macrae, C. Neil, and Susanne Quadflieg. 2010. "Perceiving People." In *Handbook of Social Psychology*, edited by Susan T. Fiske, Daniel T. Gilbert, and Gardner Lindzey, 428–63. Hoboken, NJ: Wiley.

National Association for Law Placement. 2011. *NALP Directory of Legal Employers.* Washington, DC: National Association for Law Placement.

Maume, David. 2011. "Meet the New Boss...Same as the Old Boss? Female Supervisors and Subordinate Career Prospects." *Social Science Research* 40:287–98.

McClain, Noah, and Ashley Mears. 2012. "Free to Those Who Can Afford It: The Everyday Affordance of Privilege." *Poetics* 40:133–49.

McGrath, Gary L. 2002. "The Emergence of Career Services and Their Important Role in Working with Employers." *New Directions for Student Services* 100:69–84.

McPherson, Miller, Lynn Smith-Lovin, and James Cook. 2001. "Birds of a Feather: Homophily in Social Networks." *Annual Review of Sociology* 27:415–44.

Mettler, Suzanne. 2014. *Degrees of Inequality: How the Politics of Higher Education Sabotaged the American Dream.* New York: Basic Books.

Merton, Robert. 1968. "The Matthew Effect in Science." *Science* 159:56–63.

Miles, Matthew B., and A. Michael Huberman. 1994. *Qualitative Data Analysis: An Expanded Sourcebook.* 2nd ed. Thousand Oaks, CA: Sage.

Monroe, Kristen, Saba Ozyurt, Ted Wrigley, and Amy Alexander. 2008. "Gender Equality in Academia: Bad News from the Trenches, and Some Possible Solutions." *Perspectives on Politics* 6:215–33.

Montoya, Matthew, Robert Horton, and Jeffrey Kirchner. 2008. "Is Actual Similarity Necessary for Attraction? A Meta-Analysis of Actual and Perceived Similarity." *Journal of Social and Personal Relationships* 25:899–922.

Morgan, Harriet. 1990. "Sponsored and Contest Mobility Revisited: An Examination of Britain and the USA Today." *Oxford Review of Education* 16:39–54.

Morton, Samuel. 1839. *Crania Americana; Or a Comparative View of the Skulls of Various Aboriginal Nations of North and South America.* Philadelphia: J. Dobson.

Moss, Phillip, and Chris Tilly. 2001. *Stories Employers Tell: Race, Skill, and Hiring in America.* New York: Russell Sage.

Mouw, Ted. 2003. "Social Capital and Finding a Job: Do Contacts Matter?" *American Sociological Review* 68:868–98.

Mouw, Ted, and Arne Kalleberg. 2010. "Do Changes in Job Mobility Explain the Growth of Wage Inequality among Men in the United States, 1977–2005?" *Social Forces* 88:2053–77.

Neckerman, Kathryn, and Joleen Kirschenman. 1991. "Hiring Strategies, Racial Bias, and Inner-City Workers." *Social Problems* 38:433–47.

Ocasio, William. 1997. "Towards an Attention-Based View of the Firm." *Strategic Management Journal* 18:187–206.

Ostrander, Susan. 1993. "Surely You're Not in This Just to Be Helpful: Access, Rapport, and Interviews in Three Studies of Elites." *Journal of Contemporary Ethnography* 22:7–27.

Owens, Jayanti, and Lauren Rivera. 2012. "Recasting the Value of an Elite Education: Institutional Prestige, Job Satisfaction, and Turnover." Presentation at Academy of Management annual meeting, Boston, August.

Pager, Devah. 2003. "The Mark of Criminal Record." *American Journal of Sociology* 108:937–75.

Pager, Devah, and Diana Karafin. 2009. "Bayesian Bigot? Statistical Discrimination, Stereotypes, and Employer Decision-Making." *Annals of the American Academy of Political and Social Science* 621:70–93.

Pager, Devah, and Lincoln Quillian. 2005. "Walking the Talk? What Employers Say versus What They Do." *American Sociological Review* 70:355–80.

Pager, Devah, and Hana Shepherd. 2008. "The Sociology of Discrimination: Racial Discrimination in Employment, Housing, Credit, and Consumer Markets." *Annual Review of Sociology* 34:181–208.

Pager, Devah, Bruce Western, and Bart Bonikowski. 2009. "Discrimination in a Low-Wage Labor Market: A Field Experiment." *American Sociological Review* 74:777–99.

Palmer, Mark, and Karl Simmons. 1995. "Communicating Intentions through Nonverbal Behaviors: Conscious and Nonconscious Encoding of Liking." *Human Communication Research* 22:128–60.

Parkin, Frank. 1974. "Strategies of Social Closure in Class Formation." In *The Social Analysis of Class Structure*, edited by Frank Parkin, 1–18. London: Tavistock.

Pérez-Peña, Richard. 2014. "Generation Later, Poor Are Still Rare at Elite Colleges." *New York Times*, August 25, http://www.nytimes.com/2014/08/26/education/despite-promises-little-progress-in-drawing-poor-to-elite-colleges.html (accessed September 7, 2014).

Petersen, Trond, Ishak Saporta, and Marc-David Seidel. 2000. "Offering a

Job: Meritocracy and Social Networks." *American Journal of Sociology* 106:763–816.

Peterson, Richard. 1997. "The Rise and Fall of Highbrow Snobbery as a Status Marker." *Poetics* 25:75–92.

Pew Charitable Trusts. 2011. *Does America Promote Mobility as Well as Other Nations?* Washington, DC: Pew Charitable Trusts.

———. 2012. *Pursuing the American Dream: Economic Mobility across Generations.* Washington, DC: Pew Charitable Trusts.

———. 2013. *Moving on Up: Why Do Some Americans Leave the Bottom of the Economic Ladder, but Not Others?* Washington, DC: Pew Charitable Trusts.

Phillips, Katherine, Gregory Northcraft, and Margaret Neale. 2006. "Surface-Level Diversity and Decision-Making in Groups: When Does Deep-Level Similarity Help?" *Group Processes and Intergroup Relations* 9:467–82.

Phillips, Katherine, Nancy Rothbard, and Tracy Dumas. 2009. "To Disclose or Not to Disclose? Status Distance and Self-Disclosure in Diverse Environments." *Academy of Management Review* 34:710–32.

Pierce, Jennifer L. 1995. *Gender Trials: Emotional Lives in Contemporary Law Firms.* Berkeley: University of California Press.

Podolny, Joel. 2005. *Status Signals: A Sociological Study of Market Competition.* Prince- ton, NJ: Princeton University Press.

Polletta, Francesca, Pang Ching Bobby Chen, Beth Gharrity Gardner, and Alice Motes. 2011. "The Sociology of Storytelling." *Annual Review of Sociology* 37:109–30.

Pope, Mark. 2000. "A Brief History of Career Counseling in the United States." *Career Development Quarterly* 48:194–211.

Radford, Alexandra Walton. 2013. *Top Student, Top School? How Social Class Shapes Where Valedictorians Go to College.* Chicago: University of Chicago Press.

Ragin, Charles, Joane Nagel, and Patricia White. 2004. "Executive Summary." In *Work-shop on Scientific Foundations of Qualitative Research*, 9–17. Washington, DC: National Science Foundation.

Ramey, Gary, and Valerie Ramey. 2010. "The Rug Rat Race." *Brookings*

Papers on Economic Activity (Spring): 129–76.

Ramsey, Patricia G. 1991. "Young Children's Awareness and Understanding of Social Class Differences." *Journal of Genetic Psychology* 152:71–82.

Reardon, Sean F. 2011. "The Widening Academic Achievement Gap between the Rich and the Poor: New Evidence and Possible Explanations." In *Whither Opportunity? Rising Inequality, Schools, and Children's Life Chances*, edited by Greg J. Duncan and Richard J. Murnane, 91–116. New York: Russell Sage.

Reskin, Barbara. 2000a. "Getting It Right: Sex and Race Inequality in Work Organizations." *Annual Review of Sociology* 26:707–9.

———. 2000b. "The Proximate Causes of Employment Discrimination." *Contemporary Sociology* 29:319–28.

Reskin, Barbara, and Debra McBrier. 2000. "Why Not Ascription? Organizations' Employment of Male and Female Managers." *American Sociological Review* 65:210–33.

Ridgeway, Cecilia L. 1991. "The Social Construction of Status Value: Gender and Other Nominal Characteristics." *Social Forces* 70:367–86.

Ridgeway, Cecilia L., and Susan R. Fisk. 2012. "Class Rules, Status Dynamics, and 'Gateway' Interactions." Pp. 131–151 in *Facing Social Class*, edited by Susan T. Fiske and Hazel Rose Markus. New York: Russell Sage.

Ridgeway, Cecilia L., Elizabeth Heger Boyle, Kathy Kuipers, and Dawn Robinson. 1998. "How Do Status Beliefs Develop? The Role of Resources and Interactional Experience." *American Sociological Review* 63:331–50.

Rimer, Sara. 2008. "Big Paycheck or Service?" *New York Times*, June 23.

Rivera, Lauren. 2008. "Managing 'Spoiled' National Identity: War, Tourism, and Memory in Croatia." *American Sociological Review* 73:613–34.

———. 2009. "Hiring and Inequality in Elite Professional Service Firms." PhD diss., Harvard University.

———. 2010. "Status Distinctions in Interaction: Social Selection and Exclusion at an Elite Nightclub." *Qualitative Sociology* 33:229–55.

———. 2011. "Ivies, Extracurriculars, and Exclusion: Elite Employers'

Use of Educational Credentials." *Research in Social Stratification and Mobility* 29:71–90.

———. 2012a. "Diversity within Reach: Recruitment versus Hiring in Elite Firms." *ANNALS of the American Academy of Political and Social Science* 639:70–89.

———. 2012b. "Hiring as Cultural Matching: The Case of Elite Professional Service Firms." *American Sociological Review* 77:999–1022.

———. Forthcoming. "Go with Your Gut: Emotion and Evaluation in Hiring." *American Journal of Sociology*.

Rivera, Lauren, and Michèle Lamont. 2012. "Price vs. Pets, Schools vs. Styles: The Residential Priorities of the American Upper-Middle Class." Presentation at the Eastern Sociological Association annual meeting, New York, August.

Rivera, Lauren, Jayanti Owens, and Katherine Gan. 2015. "Glass Floors and Glass Ceilings: Sex Homophily and Heterophily in Hiring." Working paper, Northwestern University.

Rokeach, Milton. 1979. *Understanding Human Values*. New York: Free Press.

Roose, Kevin. 2014. *Young Money: Inside the Hidden World of Wall Street's Post-Crash Recruits*. New York: Grand Central Publishing.

Roscigno, Vincent. 2007. *The Face of Discrimination: How Race and Gender Impact Work and Home Lives*. New York: Rowman and Littlefield.

Rosenbaum, James E., and Amy Binder. 1997. "Do Employers Really Need More Educated Youth?" *Sociology of* Education 7:68–85.

Rosenbaum, James E., Takehiko Kariya, Rick Settersten, and Tony Maier. 1990. "Market and Network Theories of the Transition from High School to Work: Their Application to Industrialized Societies." *Annual Review of Sociology* 16:263–99.

Roth, Louise Marie. 2006. *Selling Women Short: Gender and Money on Wall Street*. Princeton, NJ: Princeton University Press.

Rudman, Laurie. 1998. "Self-Promotion as a Risk Factor for Women: The Costs and Benefits of Counterstereotypical Impression Management." *Journal of Personality and Social Psychology* 74:629–45.

Rynes, Sara, and John Boudreau. 1986. "College Recruiting in Large Organizations: Practice, Evaluation, and Research Implications." *Personnel Psychology* 39:729–75.

Sacks, Peter. 2007. *Tearing Down the Gates: Confronting the Class Divide in American Education*. Berkeley: University of California Press.

Saenz, Andrea. 2005. "Students Speak: I Didn't Do OCI." *Harvard Law Record*, September 30, http://hlrecord.org/?p=11956 (accessed October 13, 2014).

Saenz, Victor, Sylvia Hurtado, Doug Barrera, De'Sha Wolf, and Fanny Yeung. 2007. *First in My Family: A Profile of First-Generation College Students at Four-Year Institutions since 1971*. Los Angeles: Higher Education Research Institute.

Saez, Emmanuel. 2008. "Striking it Richer: The Evolution of Top Incomes in the United States." *Pathways Magazine* 6–7. Stanford Center for the Study of Poverty and Inequality.

Sahlins, Marshall. 1972. *Stone Age Economics*. New Brunswick, NJ: Transaction Books.

Sauder, Michael, and Wendy Espeland. 2009. "The Discipline of Rankings: Tight Coupling and Organizational Change." *American Sociological Review* 74:63–82.

Schudson, Michael. 1989. "How Culture Works: Perspectives from Media Studies on the Efficacy of Symbols." *Theory and Society* 18:153–80.

Sharone, Ofer. 2013. *Flawed System/Flawed Self: Job Searching and Unemployment Experiences*. Chicago: University of Chicago Press.

Shih, Margaret, Todd Pittinsky, and Nalini Ambady. 1999. "Stereotype Susceptibility: Identity Salience and Shifts in Quantitative Performance." *Psychological Science* 10:80–83.

Shulman, James L., and William G. Bowen. 2001. *The Game of Life: College Sports and Educational Values*. Princeton, NJ: Princeton University Press.

Smigel, Erwin O. 1964. *The Wall Street Lawyer*. New York: Free Press.

Smith, Sandra. 2005. "'Don't Put My Name on It': Social Capital Activation and Job-Finding Assistance among the Black Urban Poor." *American Journal of Sociology* 111:1–57.

Soares, Joseph. 2007. *The Power of Privilege: Yale and America's Elite Colleges*. Stanford, CA: Stanford University Press.

Somers, Margaret, and Fred Block. 2005. "From Poverty to Perversity: Ideas, Markets, and Institutions over 200 Years of Welfare Debate." *American Sociological Review* 70:260–87.

Spence, A. Michael. 1974. *Market Signaling: Informational Transfer in Hiring and Related Screening Processes*. Cambridge, MA: Harvard University Press.

Spence, A. Michael. 2002. "Signaling in Retrospect and the Informational Structure of Markets." *American Economic Review* 92:434–59.

Stainback, Kevin, Donald Tomaskovic-Devey, and Sheryl Skaggs. 2010. "Organizational Approaches to Inequality: Inertia, Relative Power, and Environments." *Annual Review of Sociology* 36:225–47.

Staw, Barry, Robert Sutton, and Lisa Pelled. 1994. "Employee Positive Emotion and Favorable Outcomes at the Workplace. *Organization Science* 5:51–71.

Steele, Claude, and Joshua Aronson. 1998. "How Stereotypes Influence the Standardized Test Performance of Talented African American Students." In *The Black-White Test Score Gap*, edited by Christopher Jencks and Meredith Phillips, 401–27. Washington, DC: Brookings.

Steensland, Brian. 2006. "Cultural Categories and the American Welfare State: The Case of Guaranteed Income Policy." *American Journal of Sociology* 111:1273–326.

Stempel, Carl. 2005. "Adult Participation Sports as Cultural Capital." *International Review for the Sociology of Sport* 40:411–32.

Stephens, Nicole, MarYam Hamedani, and Mesmin Destin. 2014. "Closing the Social Class Achievement Gap: A Diversity Education Intervention Improves First- Generation Students' Academic Performance and All Students' College Transition." *Psychological Science* 24:943–953.

Stephens, Nicole, Hazel Rose Markus, and L. Taylor Phillips. 2014. "Social Class Culture Cycles: How Three Gateway Contexts Shape Selves and Fuel Inequality." *Annual Review of Psychology* 65 (16): 1–24.

Stephens, Nicole, Stephanie Fryberg, Hazel Rose Markus, Camille Johnson, and Rebecca Covarrubias. 2012. "Unseen Disadvantage: How American

Universities' Focus on Independence Undermines the Academic Performance of First-Generation College Students." *Journal of Personality and Social Psychology* 102:1178–97.

Stevens, Mitchell. 2007. *Creating a Class: College Admissions and the Education of Elites.* Cambridge, MA: Harvard University Press.

Stevens, Mitchell, Elizabeth Armstrong, and Richard Arum. 2008. "Sieve, Incubator, Temple, Hub: Empirical and Theoretical Advances in the Sociology of Education." *Annual Review of Sociology* 34:127–51.

Stone, Pamela. 2007. *Opting Out? Why Women Really Quit Careers and Head Home.* Berkeley: University of California Press.

Streib, Jessi. 2011. "Class Reproduction by Four Year Olds." *Qualitative Sociology* 34:337–52.

Stuber, Jenny M. 2009. "Class, Culture, and Participation in the Collegiate Extra- Curriculum." *Sociological Forum* 24:877–900.

———. 2011. *Inside the College Gates: How Class and Culture Matter in Higher Education.* Lanham, MD: Lexington Books.

Surowiecki, James. 2005. *The Wisdom of Crowds.* New York: Knopf Doubleday.

Swidler, Ann. 1986. "Culture in Action: Symbols and Strategies." *American Sociological Review* 51:273–86.

Thorndike, Edward. 1920. "A Constant Error in Psychological Ratings." *Journal of Applied Psychology* 4:25–29.

Tilcsik, András. 2011. "Pride and Prejudice: Employment Discrimination against Openly Gay Men in the United States." *American Journal of Sociology* 117:586– 626.

Tilcsik, András, and Lauren A. Rivera. 2015. "An Audit Study of Class Discrimination in Law Firm Hiring." Working paper, Northwestern University and University of Toronto.

Tilly, Charles. 1998. *Durable Inequality.* Berkeley: University of California Press.

Tilly, Chris, and Charles Tilly. 1998. *Work under Capitalism.* Boulder, CO: Westview Press.

Thoits, Peggy. 1989. "The Sociology of Emotions." *Annual Review of Sociology* 15:317–42.

Torche, Florencia. 2011. "Is a College Degree Still the Great Equalizer? Intergenerational Mobility across Levels of Schooling in the United States." *American Journal of Sociology* 117: 763–807.

Turco, Catherine. 2010. "Cultural Foundations of Tokenism: Evidence from the Lever- aged Buyout Industry." *American Sociological Review* 75:894–913.

Turner, Jonathan, and Jan Stets. 2006. "Sociological Theories of Human Emotions." *Annual Review of Sociology* 32:25–52.

Turner, Ralph. 1960. "Sponsored and Contest Mobility and the School System." *American Sociological Review* 25:855–62.

Turow, Scott. 1977. *One L: The Turbulent True Story of First Year at Harvard Law School.* New York: Putnam.

Tversky, Amos, and Daniel Kahneman. 1973. "Availability: A Heuristic for Judging Frequency and Probability." *Cognitive Psychology* 5:207–32.

U.S. News & World Report. 2008. "Law School Diversity Rankings." http:// grad-schools.usnews.rankingsandreviews.com/grad/law/law_diversity (accessed April 20, 2009).

U.S. News & World Report. 2014. "National Universities Rankings." http:// colleges.usnews.rankingsandreviews.com/best-colleges/rankings/national-universities/data (accessed November 30, 2014).

Useem, Michael. 1984. *The Inner Circle: Large Corporations and the Rise of Business Political Activity in the U.S. and U.K.* New York: Oxford University Press.

Useem, Michael, and Jerome Karabel. 1986. "Pathways to Top Corporate Management." *American Sociological Review* 51:184–200.

Vaisey, Stephen, and Omar Lizardo. 2010. "Can Cultural Worldviews Influence Net- work Composition?" *Social Forces* 88:1595–618.

Veblen, Thorstein. 1899. *The Theory of the Leisure Class.* New York: Modern Library. Vedantam, Shankar. 2013. "Elite Colleges Struggle to Recruit Smart, Low-Income Kids." National Public Radio, January 9, http://www.npr.org/2013/01/09/168889785/elite-colleges-struggle-to-recruit-smart-low-income-kids (accessed September 7, 2014).

Vedder, James. 1992. "How Much Can We Learn from Success?" *Academy of Management Executive* 6:56–65.

Walton, Gregory, Steven Spencer, and Sam Erman. 2013. "Affirmative Meritocracy." *Social Issues and Policy Review* 7:1–35.

Weber, Max. 1958. "Class, Status, and Party." In *From Max Weber: Essays in Sociology*, edited by Hans Heinrich Gerth and C. Wright Mills, 180–95. Oxford: Oxford University Press.

Western, Bruce, and Jake Rosenfeld. 2011. "Unions, Norms, and the Rise in U.S. Wage Inequality." *American Sociological Review* 76:513–37.

Willis, Paul. 1977. *Learning to Labor: How Working-Class Kids Get Working-Class Jobs*. New York: Columbia University Press.

Wimmer, Andreas, and Kevin Lewis. 2010. "Beyond and Below Racial Homophily." *American Journal of Sociology* 116:583–642.

Yaish, Meir, and Tally Katz-Gerro. 2012. "Disentangling 'Cultural Capital': The Consequences of Parental Cultural Capital for Cultural Taste and Participation." *European Sociological Review* 28:169–85.

Yin, Robert. 2003. *Case Study Research: Design and Methods*. Thousand Oaks, CA: Sage.

Young, Alford A., Jr. 2004. "Experiences in Ethnographic Interviewing about Race: The Inside and Outside of It." In *Researching Race and Racism*, edited by Martin Blumer and John Solomos, 187–202. New York: Routledge.

Young, Michael. (1958) 1994. *The Rise of the Meritocracy*. New Brunswick, NJ: Trans- action Books.

Zelizer, Viviana A. 1997. *The Social Meaning of Money*. Princeton, NJ: Princeton University Press.

——. 2005. *The Purchase of Intimacy*. Princeton, NJ: Princeton University Press.

——. 2009. "Intimacy in Economic Organizations." *Research in the Sociology of Work* 18:23–55.

Zimmerman, Eilene. 2009. "Chill of Salary Freezes Reaches Top Law Firms." New York Times, January 24.

Zweigenhaft, Richard, and G. William Domhoff. 2006. *Diversity in the Power Elite: How It Happened, Why It Matters*. Lanham, MD: Rowman and Littlefield.

索　引

按汉语拼音顺序排列，页码见本书边码，
页码之后的 f 指当页出现的图，t 指当页出现的表。

243, 339n14

种族与对能力的刻板印象（race
and）224–27

对企业的兴趣（interest in firm）147,
161–69, 255–56, 335n17

另见"面试官对候选人的评估"

对契合程度的面试（fit interviews）
337n11

多样性（diversity）15, 29–30, 139, 281,
284–85

倡导多样性的支持者（champions
advocating for）242–44, 251,
340nn26–30

顶级学校的多样性水平（top
schools' levels of）273–74

对多样性的定向招聘（targeted
recruitment for）36, 44–45, 70,
292–93

多样性的实习项目（internship
programs for）292, 330n25

多样性的招聘会（job fairs for）
45–47, 324n36

合规中对多样性的要求（legal
compliance requirements for）42,
225–27, 249–50, 275–76, 281

离职率与多样性（attrition rates
and）333n13

内部亲密网络与多样性（internal
affinity networks and）70

聘用决策中的多样性（in hiring
decisions）207–9, 214–15,
218–19, 231, 236–37, 242–44,
247–51, 269

应聘者通道与多样性（applicant

pipelines and）41–44, 273

另见"阶层""性别""国籍""种
族"

E

EPS 公司（EPS firms）见"顶级专业
服务公司"

F

法律博士项目（JD programs）见"法
学院"

法学院（law school）4

成绩保密政策（grade nondisclosure
policies of）330n22, 336n3

法学院的成本（costs of）57

法学院的学生群体（student bodies
of）4, 56, 90, 273

法学院的招聘活动（recruiting
events at）36, 61–62

工作经验与法学院（work
experience and）341n5

教育声望（educational prestige of）
40–41, 88–89, 327

理论上对法学院的满意度
（theoretical content of）186

实习与法学院（internships and）
104

学生的多样性（diversity of
students at）43

知名企业中法学院学生的比率
（graduates' rates of employment
at prestigious firms and）56,
326n5

法学院录取委员会（Law School Ad-

Q

企业性格（personalities of firms）94,
　329nn14–15, 330n17
　候选人契合程度与企业性格
　　（candidate fit and）135–45,
　　337n11
　情绪文化与企业性格（emotional
　　culture and）176, 336n25
　组织文化与企业性格
　　（organizational culture and）122,
　　136
契合（fit）116–17, 135–45, 270, 283–84,
　329n14, 332n4
　不平等与契合程度（inequality
　　and）137, 143–44, 222, 230, 242
　对契合程度重要性的评估（ratings
　　of importance of）142–43
　阶层背景与契合程度（class
　　background and）137, 143–44,
　　242
　课外活动与契合程度
　　（extracurricular activities and）
　　94–95, 136–38, 140–42, 242, 254,
　　277–78, 329n15, 330n17, 333n10
　面试官对契合程度的衡量
　　（interviewer measures of）
　　140–42, 333n17, 337n11
　契合程度对校准和复试的影
　　响（impact on calibrations and
　　callbacks of）222, 230
　契合程度对最终聘用决定的影响
　　（impact on final hiring decisions
　　of）238–39, 242, 244–46
　契合的定义（definitions of）136,

　　333n8
　契合与光鲜（vs. polish）137,
　　332n5
　筛选简历寻找契合（screening of
　　résu-més for）94–95, 332n4
　性别与契合程度（gender and）
　　143, 222, 230
谦逊（modesty）225
乔纳森·费尔普斯（虚拟候选人）
　（Jonathan Phelps，fictitious candi-
　date）88, 91
　简历（résumé of）304f
　课外活动（extracurricular activities
　　of）97
情感劳动（emotional labor）132,
　331n12, 336n25
情绪（emotion）154–55, 176–78,
　334n10, 336n25
《情绪管理的探索》（霍克希尔德）（The
　Managed Heart，Hochschild）336n25
情绪匹配（emotional matching）178,
　270
求职信（cover letters）84, 108, 328n6
球星式的生活方式（baller lifestyle）
　59–62, 272
全球城市（global cities）68–69, 327n32
全职招聘（full-time recruiting）18

R

热情（passion）63–64, 327n28
人际技能（interpersonal skills）18–19,
　79–81, 183–84, 328n44
　第二轮面试中的人际技能（in
　　second-round interviews）206–7